我
思

敢于运用你的理智

唯识学丛书

金陵刻经处大事记长编

（1864—1952）

金陵刻经处 编

长江出版传媒 崇文书局

图书在版编目（CIP）数据

金陵刻经处大事记长编：1864—1952 / 金陵刻经处编 .
—武汉：崇文书局，2022.03
（唯识学丛书）
ISBN 978-7-5403-6507-3

Ⅰ . ①金… Ⅱ . ①金… Ⅲ . ①金陵刻经处—概况 Ⅳ . ① B947.253.1

中国版本图书馆 CIP 数据核字（2021）第 206766 号

2015 年湖北省学术著作出版专项资金资助项目

我
思

敢于运用你的理智

金陵刻经处大事记长编 (1864—1952)

出 版 人　韩　敏
出　　　品　崇文书局人文学术编辑部·我思
策 划 人　梅文辉（mwh902@163.com）
责任编辑　梅文辉
装帧设计　甘淑媛
出版发行　长江出版传媒　崇文书局
地　　址　武汉市雄楚大街 268 号 C 座 11 层
电　　话　（027）87677133　邮政编码　430070
印　　刷　武汉市金港彩印有限公司
开　　本　880 mm×1230 mm　1/32
印　　张　7.875
字　　数　170 千
版　　次　2022 年 3 月第 1 版
印　　次　2022 年 3 月第 1 次印刷
定　　价　98.00 元

（读者服务电话：027-87679738）

前　言

　　杨仁山居士创办的金陵刻经处，至今已走过了一百五十个春秋。

　　此册《大事记长编》记录了金陵刻经处百余年来的风雨历程。一部金陵刻经处的历史，同时也是中国近现代佛教百年兴衰史的一个缩影。

　　本处保存的文物资料，一百余年来，由于经过多次社会动乱与人事变迁，屡有损失。例如在 1937 年至 1945 年的全面抗日战争期间，杨仁山居士保存的大量书籍、字画等文物被人盗卖。此后，许多欧阳竟无未刊手稿，以及杨仁山居士的亲笔书信等文物，皆已遗失。

　　由于资料匮乏，故此册《大事记长编》并不能完整地反映一百余年来金陵刻经处的发展历史，但对其间的重要事件基本都做了记录，尽可能反映真实的历史面貌。

　　支那内学院虽然独立于金陵刻经处，但它与金陵刻经处有着密切的关系。它是以 1914 年金陵刻经处研究部为基础扩充发展而来。自 1922 年 7 月支那内学院成立后，院长欧阳竟无始终仍兼任金陵刻经处研究部主任，直至 1943 年 2 月逝世。吕澂为金陵刻经处研究部第一批学员，1935 年 6 月任金陵刻经处董事会董事，1952 年 8 月内学院停办后，他又回到金陵刻经处继续工作。故有关内学院的大事，此编《大事记长编》一并收录。

《大记事长编》中每年所记各事，按时间发生先后逐条编入。所引用资料，其重要者或引全文，文繁者予以摘录。

又，记事所用年月，民国元年（1912）以前概用阴历（括号中注明阳历），民国元年以后概用阳历。引文中出现的年月数字，则概按原貌。

该《大事记长编》因编写时间仓促，资料收集不易，匆忙之中误脱之处定所难免，有待将来补订。

金陵刻经处

2016 年 6 月

附识：本次出版为上卷，时间从 1864 年至 1952 年。

2021 年 8 月

目　录

同治三年甲子（1864年）…………1

同治四年乙丑（1865年）…………1

同治五年丙寅（1866年）…………2

同治七年戊辰（1868年）…………5

同治八年己巳（1869年）…………11

同治九年庚午（1870年）…………13

同治十年辛未（1871年）…………13

同治十一年壬申（1872年）……15

同治十二年癸酉（1873年）……16

同治十三年甲戌（1874年）……17

光绪元年乙亥（1875年）…………18

光绪二年丙子（1876年）…………19

光绪三年丁丑（1877年）…………19

光绪四年戊寅（1878年）…………20

光绪五年己卯（1879年）…………21

光绪六年庚辰（1880年）…………23

光绪七年辛巳（1881年）…………23

光绪八年壬午（1882年）…………24

光绪九年癸未（1883年）…………25

光绪十年甲申（1884年）…………27

光绪十一年乙酉（1885年）……28

光绪十二年丙戌（1886年）……29

光绪十三年丁亥（1887年）……29

光绪十四年戊子（1888年）……30

光绪十五年己丑（1889年）……30

光绪十六年庚寅（1890年）……32

光绪十七年辛卯（1891年）……34

光绪十八年壬辰（1892年）……34

光绪十九年癸巳（1893年）……36

光绪二十年甲午（1894年）……37

光绪二十一年乙未（1895年）……38

光绪二十二年丙申（1896年）…39

光绪二十三年丁酉（1897年）…41

光绪二十四年戊戌（1898年）…45

光绪二十五年己亥（1899年）…48

光绪二十六年庚子（1900年）…50

光绪二十七年辛丑（1901年）…54

光绪二十八年壬寅（1902年）…59

光绪二十九年癸卯（1903年）…61

光绪三十年甲辰（1904年）……62

光绪三十一年乙巳（1905年）…64

光绪三十二年丙午（1906年）…67

光绪三十三年丁未（1907年）…69

光绪三十四年戊申（1908年）…71

宣统元年己酉（1909年）………… 73

宣统二年庚戌（1910年）………… 74

宣统三年辛亥（1911年）………… 78

1912年 ……………………………… 109

1913年 ……………………………… 109

1914年 ……………………………… 111

1915年 ……………………………… 112

1916年 ……………………………… 113

1917年 ……………………………… 115

1918年 ……………………………… 118

1919年 ……………………………… 123

1920年 ……………………………… 143

1921年 ……………………………… 144

1922年 ……………………………… 145

1923年 ……………………………… 153

1924年 ……………………………… 153

1925年 ……………………………… 154

1926年 ……………………………… 154

1927年 ……………………………… 154

1928年 ……………………………… 155

1929年 ……………………………… 158

1930年 ……………………………… 158

1931年 ……………………………… 161

1932年 ……………………………… 161

1933年 ……………………………… 164

1934年 ……………………………… 164

1935年 ……………………………… 165

1936年 ……………………………… 167

1937年 ……………………………… 169

1938年 ……………………………… 178

1939年 ……………………………… 181

1940年 ……………………………… 181

1941年 ……………………………… 182

1942年 ……………………………… 184

1943年 ……………………………… 185

1944年 ……………………………… 200

1945年 ……………………………… 201

1946年 ……………………………… 204

1947年 ……………………………… 207

1948年 ……………………………… 215

1949年 ……………………………… 219

1950年 ……………………………… 220

1951年 ……………………………… 227

1952年 ……………………………… 227

同治三年甲子（1864年）

　　杨仁山居士安葬父亲朴庵先生于石埭故里。办完丧事，居士便返回皖省安庆。因长期劳顿，不幸感染上瘟疫，病了很久。先前，有一个不知名的老尼，授居士《金刚经》一卷。居士怀归展读，一时难以理解其中道理，但甚觉微妙，于是什袭藏之。后来又于安庆书肆中购得《大乘起信论》一册，终因公务繁忙，搁置案头，未暇寓目。此次病后，取阅他书，终不惬意，但读《大乘起信论》，不禁爱不释手，连续读了五遍，终于洞悉书中深义。由此，正式走上了学佛之路。于是他常常去书肆购求佛经。有一次在书肆觅得一部《楞严经》，就几讽读，竟忘身之所在，及日暮，肆主催归，才恍然大悟。从此，居士便专心学佛，悉弃以前所学。凡有亲戚朋友外出他省者，居士得知后，必委托代觅经典；见到行脚僧，也必询问从何而来？有何刹竿？有无经卷？

　　按：杨摛藻（1800—1863），字锦园，号朴庵，安徽石埭人。道光丁酉（1837）科举人，次年中进士，授刑部主事。道光二十五年（1845），请假归养，不复仕。曾主讲旌德凫山书院、安庆敬敷书院。有二子：长子文会，次子文润。著有《杨敬修堂重订文稿》（不分卷，二册）行世。

同治四年乙丑（1865年）

　　本年，应曾国藩的邀请，杨仁山居士来到南京。当时，南京饱受战火摧残，城市建筑受到很大破坏，他负责廨宇工程。其时，他与周馥同事。在南京，居士购得经书数种。

同治五年丙寅（1866年）

当时，主持江宁廨宇工程的，还有正定王荫福，他于佛学深有研究。他与杨仁山居士志同道合，经常在一起切磋学问。后来，杨仁山居士又结识了一批学佛好友：邵阳魏耆、阳湖赵烈文、武进刘翰清、岭南张守恩、湘乡曹镜初。他们经常聚集在一起，互相讨论，探究宗教渊源。大家以为，在当今末法时代，全赖流通经典以普济众生。如今北方的《龙藏》已徒具形式，成为寺庙中的摆设，不便阅读，而明刻方册本《嘉兴藏》又多毁于兵火，致使学者无由研习。

一天，杨仁山居士在王荫福家里见到邵阳魏源所辑《净土四经》（《无量寿经》一卷，清魏源会译；《观无量寿佛经》一卷，刘宋畺良耶舍译；《阿弥陀经》一卷，姚秦鸠摩罗什译；《普贤行愿品》一卷，唐般若译），不禁喜出望外，于是募资重刻，由当时著名刻工金陵官书局甘国有镌版。书前有魏源撰于咸丰四年（1854）的《净土四经总叙》、周诒朴撰于咸丰八年（1858）的《原刻净土四经叙》。

十二月初八（1867年1月13日）"佛成道日"，杨仁山居士撰《重刊净土四经跋》，阐明刊刻《净土四经》的原委，跋文后附有助刻此经三十二人的功德人名。居士本人捐洋银四圆。

《重刊净土四经跋》：

> 予初闻佛法，惟尚宗乘，见净土经论，辄不介意。以为著相庄严，非了义说。及见云栖诸书阐发奥旨，始知净土一门，普被群机，广流末法，实为苦海之舟航、入道之阶梯也。无如兵燹之余，仅见小本《弥陀经》，而于大本《无量寿经》及《十六观经》，迄不可得。适来金陵，获见此本于王君梅叔

处，觅之数年者，一旦得之，喜出望外。此本为邵阳魏公默深所辑。魏公经世之学，人所共知，而不知其本源心地，净业圆成，乃由体以起用也。世缘将尽，心切利人，遂取《无量寿经》参会数译，删繁就简，订为善本。复以《十六观经》，及《阿弥陀经》《普贤行愿品》，合为一集，名曰《净土四经》。使世之习净业者，但受此本，无不俱足。自逆匪窜扰以来，其板想不复存。今者广募信施，重锓梨枣，庶几魏公一片婆心，末学咸受其惠。伏愿世间修佛乘者，毋于净土便生轻慢，须信念佛一门，乃我佛世尊别开方便，普度群生之法。倘不知其义旨深微，但能谛信奉行，自有开悟之期。知其义者，正好一心回向，万行圆修。转五浊为莲邦，证弥陀于自性，是则予之所厚望焉。同治五年佛成道日净业弟子杨文会谨跋。

《净土四经》的刻印，标志金陵刻经处的成立。金陵刻经处是近代中国第一家由私人创办的融雕版、印刷、流通及佛学研究于一体的佛经出版机构。金陵刻经处成立以后，如皋、杭州、常熟、扬州砖桥等地也相继成立了刻经处。

《金陵刻经处章程》订立于同治七年（1868），是由发起人杨仁山、杨西华等十六名居士公议，最后由杨仁山居士手订。而现在说金陵刻经处成立于同治五年（1866），系因此年杨仁山居士刊刻第一部经书《净土四经》，此经既为本处版刻之祖，故以此年作为金陵刻经处初创之年。始创此说者，为徐平轩居士，以后即沿用不替。

按：徐平轩（1890—1967），以字行，名国治，安徽石埭人。1918年皈依浙江宁波观宗寺谛闲大师，取法名显蕴。1920年秋，华北五省大旱，与庄蕴宽、陈正有等发起组织北京佛教筹赈会，并收养灾童五六千人。1921年与徐蔚如、周叔迦等创办天津佛经流通处和天津刻经处。1922年与马季平（时任安徽省财政厅长）于安庆迎江寺创办安徽佛教学校。同年，兼任安徽财政厅总务科长。1928年春，以安徽省佛教协会常务委员的身份为安徽代表，出席中国佛教会代表大会，并被推选为该会委员。当时赵朴初为该会秘书，从此两人相识。抗战期间，被国民政府中央赈济委员会聘为委员，后调任专员、救济科长，并兼任北碚中医救济医院副院长。1952年至1966年"文革"前，任金陵刻经处主任，为金陵刻经处的恢复和发展作出了很大贡献。

本年，江都郑学川年四十二岁，于南京出家受具足戒，名妙空（或称"妙空子"），自号"刻经僧"。

按：妙空（1826—1880），扬州江都人，俗姓郑，名学川，字书海；出家后，名绪乘，号刻经僧。其父亲是县中名廪生，名应房，别号忺观。母亲唐氏，生师之前，梦见有行脚僧来。师幼时就很聪慧，看书一目数行，少充诸生，即以能文名重当时。不久母亲去世，欲以超荐报母恩，读《地藏经》有所感悟，后来又读《法华经》，慨然产生出世之志。于是问道于红螺瑞安法师，逐渐博通教典，尤长净土之学。其思想杂糅儒、释、道三家之说。著有《楼阁丛书》。

以杨仁山居士为首的金陵刻经处发起人当中，妙空法师起着独特的作用。金陵刻经处成立以后，他是主持僧，同时担荷外出募资刻经的重任，并领衔撰写了《募刻全藏疏》。同治十三年（1874），他回到扬州砖桥江北刻经处，继续刻经，并与金陵刻经处相互合作，而以共同刻成全藏为目标。总之，他与金陵刻经处的关系非常密切。

本年，杨仁山居士全家迁来南京。

本年，杨仁山居士次女静週出生。杨静週后于光绪年间出家，法号圆音。

按：震华《民国江宁天印庵尼圆音传》："圆音，石埭人，杨仁山居士次女也。生于佛化家庭，有鹿门遗风。禀性敏慧，十四岁能诵短部经，长斋奉佛，翘心净土。稍长，每欲剃染，藉专归向，一时未果所愿。二十一适有维扬之行，因缘发现，径投圆觉精舍，乞砖桥法藏寺妙空长老，俯赐法名而剃度焉（此处有误，当时妙空长老已经去世——编者）。旋受具足戒于京口焦山。归里，严持戒范，止住宝坊。祖母眷念情深，不忍远离，特于住宅另辟净室，供其礼诵。音日常研究教典，刺血书《弥陀经》《普门品》《佛遗教经》各一卷，以资上报下济。又精绘佛菩萨圣像，分散远近供养。"

同治七年戊辰（1868年）

八月十五日（9月30日），杨仁山居士与杨长年、余治、隆凯臣、赵彦修、龚定瀛、魏耆、徐璧如、刘翰清、许樾身、黄桐轩、赵烈文、张守恩、魏彦、唐仁寿、汤裕等十五位居士公议，最后由杨仁山居士手订《募刻全藏章程》与《金陵刻经处章程》。章程规定，刻经处设主僧一人，由妙空法师担任，法师外出劝募时，则另请一人代为料理；刻经处设置于金陵城内鸡鸣山之北极阁。同时公布的文件尚有妙空法师署名的《募刻全藏疏》和《募刻全藏初起目录》。并规定了刻经原则：凡有疑伪者不刻，文义浅俗者不刻，乩坛之书不刻。

《募刻全藏章程》：

一、刊全藏，均用书册本，以便刷印流通。其行数、字数、版式大小，悉照祖定师写刻《华严》等经为则，但易楷字为宋字。此本募疏章程，即是刻经式样。

一、经、律、论种数，南北藏互有出入。此次拟照楞严寺书册本目录，不复增减。惟公议分为数起，如募捐第一起时，即将第一起经、律、论等目录开明，捐有成数即续募捐第二起，以至末起期满。全藏随募随刻，惟指刻者不在此例。

一、刻经须分先后缓急，不拘经、律、论等，但取现前所亟需者为第一起。捐得某部之资，即将某部开雕，一部刻竣，续刻二部。惟卷帙有繁简之分，即捐刻有难易之别，就第一起中，亦拟捐得何部，即先刻何部，不必挨次，恐阻善缘。

一、名德撰著，藏内未收者尚多。全藏刻竣后，倘有余力，须众议金同，亦可续刻。或有指刻某部者亦听，但非由戒、定、慧三学出者，不得滥收。

一、刻经处现设江宁省城鸡鸣山之北极阁，以便十方善信前来随喜。其刻成经版，此间屋宇无多，须另择名山大刹尊藏，以垂永久。届时公议，不得散存他处。

一、发心大士，或认刻一卷、二卷、一部、二部，乃至数十卷、数十部，以及全藏十分之几；或数人合认一部、一卷，书尾皆载明施主姓氏。其不指定者，功德用何部、何卷，即于何部、何卷之尾，如式写记。倘有不愿题名者，亦载无名氏捐资若干所刻，以便稽考。

一、某部几时刻竣，字数若干，用钱若干，并请印工料若干，俱于经尾载明。

一、檀施功德净资，或亲交刻经处比丘、居士等手收，或亲交刻经处出募之僧妙空，方无舛误。若系转寄，必须付托施主素所亲信之人，以杜意外。此卷《募疏章程》，流通在外，但为劝发善心，不登捐款。

一、南、北两藏及楞严寺藏，皆须校阅访明何处有藏。信知藏主，俟刻某部，即请某部，刻竣，当即送还原处。其有藏者，幸布法施，俾成善本。其借书者，切须慎重，免致贻误。

一、刻经处另立章程，以便永守。

同治七年秋八月望日江宁杨西华、无锡余莲邨、长白隆凯臣、丹徒赵季梅、湘乡龚熙亭、邵阳魏刚己、江都徐璧如、武进刘恺孙、钱塘许荫庭、贵筑黄桐轩、阳湖赵惠甫、顺德张溥斋、邵阳魏槃仲、海宁唐端甫、钱塘汤衣谷、石埭杨仁山等公议。

《金陵刻经处章程》：

一、刻经处甫经创始，必须筹有常款，渐次扩充。今约同志十人，每人月捐制钱一千四百文；各又转募三股，亦同此数，共五千六百文，十人共五十六千文。以四十八千文作为正款，养写手一人，刻手七人。以八千文作为附款，养主僧一人、香火二人，及供佛香灯、应客茶茗之用。多余务宜节省，以备不时之需。不足亦止可清苦支持，不得侵动正款。

一、月捐四十股外，如有增添，照前分出正、附二款加募写手、刻手。将来局面渐大，主僧一人不能照料，应酌增一众，以至多众，随时公议。

一、月捐四十股，十居士各宜认定。缺则自行续劝添补，有增无减，惟新增股数听便。

一、十方檀资不在月捐之内者，到本处后，随时酌量增募写手、刻手。约计资之多寡，可刻某部某卷，即行办理。其指刻某部某卷者，如经费多寡不合，信知善友增减捐数，或有余，愿另刻他种，咸从其意。

一、刻经处宜延主僧一人，今妙空上人发愿担荷，即应留司其事。惟妙公自任劝募，则本处宜另请一人，代为料理，以专责成。

一、十同志中，必宜有一二人常在本地，可以照料。目下月捐既微，刊书尚少，无须特延校家。将来净资荟集，付刻纷纷，必须多请校勘善手，方无贻误。此项费用，亦宜与写手、刻手一并核计。

一、本处僧人，不应经忏。

一、本处不留游僧以及闲人。

同治七年秋八月望日金陵刻经处居士等公议

《募刻全藏疏》：

盖闻三藏肇兴，将烛迷情于暗室；一音流播，普拯失路于歧途。白马东来，始兆汉明之梦；金人夜见，凤开罗什之风。澍法雨于支那，种药王于震旦；时更廿代，数逾千祀。金厨宵启，腾神采于山林；贝叶晨翻，炯灵光于南北。猗欤美哉，可谓盛矣！而乃世丁厄运，法当象末。悲心虽广，未息修罗之瞋；业感既深，遽失化城之范。际江之南，梵宇鞠为茂草；自明以上，古刻化为云烟。虽三目六臂，藕孔之隙终摧；而八篑五津，芬陀之华竟萎。痛矣！迦文虚垂度人之金简。伤哉！含识忽亡出险之丹梯。龙藏难探，狮弦中绝；神天失怙，善信椎心。妙空不揣微躯，敢肩宏愿，誓竭半生之精力，募镌全藏之原文。窃以江海之大，滥觞涓流；泰岱之隆，积先纤壤；行远自迩，登高必卑。爰于金陵省垣，先设刻经处所。纠合同志，已成经久之赏；简别要编，用著流通之渐。然窥天目穷于一管，而饮海志切于全波，苟非檀信宏施，曷广天人慧命？夫一四句偈尚留法种于心田，十二部文孰馨福缘之宝聚？信为道原功德母，譬操嘉谷而植膏腴；檀在戒忍进定先，矧播法施以拯迷囷？舍不坚财，成无上果，十方智士，谅有同心。更希护法王臣，不忘付嘱；大权菩萨，普现化身。或加被而却魔尘，或助赀以广胜业。难陀龙雨一滴而众海俱增，香积佛余半钵而同会尽饱。机缘德力，诚有不可思议者矣。呜呼！一闻佛名，千劫不堕。慈忍之风既迪，瞋恚之习何生？拔本塞源，语奇义核。倘使慧光重耀，觉苑宏开，宝华王座，不绝狮子之儿；胜摩尼幢，能出雷音之吼。行见凡外革心，化秽土为香殿；抑且摩罗合掌，变刀杖为天花。真决定义，是如实语。妙空头髓可舍为香灯，皮骨可析为纸笔。惟一身之所资有尽，而普众之合力无穷，故引善缘，共成妙举。凡诸大士，乐证修者，妙空愿阿僧祇劫，共警策而不离；求功勋者，妙空愿妙高聚福，悉回施而无吝。无边尘刹，永报洪恩；将此深心，伏惟鉴察。谨疏。

同治七年秋八月望日刻经处比丘妙空稽首

《募刻全藏初起目录》：

1. 华严经合论　一百二十卷
2. 华严经会本大钞　八十卷
3. 法华经　七卷
4. 法华经会义　十六卷
5. 楞严经　十卷
6. 楞严经会解　十卷
7. 圆觉经　二卷
8. 圆觉经略疏　二卷
9. 金刚经　一卷
10. 金刚经破空论　二卷
11. 心经略疏　一卷
12. 无量义经　一卷
13. 维摩诘经　三卷
14. 维摩经注　十卷
15. 楞伽经　四卷
16. 观楞伽记　四卷
17. 楞伽经义疏　十卷
18. 金光明最胜王经　十卷
19. 金光明经　四卷
20. 金光明玄义文句记　十卷
21. 大阿弥陀经　二卷
22. 无量寿经起信论　三卷
23. 观经疏妙宗钞　六卷
24. 弥陀经圆中钞　一卷
25. 大宝积经　一百二十卷
26. 大方等大集经　三十卷
27. 大般涅槃经　四十二卷
28. 观普贤行法经　一卷

29. 文殊般若经　二卷

30. 仁王护国经　二卷

31. 解深密经　五卷

32. 大乘密严经　三卷

33. 悲华经　十卷

34. 心地观经　八卷

35. 大报恩经　七卷

36. 地藏十轮经　十卷

37. 四十二章经　一卷

38. 佛遗教经　一卷

39. 八大人觉经　一卷

40. 妙臂菩萨所问经　二卷

41. 大孔雀明王经　三卷

42. 大悲陀罗尼经　一卷

43. 尊胜陀罗尼经　一卷

44. 准提陀罗尼经　一卷

45. 梵网经　二卷

46. 梵网经合注　八卷

47. 菩萨戒本经　一卷

48. 戒本经笺要　一卷

49. 十善业道经　五卷

50. 佛藏经　四卷

51. 毗尼集要　十七卷

52. 瑜伽师地论　一百卷

53. 大乘起信论略疏　二卷

54. 大智度论　一百卷

55. 中论　四卷

56. 十住毗婆沙论　十五卷

57. 显扬圣教论　二十卷

58. 摄大乘论　三卷

59. 成唯识论　十卷

60. 相宗八要直解　八卷

61. 肇论疏　六卷

62. 宝藏论　一卷

63. 景德传灯录　三十卷

64. 续传灯录　三十六卷

65. 禅宗正脉　二十卷

66. 六祖坛经　一卷

67. 古尊宿语录　四十八卷

68. 中峰广录　三十卷

69. 永嘉集　一卷

70. 唯心诀　一卷

71. 宗镜录　一百卷

72. 心赋注　五卷

73. 万善同归集　六卷

74. 大乘止观法门　四卷

75. 摩诃止观　二十卷

76. 释禅波罗蜜　十卷

77. 坐禅法要　二卷

78. 六妙门　一卷

79. 四念处　四卷

80. 觉意三昧　一卷

81. 法界次第初门　三卷

82. 观音玄义记　四卷

83. 观心论疏　三卷

84. 十不二门指要钞　二卷

85. 四教仪集注　十卷

86. 教观纲宗并释义　二卷

87. 注法界观门　一卷

88. 法界玄镜　一卷

89. 妄尽还源观　一卷

90. 一乘教义分齐章　三卷

91. 华严指归　一卷

92. 金师子章解　一卷

93. 原人论解　四卷

94. 唯识开蒙

95. 莲宗宝鉴　七卷

96. 乐邦文类　六卷

97. 净土圣贤录

98. 广宏明集　三十卷

99. 翻译名义集　十四卷

100. 教乘法数　十二卷

按：以上《目录》编号乃编者所加。

同治八年己巳（1869年）

二月，刊刻《大佛顶首楞严经》（十卷，唐般剌密谛译）。由江都信士姚文灿施资。自此部经书尾页始出现牌记"金陵刻经处识"。

五月，刊刻《大方广圆觉修多罗了义经》（二卷，唐佛陀多罗译）。由镇江焦山定慧寺住持比丘大须施资。

同月，刊刻《净土忏仪》（一卷，宋遵式撰）。由种德堂全净深施资。

同月，刊刻《金刚般若波罗蜜经》（一卷，姚秦鸠摩罗什译）。由真州信士陈韶施资。

同月，刊刻《般若波罗蜜多心经略疏》（一卷，唐法藏撰）。由江北旧香子施资。

六月，刊刻《地藏菩萨本愿经》（二卷，唐实叉难陀译）。由武进信士管乐施资。

十月，刊刻《观音菩萨大悲心陀罗尼经》（一卷，唐伽梵达摩译）。由武进信士管乐施资。

本年，桂伯华生于江西九江。

按：桂念祖（1869—1916），后名赤，字伯华，江西德化（今九江）人。光绪二十三年（1897）丁酉科举人。少年时在南昌经训书院与新建夏敬观同师皮锡瑞，经学词章，根柢深厚。他的父亲丹岩公晚岁病盲，希望他在乡里设塾授徒，以养家活口。他觉得长期在乡间将堕其志，乃全家迁居南昌。进豫章书院继续攻读，靠书院中微薄的膏火之资，维持全家的生活。由于他成绩名列前茅，有奖学金可拿，故全家人能勉强维持温饱。但他日夜攻读，往往通宵达旦，也艰辛之至，而其学问于此时大变。他以苦学所成，为士林所重，金谿县知县杜燐光聘他为书院山长。他因中日甲午战争，中国割地赔款，受刺激颇深，故于丁酉年（1897）乡试中举后，即参加了康、梁变法运动，到上海任《萃报》主笔，撰文鼓吹变法维新，与维新人士梁启超等相往还。后来梁启超到湖南主讲于时务学堂，光绪二十四年（1898）以徐致靖之荐，到北京晋见光绪，参加推行新政。梁氏在离开湖南时，其时务学堂总教习职位，举伯华以代替。伯华在上海尚未成行，而"戊戌政变"发生，"六君子"被捕罹难，梁氏亦逃往日本。伯华在沪亦仓皇逃回故里，藏匿于乡间以避祸。是年岁暮，他患疟疾病卧在床，中夜难寐，寻得一册《金刚经》，晨夕阅读，竟至不忍释手，恍然感悟到人生如幻。病愈，到南京金陵刻经处谒见杨仁山居士，请教佛学。这是伯华治学的第二次转变，是为光绪二十五年（1899）间事。参看欧阳竟无《桂伯华行述》（《竟无诗文》)。

同治九年庚午（1870年）

正月，刊刻《仁王护国般若波罗蜜多经》（二卷，唐不空译）。由信士王维贤、优婆塞黄妙因等施资。

四月，刊刻《相宗八要直解》（八卷，明智旭撰）。由武进刘翰清、石埭徐润生等施资。

六月，刊刻《菩萨戒本经》（一卷，北凉昙无谶译）。由如皋东莞居士施资。

七月，刊刻《楞伽阿跋多罗宝经》（四卷，刘宋求那跋陀罗译）。由杭州云栖寺比丘瑞真、阳湖赵烈文等施资。

八月，刊刻《维摩诘所说经》（三卷，姚秦鸠摩罗什译）。由嘉善居士金福保施资。经题下注："亦名不可思议解脱经。"

十月，刊刻《佛教西来玄化应运略录》（宋程辉编）、《佛说四十二章经》（一卷，后汉迦叶摩腾共竺法兰译）。由如皋高一凤施资。

同月，刊刻《佛遗教经》（一卷，姚秦鸠摩罗什译）。由古郿信士程守诚施资。经题下注："亦名佛垂般涅槃略说教诫经。"

同月，刊刻《八大人觉经》（一卷，后汉安世高译）。由如皋王静源施资。

十一月，刊刻《龙藏汇记》（一卷）。由石埭徐润生等施资。

冬月，刊刻《佛顶尊胜陀罗陀经》（一卷，唐佛陀波利译）。由常熟程百慎施资。

同治十年辛未（1871年）

四月，刊刻《佛母准提陀罗尼经》（一卷，唐金刚智译），附《观行法》。由如皋徐生恕等施资。

六月，刊刻《观无量寿佛经》（一卷，刘宋畺良耶舍译）。由常熟季妙性等施资。

八月，刊刻《解深密经》（五卷，唐玄奘译）。由仁和崇道堂朱氏等施资。

十月初八日（11月20日），欧阳渐生于江西宜黄。

按：欧阳渐（1871—1943），字竟无，江西宜黄人。光绪十五年（1889）中秀才，后入南昌经训书院学习。甲午战争后，专治陆九渊、王守仁哲学。光绪三十年（1904）来南京，从杨仁山居士学佛。光绪三十三年（1907）东渡日本年余，访佛教遗籍。返国后任两广优级师范学堂讲席，未几因病辞职，与友人李证刚往江西九峰山经营农业。为佛学研究会成员。宣统三年（1911）杨仁山居士去世，受嘱主持金陵刻经处编校事务。1915年成立金陵刻经处研究部。1922年7月，创支那内学院，任院长。1925年秋支那内学院改组为问学、研究及法相大学三部。另辟内学院第二院，招收法相大学特科班学生。1927年由于军队进驻，法相大学停办。1937年抗日战争全面爆发，内学院迁四川江津，设支那内学院蜀院。1943年2月23日病逝于四川江津。著有《竟无内外学》。

同月，刊刻《金光明经》（四卷，北凉昙无谶译）。由湘乡龚定瀛等施资。

十一月，刊刻《妙法莲华经》（七卷，姚秦鸠摩罗什译）。

同月，刊刻《般若波罗蜜多心经》（一卷，唐玄奘译）。

同月，刊刻《佛说无量清净平等觉经》（三卷，后汉支娄迦谶译）。

同月，刊刻《实相般若波罗蜜经》（一卷，唐菩提流志译）。以上四经皆由江苏丹徒县候选知府李文明施资。

同月，刊刻《摩诃般若波罗蜜大明咒经》（一卷，姚秦鸠摩罗什译）。

本年，刊刻《梵室偶谈》（一卷，明智旭撰），《彻悟禅师语录》（二卷，清际醒撰）。以上二种合册由瑞安、善成、妙湛等施资。

同治十一年壬申（1872年）

二月，刊刻《弥勒下生经》（一卷，姚秦鸠摩罗什译）。由徐润生等施资。

三月，刊刻《十一面神咒心经》（一卷，唐玄奘译）。由李文明施资。

同月，刊刻《后出阿弥陀佛偈经并往生咒不思议神力传》（一卷，经失译，咒刘宋求那跋陀罗译）。由仁山居士夫人杨苏氏施资三千文。

同月，刊刻《佛说阿弥陀经》（一卷，姚秦鸠摩罗什译）。由仁山居士夫人杨苏氏施资四千文。

同月，刊刻《称赞净土佛摄受经》（一卷，唐玄奘译）。由仁山居士夫人杨苏氏施资八千文。

四月，如皋刻经处刊刻《修华严奥旨妄尽还源观》（一卷，唐法藏撰）。由杨仁山、熊润生等施资。

八月，刊刻《大方便佛报恩经》（七卷，失译）。

同月，刊刻《大方广佛华严经要解》（一卷，宋戒环撰）。以上二经，皆由新建吴坤修施资。

同月，刊刻《显密圆通成佛心要集》（二卷，辽道□集）。由钱塘许櫆身施资。

同月，刊刻《万善同归集》（三卷，宋延寿述）。由正定王荫福、阳湖赵烈文、湘乡龚定瀛等施资。

同月，刊刻《华严经合论》（一百二十卷，唐李通玄造论、志宁合）。由新建吴坤修施资。

十二月，刊刻《金刚经六译》（六卷，姚秦鸠摩罗什，魏菩提流支，陈真谛，隋达摩笈多，唐玄奘、义净译。其中鸠摩罗什所译已于同治八年五月刊刻）。由李文明施资。

同治十二年癸酉（1873年）

二月，刊刻《校量数珠功德经》（一卷，唐宝思惟译）。

同月，刊刻《千转陀罗尼观世音菩萨咒经》（一卷，唐智通译）。以上二经，皆由秦邮乐和儒施资。

三月，刊刻《金刚三昧经》（二卷，失译）。由嘉兴庄祖基施资。

七月，刊刻《性相通说》（一卷，明德清撰）。由山东兖州陈福缘施资。

八月，刊刻《放生仪》（一卷，从《百丈清规》中录出）。由金山江天禅寺住持比丘显慧施资。

同月，刊刻《佛说龙施女经》（一卷，吴支谦译）。由丹徒李门万氏施资。

冬，刊刻《翻译名义集选》（一卷）。由王葛氏、王静开等施资。

本年，杨仁山居士屏绝世事，家居读书。直隶总督李鸿章函聘居士办理工程，辞而不往。居士参考《造像量度经》及净土诸经，静坐观想，审定章法，延请画家绘成《极乐世界依正庄严图》《十一面大悲观音像》，并觅得古时名人所绘佛菩萨像，刊布流通，以资信众供奉。

同治十三年甲戌（1874年）

正月，刊刻《造像量度经》（一卷，清工布查布译），附《图解》《续补》（各一卷）。由钱塘许灵虚、正定王荫福等施资。其中有杨仁山居士与妻苏氏捐资二十千文。书后有居士题记："敬选良工精刊此部。伏愿造像师资研求通彻，如法兴造，为世福田，普令现在、未来一切众生皆得瞻礼诸佛菩萨胜妙身轮，发无上心，速成正觉。"

同月，刊刻《梵网经菩萨心地品合注》（七卷，明智旭撰），附《梵网经玄义》（一卷）。长白如山、正定王荫福等施资。

二月，刊刻《无量寿经》（二卷，曹魏康僧铠译）。

同月，刊刻《菩萨戒羯磨文释》（一卷，明智旭撰）。由邵阳魏绣君施资。

同月，刊刻《净业知津》（一卷，清悟开撰）。由华阳张净成施资。

三月，刊刻《授菩萨戒法》（一卷，明智旭撰）。由比丘伴霞、维静施资。

四月，刊刻《学菩萨戒法》（一卷，明智旭撰）。由长沙黄上达施资。

五月，刊刻《梵网经忏悔行法》（一卷，明智旭撰）。由正定王荫福施资。

六月，刊刻《毗尼后集问辩》（一卷，明智旭撰）。由湘乡龚定瀛施资。

十二月，刊刻《楞严经玄义》（二卷，明智旭撰）。

同月，刊刻《楞严经文句》（十卷，明智旭撰）。

以上二种，皆由钱塘许灵虚，比丘善成、妙湛施资。

按：另有《往生论（无量寿经优婆提舍愿生偈）》（一卷，元魏菩提流支译，由居士夫人杨苏氏捐资六千五百文刊刻）、《赞阿弥陀佛偈》（一卷，元魏昙鸾撰，由居士夫人捐资八千文刊刻）、《大乘起信论裂网疏》（六卷，明智旭撰）三种佛典无刊刻年月，亦当完成于同治年间。这样，从同治五年（1866）至十三年（1874），金陵刻经处共刊刻佛典五十余种。

本年，杨仁山居士泛舟游历苏、浙两省佛教名胜，朝礼宁波阿育王寺，渡海登普陀山，礼拜潮音、梵音二洞。其时，居士听说苏州洞庭西山有古刹，估计一定有许多旧经典，便只身独往，搜求殆遍，终无所获，而因资斧缺乏，几至不能返回。

本年，因家计艰窘，杨仁山居士不能脱离俗务而一心求法，只得再度就职于"江宁筹防局"。在"江宁筹防局"就职期间，居士工作业绩卓著。

本年，由于数年以来所刻经典渐次增多，杨仁山居士等发起人便择定金陵鸡鸣山北极阁集资建屋，作为庋藏经版之所，由妙空法师主持并供奉香火。不久，因北极阁庋藏经版之处为他人所觊觎，引起争端，居士便将历年所刻经版移藏常府街寓所，继续刻经，并延请友人协助管理刻经事宜。妙空法师则回到扬州砖桥镇之接引禅院（江北刻经处）。从此各自为刻藏继续努力，仍分工合作，相互补充，不相重复，而以共同汇成全藏为目标。江北刻经处以刻般若、方等、净土、秘密经论为多。

光绪元年乙亥（1875年）

二月，刊刻《续原教论》（二卷，明沈士荣著）。由拙道人施资二十一千文。

十二月，刊刻《三劫三千诸佛名经》（三卷，刘宋畺良耶舍译）。由江宁甘国有施资。

本年，杨仁山居士前往经理汉口盐局工程。

光绪二年丙子（1876年）

二月，刊刻《赞礼地藏菩萨忏愿仪》（一卷，明智旭述）。由郧山比丘明律、信士周成忏施资。

受曾纪泽的聘请，杨仁山居士于四月初来到湖南长沙。此行的主要目的，是协助曹镜初经理长沙的官书局"传忠书局"事务。同时，曹镜初创办的长沙刻经处成立不久，故邀请居士帮助处理有关刻经事宜。

四月，刊刻《智证传》（一卷，宋惠洪撰）。由武进刘翰清、阳湖赵烈文等施资。其中杨仁山居士施钱二十千文。经题下注："原本分十卷，今合为一卷。附《宝镜三昧》。"

十一月，杨仁山居士为长沙刻经处正在刊刻的《大乘起信论疏》（二卷，马鸣造论、真谛译文、宗密录注、袾宏重次）修定科文并录法数，作《起信论疏法数别录跋》；又为此书所附之清续法所辑《起信论法相图》作《起信论真妄生灭法相图跋》。

本年，杨仁山居士游湖南衡山，登祝融峰顶，获览南岳之胜。

光绪三年丁丑（1877年）

二月，刊刻《注心赋》（四卷，宋延寿撰）。由长白如山、阳湖赵烈文等施资。杨仁山居士与妻苏氏各施钱十千文。

八月，刊刻《十二因缘经》（一卷，吴支谦译）。经题下注："亦名闻城十二因缘。"

同月，刊刻《缘起圣道经》（一卷，唐玄奘译）。

同月，刊刻《稻杆经》（一卷，失译）。以上三经，由金陵严正达施资。

同月，刊刻《观弥勒下生经》（一卷，晋竺法护译）。由姑苏徐子春、石埭徐润生施资。

同月，刊刻《观弥勒上生经》（一卷，宋沮渠京声译）。由正定王荫福、阳湖赵烈文施资。

光绪四年戊寅（1878年）

二月，刊刻《释迦牟尼坐像》。

同月，刊刻《西方公据》（二卷，清彭际清集）。由正定王荫福、嘉兴庄祖基施资。

同月，刊刻《御选语录》（即《雍正选语录》。十九卷，清世宗选）。由钱塘许净中等施资。

四月，刊刻《悲华经》（十卷，北凉昙无谶译）。由成都文殊院法基、道令等施资。

五月，刊刻《蒙山施食略解》。由华阳比丘洪基、比丘尼大慧施资。

六月十九日（7月18日），刊刻《送子观音像》。

七月二十七日（8月25日），曾纪泽出任清政府驻英、法钦差大臣。

八月，刊刻《如来智印经》（一卷，失译）。

同月，刊刻《入法界体性经》（一卷，隋阇那崛多译）。以上二经，皆由阳湖赵柔施资。

同月，刊刻《西方极乐世界图》。图的下方有居士所作《跋》。

九月，曾纪泽函邀居士为使团成员。

同月，刊刻《翻译名义集》（二十卷，宋法云撰）。由合肥蒯氏带耕草堂施资。

本年，并刊刻《秽迹金刚像》《慈悲观音像》《四十八臂观音像》和《十八臂观音像》。

光绪五年己卯（1879年）

正月初四日（1月25日），杨仁山居士等使团人员随清政府驻英、法钦差大臣曾纪泽抵达英国伦敦。

同月，刊刻《六度集经》（八卷，吴康僧会译）。由天台比丘本茂募资。

二月初二日（2月22日），曾纪泽为杨仁山居士楷书《华严偈颂》。

八月，刊刻《思益梵天所问经》（四卷，姚秦鸠摩罗什译）。由成都文殊院募资。

十一月初一日（12月13日），曾纪泽四十一岁生日，使馆内成员皆衣冠相贺。杨仁山居士等设晚宴宴请曾纪泽，以示庆祝。

本年，杨仁山居士于办公之余，除了校点经书、念佛参禅以外，还精心研究天文、显微等学问。此外，更研习梵文佛典，立志阐扬佛教于"泰西"各国。

本年，杨仁山居士在伦敦造访末松谦澄，得知南条文雄与笠原研寿正在英国牛津大学学习梵文，惜学校离都市较远，未能会晤。

按：南条文雄（1849—1927），日本净土真宗僧人，日本近代佛教史上的重要人物之一。1868年与笠原研寿（1852—1883）一同到欧洲留学。1876年6月他们从横滨到英国，在牛津大学修习梵文，留英九年，于1884年5月回国。1900年1月从横滨出发到印度旅行，回程中参访了中国的五台山，同年5月返日。回日本后担任东京大学、文科大学讲师，讲授梵语，并致力于学术研究。他是日本明治时期佛教界的先进，他以新的文献学方法及资料研究佛学，使日本的佛学研究更加兴盛。著有《南条文雄自叙传》《怀旧录》等。

本年，梅光羲生于江西南昌。

按：梅光羲（1879—1947），字撷芸，江西南昌人。光绪丁酉（1897）科举人。毕业于日本早稻田大学。后在清廷管学大臣张百熙下钻研经济学。为山东佛学会、南京佛学会、安徽佛学会、江西念佛会、中国佛教会、中国佛学会会员。历任北京大学堂提调、武昌高等学堂及广东司法馆监督等职。民国成立后，任北京政府教育部秘书长、山东高等检查长、江西高等法院院长等职。随杨仁山居士学佛后，公务之暇，致力于唯识学之研究，卓然有成，与欧阳竟无并为民国以来之唯识大家。佛学著作甚多，以1920年出版的《相宗纲要》（欧阳竟无作序）为成名作。1931年发表之《相宗新旧两译不同论》引发一场教界对于此问题之争论。他与欧阳竟无、太虚法师并为仁山门下士，乃对近代佛学界发生大影响力者，而他亲近仁山居士及研究唯识学也早于另二人。为佛学研究会成员、金陵刻经处第一任董事。

光绪六年庚辰（1880年）

二月，刊刻《菩萨戒本经笺要》（一卷，北凉昙无谶译、明智旭笺）。由成都文殊院募资。

四月，刊刻《佛说文陀竭王经》（一卷，北凉昙无谶译）、《佛说恒水经》（一卷，西晋法炬译）、《佛说四谛经》（一卷，后汉安世高译）、《佛说瞻婆比丘经》（一卷，西晋法炬译）、《佛说本相倚致经》（一卷，后汉安世高译）、《佛说缘本致经》（一卷，失译）、《佛说顶生王故事经》（一卷，西晋法炬译）。以上七经，由金陵严正达施资。

九月初六日，扬州砖桥江北刻经处妙空法师逝世，终年五十五岁。

光绪七年辛巳（1881年）

二月，刊刻《阿弥陀经疏》（一卷，唐元晓撰）。由湘乡龚定瀛施资。

同月，刊刻《唯心诀》（一卷，宋延寿撰）。由正定王荫福施资。

六月初五（6月30日）晚，杨仁山居士、陈远济、左秉隆与南条文雄首次相聚于伦敦末松谦澄寓所。次日（7月1日）晚8时，南条文雄来到清政府驻英国使馆，与居士、陈远济、左秉隆聚谈。六月十七日（7月12日），南条文雄致书居士。二十三日（18日），居士致书作答。不久南条复函居士，并寄来居士嘱作"《阿弥陀经》梵、汉、罗马文字合璧"。

十一月，刊刻《观普贤行法经》（一卷，刘宋昙摩蜜多译）。由成都文殊院募资。

本年，杨仁山居士致书南条文雄。信中回忆十三年前与僧妙空共同发愿募刻全藏，而如今斯人已逝，预计刻完全藏之期，则更为遥远。言语间，满怀感慨。

本年，李证刚生于江西临川。

按：李翊灼（1881—1952），字证刚（正刚、政刚、正罡），江西临川人。杨仁山居士学佛弟子、佛学研究会成员、金陵刻经处董事会第一任董事。他与桂伯华、欧阳竟无是好朋友。桂伯华妹圆成嫁证刚，"夫妇居室不苟，如迦叶金色女故事"（欧阳竟无语）。1912年，曾与桂伯华、黎端甫等人创"佛教会"。1924年曾任职奉天"东北大学"，讲授佛学。1925年，曾以江西代表身份出席世界佛教联合会，并作学术演讲。1943年欧阳竟无去世后，即接替欧阳任金陵刻经处编校主任；1947年陈彦通辞职后，与交际主任陈宜甫共同兼流通主任。他因不能常住刻经处，故实际上流通主任由陈宜甫专任。

光绪八年壬午（1882年）

杨仁山居士作为驻法随员，三年任期已满，又因老母思念，曾纪泽准令他销差回国。二月十三日（3月31日），杨仁山居士乘船回国。临行前，曾纪泽至居士室内送行。

同月，刊刻《秽迹金刚说神通大满陀罗尼法术灵要门经》（一卷，唐无能胜译）。

同月，刊刻《秽迹金刚法禁百变法门经》（一卷，唐阿质达霰译）。以上二经，由成都文殊院募资。

六月，刊刻《大般涅槃经玄义》（二卷，隋灌顶撰）。由比丘善成、妙湛募资。

八月，刊刻《阿弥陀鼓音声王陀罗尼经》（一卷，失译）。

同月，刊刻《观世音菩萨得大势菩萨受记经》（一卷，宋昙无竭译）。以上二经，由南海比丘化忍施资。

杨仁山居士归国后，辞不受褒奖，仍以刻经为事业。本年，居士去苏州寻觅藏版之处，于元墓山（即今玄墓山）香雪海看中一块地方，终因经费未集，购地未成，遂打消此念。

光绪九年癸未（1883年）

杨仁山居士长子自新自光绪五年（1879）十一月初一日（12月13日）被曾纪泽派充英、法两国画图留学生，至光绪八年（1882）十一月初一日（12月10日），三年期满，因成绩优异，曾纪泽特于六月十六日（7月19日）上疏申请褒奖。

九月，熊润生撰《刻经僧妙空大师传》：

> 师以刻经僧传，现刻经僧而为说法也。前明紫柏大师，易方册为书本，憨山蒙叟继之，此刻书本藏所由始。粤匪告警，经版荡然，师悲之，焚香誓佛前，以刻经为己任，历十五年如一日，寒暑不少避。坐化时，握藏经目录，不释手，大哉愿也！师俗姓郑，出世号妙空。父为邑名廪生，讳应房，别号咫观。母唐氏，生师时，梦行脚僧至，寤生师。幼慧读，一目数行，食饩以能文名，久而厌之。少遭母丧，欲以超荐报母恩，读《地藏经》有感，稍长读《法华经》，慨然发出世志。避乱居海陵，以放生念佛导人，著《百年两事》书；继闭关于焦家荡，日课佛号十五六万声，著《弥陀经论》《修西定课注》。扬州东乡䴔鸡院，幽秀清净，多习道书。师就院后建念佛社，亲奉老父，家人感化焉。师戒律精严，过午不食，持正法，息邪说，著《莲邦消息》《地藏经论》《华严念

佛图》《西方清净音》《四十八镜》《宗镜堂图书谱》《法轮宝忏注》。师在俗不以俗累，望之如莲华中人。祝发于金陵，创刻经局，遍及如皋、常熟、浙江，而总持刻经处于砖桥，书藏至师而崛然兴。尝扬帆赴武昌，浪冲舵折，风行六十里，始达岸，若有神助。又赴衢州，如居士冠九，夜梦善财至署，晤师如梦见，遂信师为善财化身。师读《华严》，至"弹指门开"有省，绘《虚空楼阁图说》以寄意。水陆道场，本咫观老人旧订，师奉行，承先志也。父寿终，得中品生，子力也。同治甲戌，有神预告师，白龙值岁，汝其西归。庚辰秋，刻《大般若经》至四二五卷，自知时至，以刻经属两序弟子，金曰："满师愿。"九月初五，疾益笃，搭衣持具礼佛，又命持一字顶王咒助之。初六丑时，跏趺，力持咒；辰时，右手持《龙藏》全函，左手结印，安详坐化。圆寂之三年，《大般若经》募刻成，师愿可谓感格人天矣。募刻全藏近三千卷，创刻经处五所，著《念佛丛书》四十八种，奉行水陆九次，世寿五十五，僧腊、法腊俱十五年。师在俗，讳学川，字书海；得法后，讳绪乘，号刻经僧，远近皆尊之为刻经僧云。光绪九年秋九月菩萨戒弟子本普熊润生谨撰。

十月，刊刻《龙舒净土文》（十卷，宋王日休撰）。由扬州观如、性成施资。

十一月，刊刻《西方接引图》。

江北刻经处妙空法师逝世前，刻《大般若经》至四百二十五卷，尚有一百七十五卷未完成。后来，由于秦邮放生寺主席蕅香清公大力助成，终于在妙空法师圆寂三年以后，《大般若经》六百卷全部募刻完成。此经版现存本处。

光绪十年甲申（1884年）

二月，刊刻《中庸直指》（一卷，明德清撰）。由蜀僧竹禅施资。

四月，刊刻《无量寿庄严经》（一卷，宋法贤译）。由杨仁山居士夫人杨苏氏施钱二十四千文。经题下注："原本分三卷，今合为一卷。"居士将此经分为四十八章。

同月，刊刻《传心法要》（二卷，唐希运语录、裴休集）。由金陵严正达施资。

十二月，刊刻《高僧传初集》（十六卷，梁慧皎撰）。由武进刘翰清、蜀僧竹禅等施资。刻资中有杨仁山居士施钱十千文。历史上，《高僧传》有梁、唐、宋、明四种，居士分别定为《初集》《二集》《三集》《四集》，并在《初集》慧皎原序后写有《附言》。

同月，刊刻《梵网经》（二卷，姚秦鸠摩罗什译）。由比丘梦舟、悦照等施资。

本年，英人李提摩太来到南京，寻访有关佛教的书籍，并去金陵刻经处拜访了杨仁山居士。两人在交谈中，居士说："有一本叫做《大乘起信论》的书。这本书使我从一个儒教徒变成了佛教徒。"李在金陵刻经处选购了十余种经书，其中就有《大乘起信论》。李提摩太回到旅店后，就迫不急待地翻阅《大乘起信论》，直到次日凌晨。李氏对此书的评价很高，不久以后，就产生了将此书翻译成英文、向西方国家介绍的念头。

按：李提摩太（1845—1919），英国传教士，同治九年（1870）来到中国传教，发现应以教育为先，让中国人脱离贫困，才能真正达到传教的目的。因此，从光绪十七年（1891）起担任"广学会"及《万国公报》的负责人，全力于翻译、传播西学，并鼓吹变法维新、兴建学校。他与当时中国上阶层的人物如曾纪泽等人都有深厚的交谊。

光绪十一年乙酉（1885年）

六月十六日（7月27日），清政府旨派江西布政使刘瑞芬为出使英国、俄国钦差大臣。随后，刘氏在《奏随带出洋人员疏》中言："臣此次奉使英、俄两国，自应慎选妥员以备参赞、翻译、随员之用。兹经选得年力强壮、留心洋务者十三员、医官一员、总理衙门同文馆学生一员，均拟带同前往。谨缮清单，恭呈御览。"此行，杨仁山居士受聘为随员。

同月，刊刻《起信论纂注》（二卷，明真界撰）。由比丘本茂、湘乡龚定瀛等施资。刻资中有杨仁山居士所捐十千文。此书为居士订定的《大乘起信论疏解汇集》中的一部，书前附有《起信论释教义中诠真妄生灭法相之图》（清续法辑），图后附有居士于光绪二年十一月写的《跋》。

同月，刊刻《金刚宗通》（九卷，明曾凤仪著）。由比丘法轮、比丘尼慧月等施资。

十月，刊刻《佛遗教经解》（一卷，明智旭撰）。

同月，刊刻《四十二章经解》（一卷，明智旭撰）。

同月，刊刻《八大人觉经略解》（一卷，明智旭撰）。以上三经，皆由古歙程氏施资。

同月，刊刻《寒山诗》（二卷，唐闾邱勋集），附《栟堂诗》（一卷，明栟堂撰）。由洪本一、孙本来施资。

光绪十二年丙戌（1886年）

二月，刊刻《大方广圆觉修多罗了义经近释》（六卷，明通润撰）。由成都文殊院光普、果智等施资。

同月，刊刻《老子道德经解》（三卷，明德清撰）。

同月，刊刻《观老庄影响论》（一卷，明德清撰）。以上二种，由杨仁山居士施资一百一千文。

杨仁山居士应刘瑞芬召，以使团随员身份随往英国伦敦，考察英国政治及工业制造诸学，究明列强立国之源。这是居士第二次出国，携次子自超同往。使团在上海乘二月十三日（3月18日）开往法国马赛的轮船。抵达马赛，居士等随刘瑞芬前往英国接任，于三月二十五日（4月28日）抵达英国伦敦。当晚，曾纪泽设宴招待新任英、俄钦差大臣刘芝田一行。席散，居士至曾纪泽处一谈。二十六日（29日）晚，曾纪泽至居士室内一谈。

四月，刊刻《西归直指》（四卷，明周梦颜撰）。由湘乡龚定瀛、蜀僧竹禅等施资。其中杨仁山居士夫人杨苏氏捐资十一千文。书后有居士跋文。

八月，刊刻《续指月录》（二十卷，清聂先乐编）。由徽州营文芳、汪心宅等施资。

十月，刊刻《宗范》（八卷，清钱伊庵辑）。由桂阳李悟真、钱塘许灵虚施资。经题下注："原本两卷，今作八卷。"

本年，刊刻《准提菩萨像》《灵山法会图》。

光绪十三年丁亥（1887年）

三月，刊刻《华严经吞海集》（三卷，宋道通撰）。由心光、能福等施资。

六月，刊刻《维摩诘所说经注》（八卷，姚秦鸠摩罗什及僧肇等注）。由成都文殊院募资。

光绪十四年戊子（1888年）

七月，刊刻《肇论略注》（六卷，明德清撰）。由成都文殊院募资。

十二月，刊刻《庄子内篇注》（四卷，明德清撰）。由华严精舍施资。

光绪十五年己丑（1889年）

3月31日，巴黎埃菲尔铁塔建成。5月5日至10月31日，巴黎举办世界博览会，杨仁山居士出席了大会。

夏，杨仁山居士出使三年期满，先行假归，仍不受褒奖，继续经理刻经事业。尝告诫学人："斯世竞争，无非学问。欧洲各国政教工商，莫不有学。吾国仿效西法，不从切实处入手，乃徒袭其皮毛。方今上下相蒙，人各自私自利，欲兴国，其可得乎？"又因为世事人心愈趋愈下，便发誓不再与政界往还，专求出世之道。于是，托人从日本购得一部小字藏经，闭户诵读。自此，更加注意收集藏外古德逸书。

按：杨仁山居士是一位中国近代具有广阔胸襟、世界眼光的佛教学者。其思想的形成与他两次随团出使有很大关系。在国外工作、生活期间，他考察欧洲一些国家的政教生业、人情风俗；学习西方的科学技术；参访国外的佛教学者，互相探讨佛教义理，寻觅济世良方。

十一月初三日（11月25日）子时，孙女杨步伟生。这时，杨仁山居士家已是四世同堂，全家住在南京花牌楼。

按：杨步伟（1889—1981），字韵卿，小名兰仙、传弟。仁山居士长子自新之女，因居士次子自超无出，故过继给自超。生于南京。七岁开蒙读书，光绪三十一年（1905）入南京旅宁学堂。三十三年（1907）改入上海中西女塾。宣统元年（1909），离校至湖北。1912年任南京崇实学校校长。1913年讨袁失败后，护送柏文蔚全家到日本长畸，后至东京，滞留日本。1914年4月，入女子医学校，1919年毕业。归国后与林贯中在北京开设森仁医院，任院长。1921年6月，与赵元任结婚；8月随赵赴美国。1925年5月，随赵返国，后在景山设生产限制（即节育）诊所，又组织三太公司，并兼清华成志小学董事长。1929年任北京女子师范大学体育系教授。1934年秋迁居南京。1937年抗日战争全面爆发后，转赴长沙。1938年1月至昆明；5月赴檀香山，任明伦中学国语班教师。1939年7月，随赵赴美国。1945年抗战胜利，发起为中国各大学捐书运动。1973年4月，与赵元任返国探亲，并于4月21日到达北京。5月13日，国务院总理周恩来，人大常委会副委员长、中国科学院院长郭沫若等会见了赵元任、杨步伟及其亲属。谈话间，杨步伟提出了恢复金陵刻经处的要求，周总理当即下达了"保护恢复刻经处"的指示。

1981年2月，杨步伟临终前叮嘱家人务必将她的部分骨灰送回祖父身边。3月1日，她在美国加州柏克莱病逝，终年九十三岁。1982年9月22日，赵元任、杨步伟夫妇的女儿赵新娜、赵来思来到金陵刻经处。根据其母杨步伟女士生前遗言：骨灰分为二部分，一部分随丈夫赵元任先生撒在太平洋，另一部分回归祖国到祖宗身边。经刻经处领导反复斟酌，决定将骨灰撒放在塔院墓基下部。并为立青石碑一块："杨仁山居士孙女、赵元任先生夫人杨步伟女士骨灰归根祖塔之处。时在一九八二年九月二十二日，金陵刻经处志。"

杨步伟《一个女人的自传》："我是在光绪十五年在南京花牌楼的一所一百二十八间的房子里出世的。那时候的花牌楼，不是像我四十多年后在南京住家时候的大宽马路，那街窄的两顶轿子对面走还得慢下来才免得碰着了。可是那是城里一个很热闹的中心，街边上炸油条的炸油条，烤烧饼的烤烧饼，挑水的叫行人站开，讲究人家总叫小孩子们不要站在大门口看热闹。

"我小时候从曾祖母以下住的两处房子，第一处就是花牌楼的房子。我们一家大小三十四口，再加上二十七个佣人，所以我们那一百二十八间的房间，分成了一个一个的院子，真是间间都用得着。"

按：居士当年在花牌楼寓所的位置，在今太平路文昌巷和科巷之间，与1897年建成的延龄巷宅第相距不远。

同月，刊刻《慈悲道场忏法》（十卷，梁宝志、宝唱等撰）。

十二月，刊刻《高峰妙禅师语录》（一卷，元原妙说）。以上二经，由华英精舍施资。

光绪十六年庚寅（1890年）

三月，刊刻《大乘起信论直解》（二卷，明德清撰）。由杨仁山居士施资七十七千五百文。

四月，刊刻《法界观披云集》（一卷，宋道通撰）。由成都文殊院募资。

同月，刊刻《无隐禅师略录》（一卷，清普愿校）。由扬州观如、观通等施资。

五月六日（6月22日）晨，杨居士乘海轮从上海出发，前往北京。居士去北京，一生仅此一次。于七日（23日）抵达烟台，八日（24日）晚到达河北大沽。九日（25日）中午到达蒲塘，下船，改由旱路乘车进京。居士此次北行，与江阴缪荃孙、合肥张鸿卿等同乘一船，途中大家相谈甚洽。

六月二十八日（8月13日），蒯礼卿宴请到京的杨仁山居士、缪荃孙等人。

杨居士在京期间，去雍和宫瞻拜旃檀佛像，访求藏外古德佚书，并去朴庵先生同年宝銮家中拜访。

八月，刊刻《高僧传二集》（四十卷，唐道宣撰）。由润州五圣庙比丘宝莲、吴门药师庵比丘秉光等施资。

八、九月间，杨仁山居士内弟苏凤仪（字少坡）随李鸿章之子、出使日本大臣李经方东渡日本。居士托他带信给南条文雄，请其代为寻觅中国失传的古本佛典，于信末开列急切想购买的经书十八种。同时赠送南条在北京购得的梵文《字母谱》一卷《身心语》一部。

十月，刊刻《佛祖心灯》（一卷，无撰人名）、《宗教律诸家演派》（一卷，清守一编）、《剌麻溯源》（一卷，清守一编）。以上三种合册，由智珠、超莲等施资。

十一月，刊刻《佛遗教经注》（一卷，宋守遂注、明了童补）。

同月，刊刻《佛说四十二章经注》（一卷，宋守遂注、明了童补）。以上二经，由桐庐袁昶等施资。

光绪十七年辛卯（1891年）

四月，刊刻《观佛三昧海经》（十卷，晋佛陀跋陀罗译）。由军机大臣宝鋆施银一百两。

八月，刊刻《选佛谱》（六卷，明智旭撰）。由扬州藏经院念佛僧观如募资。

咸丰初年，石埭县文庙毁于战火。由邑绅陈艾发起，本年开始重建。邑人踊跃捐款，共集资洋二万七百余元。杨仁山居士捐洋三十元。

本年，虚云和尚"在金陵伴松严上人助修净成寺。时与杨仁山居士往来，参论《因明论》《般若灯论》。住净成寺过冬"。

本年，李提摩太与杨仁山居士在上海再次相遇。李提摩太希望在居士的帮助下将《大乘起信论》翻译成英文，居士愉快地答应了。

光绪十八年壬辰（1892年）

二月，刊刻《禅源诸诠集都序》（四卷，唐宗密撰）。由成都文殊院募资。

四月，刊刻《入楞伽心玄义》（一卷，唐法藏撰）。由普陀比丘幻人施洋银二十圆。经题下注："此卷中土失传，传自日本。"

同月，刊刻《阅藏知津》（四十四卷，明智旭撰）。由扬州观如、观通、松岩等施资。

六月，刊刻《六妙法门》（一卷，隋智顗撰）。由桐乡沈觉尘、蜀僧竹禅施资。经题下注："此本中土失传，从日本取回。"

八月，日本赤松连城因南条的介绍，也参与给杨仁山居士购寄佛典。

按：赤松连城（1841—1919），是日本本愿寺明治时期最早派往英国留学的僧人之一，曾任日本佛教大学总理。他是向杨仁山居士购寄佛书的主要参与者，居士在与南条文雄的信里也多次提到他惠书之事（参看《等不等观杂录》与南条文雄书十三、十四、二十六、二十八）。而赤松连城所求佛典，居士也尽力为之搜求寄送。不过，二人间的直接通信，目前尚未见到。

九月，刊刻《高僧传四集》（六卷，明如惺撰）。由秦邮蝗王庙比丘悟来、广陵圆觉庵比丘尼宝来等募资。

十月十三日（12月1日），杨仁山居士致函南条文雄。信中言："比年以来，承代购经籍千有余册。上有梁、隋，以至唐、宋，并贵国著述，罗列满架，诚千载一时也。非阁下及东海君大力经营，何能裒集法宝如此之宏广耶？"居士在信中表示，准备将从日本收集到的佛典，择其精要，刊入续藏，"以为永远流传之计"。

同月，刊刻《阿弥陀经疏钞》（四卷）《事义、问辩、四十问答、净土疑辩》（四卷），皆明袾宏撰。由建德周孝友堂施资。

十一月，刊刻《沙弥律仪要略》（一卷，明袾宏撰）。

同月，刊刻《四分戒本》（一卷，姚秦佛陀耶舍译）。以上二种，由华英精舍施资。

十二月十八日（1893年2月4日），南条文雄复函杨仁山居士。南条在信中述及在一百年以前，即西历1793年，有日本临济宗僧大典显常、天台宗僧六如慈周，准备向清朝寄送一百部佛书之事，并将大典状文和目录寄给居士。

光绪十九年癸巳（1893年）

九月，杨仁山居士夫人杨苏氏施资刊刻《略论安乐净土义》（一卷，元魏昙鸾撰）、《往生论注》（即《无量寿经优婆提舍愿生偈注》）（一卷，元魏昙鸾撰）。其中《往生论注》中土久佚，居士编入《净土古逸十书》中。

杨苏氏因久病困疲，已有半年不能念佛。至九月十四日午后，忽然呼嘱媳妇、女儿等人将她扶起，念佛约一炷香时间。之后，略睡片刻，又命人扶掖坐正，至酉时，安详而逝，终年六十三岁。杨仁山居士友冯梦华（煦）夫人也于同日亥时逝世。为此，居士致书冯梦华。

十月，刊刻《大乘理趣六波罗蜜多经》（十卷，唐般若译）。由乐道堂施资。

十一月十四日（12月21日），杨仁山居士内弟苏少坡因三年任满，从日本回国。临行前，苏少坡前往南条文雄寓所道别，并留条云："以后倘有寄杨君之信与书籍等件，祈交公使馆武弁吴葆仁号静轩、副理事官刘庆汾号子桢。"本月中旬，居士在上海与苏少坡相见。

本年，由于李提摩太的介绍，杨仁山居士在上海与锡兰人达摩波罗晤面。通过畅谈，居士对达摩波罗设立大菩提会以复兴五印度佛教的志愿极表赞同。达摩波罗希望能请到中、日佛教界精英到印度宣弘佛教。因之，居士开始在国内提倡僧学，希望培养中土青年僧侣成为振兴佛教的骨干力量，并手订办学章程，著《佛教初学课本》等，为兴学传教之用。

按：达摩波罗（1864—1933），是锡兰佛教居士，近世锡兰佛教复兴运动的推动者。1891年1月在印度菩提伽耶，目睹佛陀成道之地的衰败景象，立志振兴佛教，因此在当地成立"摩诃菩提会"，次年移往印度加尔各答，旨在联合世界上所有佛教徒来振兴佛教。1893年来华，寻求支援，但在参访清廷多所寺院后，颇感失望。后来因李提摩太的介绍，结识杨仁山居士，才算找到同志。后来并在伦敦、纽约、旧金山、芝加哥等地设立摩诃菩提会的支会，使佛教世界化，被称为锡兰佛教复兴之父。受达摩波罗赞助复兴印度佛教的请求，居士乃倡办僧学堂，但创议数年无响应者，于是居士自己动手，后于金陵刻经处设祇洹精舍，培养僧众弘法人才。

本年，杨仁山居士开始与李提摩太同译《大乘起信论》。

光绪二十年甲午（1894年）

二月，刊刻《佛说观无量寿佛经疏》（即《观经四帖疏》。四卷，唐善导撰）。由仁寿县比丘续圆等施资。此《疏》中土久佚，杨仁山居士编入《净土古逸十书》中。

十月，刊刻《佛说无量寿经义疏》（六卷，隋慧远撰）。由清河道潘赐衣堂等施资。经题下注："原疏离经别行，今将经疏合刻。"此《疏》中土久佚，杨仁山居士编入《净土古逸十书》中。

十一月，刊刻《楞严通议》（十卷），附《补遗》（一卷）、《楞严悬镜》（一卷）、《楞严通议科》（一卷），皆明德清撰。由文果、观月，比丘茂松、瑞莲等施资。

本年，杨仁山居士与英国人李提摩太译《大乘起信论》成英文，以为他日佛教西行之渐，以偿早年推行佛教于欧西之愿。但李译穿凿私见，有失原意，颇有援佛入耶之嫌，居士对此很不满意。

光绪二十一年乙未（1895年）

一月，刊刻《华严法界玄镜》（三卷，唐澄观撰）。由清凉精舍施资。

二月，刊刻《玄义章》（一卷，唐法藏撰）。

同月，刊刻《十世章》（一卷，唐法藏撰）。

同月，刊刻《法身章》（一卷，唐法藏撰）。

同月，刊刻《圆音章》（一卷，唐法藏撰）。

同月，刊刻《缘起章》（一卷，唐法藏撰）。

同月，刊刻《流转章》（一卷，唐法藏撰）。

同月，刊刻《三宝章》（一卷，唐法藏撰）。

以上七种，皆由华严精舍施资。

四月，刊刻《华严义海百门》（一卷，唐法藏撰）。由成都文殊院募资。

五月，刊刻《华严经略策》（一卷，唐澄观撰）。由爱莲堂、叶子珍施资。经题下注："《文献通考》载有此名，中土业已失传，今由日本得来。"

同月，刊刻《不思议光菩萨所说经》（一卷，姚秦鸠摩罗什译）。

同月，刊刻《诸佛要集经》（二卷，晋竺法护译）。

同月，刊刻《投身饲虎经》（一卷，北凉法盛译）。以上三经由贯通募资。

八月，刊刻《沙弥律仪要略》（一卷，清读体辑）。由云华、莲心等施资。

同月，刊刻《大乘法界无差别论疏》（二卷，唐法藏撰）。由贺县于式枚、萍乡文廷式施资。

九月，刊刻《四分比丘尼戒本》（一卷，姚秦佛陀耶舍共竺佛念译）。由心慈、普善等施资。

十月，刊刻《十二门论宗致义记》（三卷，唐法藏撰）。

同月，刊刻《十二门论》（一卷，姚秦鸠摩罗什译）。以上两种，由萍乡文宝莲堂、井陉县言弦歌楼等施资。

本年，日本真宗在南京设立本愿寺，因平时杨仁山居士与日本真宗教士多有来往，故常为照料。

本年，净土僧幻人法师建立讲席于南京，著《法华性理会解》并《或问》一书，送居士请教。杨仁山居士阅后，认为不尽正确，往复驰书辩论，不惮万言，纠正其失。

光绪二十二年丙申（1896年）

二月，开雕杨仁山居士所著《阴符经发隐》。居士在《解题》中说："隐微难见，故名为阴；妙合大道，名之为符；经者，万古常法也。"向来解释《阴符经》者，不是作兵书，就是作丹诀，居士则从佛法角度阐其义理，认为此书义理与佛法相通，并主张《阴符经》为黄帝所作。

同月，刊刻《胜鬘师子吼经》（一卷，刘宋求那跋陀罗译）。

同月，刊刻《胜鬘夫人会》（一卷，唐菩提流支译）。以上二经，由石埭杨静週施资。

三月，刊刻《成唯识论》（十卷，唐玄奘译）。由松岩、云华等施资。其中有居士次女圆音施洋银四元。杨仁山居士于书末附记："此书以宋、元、明、丽四藏雠校，丽藏最善。兼考基师《述记》，然后改定。阅者幸勿以字句与别本有异，遂谓写刻之误也。"

同月，刊刻《宏明集》（十四卷，梁僧祐集）。由贯通募资。

四月，刊刻《无量寿如来会》（二卷，唐菩提流志译）。由石埭杨静遇施资。此经卷上、卷下分别为《大宝积经》卷十七、十八。杨仁山居士将此经分为四十二章。

同月，刊刻《大方等如来藏经》（一卷，东晋佛陀跋陀罗译）。由汤浩清施资。杨仁山居士在卷后"校讹"中言："以宋、元、明、丽四藏校勘，择其善者从之。"

同月，刊刻《庄严菩提心经》（一卷，姚秦鸠摩罗什译）。

同月，刊刻《佛说长者女庵提遮师子吼了义经》（一卷，失译）。居士在经题下批云："似秦什师文意。"

同月，刊刻《称赞大乘功德经》（一卷，唐玄奘译）。

同月，刊刻《佛说长者法志妻经》（一卷，失译）。

同月，刊刻《佛说坚固女经》（一卷，隋那连提耶舍译）。

同月，刊刻《佛说老女人经》（一卷，吴支谦译）。

同月，刊刻《华严五十要问答》（二卷，唐智俨撰）。由观如、云华施资。

五月，刊刻《华严一乘十玄门》（一卷，唐智俨撰）。由华严精舍施资。杨仁山居士为之作《跋》。

六月，刊刻《法界宗五祖略记》（一卷，清续法撰）。由华严精舍施资。

同月廿九日（8月8日），谭嗣同以江苏候补知府的身份来到南京。在宁期间，他对官场黑暗极为不满，心中甚感苦闷，于是从杨仁山居士研究佛学。从此，他们之间建立了深厚的友谊。杨仁山的佛学思想，对谭嗣同影响很大，他学佛深得华严奥旨。他的佛学思想，对其著作《仁学》一书有很大的影响。

按：谭嗣同（1866—1898），字复生，号壮飞，湖南浏阳人。湖北巡抚谭继洵之子。维新变法的激进派。有《谭嗣同全集》行世。梁启超称他"治佛教之唯识宗、华严宗，用以为思想之基础，而通之以科学"。欧阳竟无说"谭嗣同善华严"。

八月二十日（9月26日），杨仁山居士致书南条文雄。信中又开列求购佛典二十种。并寄赠金陵刻经处据日本寄来之本刊刻的经籍八种。这是因中日甲午之战两人中断联系后的首次通信。

同月，刊刻《楞严经正脉疏》（四十卷，明真鉴撰）。由扬州观如、钱塘许灵虚等施资。

十月，刊刻《因明入正理论疏》（八卷，唐窥基撰）。由松岩、魏鑫等施资。刻资中有月霞法师所施洋银三圆。书后有松岩《跋》。

按：月霞（1858—1917），俗姓胡，名显珠，一名识悔，湖北黄岗人。十九岁于金陵大钟寺出家。后赴江苏常州天宁寺，又转谒南京赤山法忍，任首座，开始讲经说法。一生致力于僧伽教育，倡导"以教育培养人才，以文化弘扬佛法"。曾在江苏、湖北各省创僧教育会。对《华严》深有研究。祇洹精舍停办后，在南京主持僧师范学堂，后又于1914年在上海哈同花园创华严大学。曾赴日本、泰国、印度、缅甸、斯里兰卡等地讲经说法。著有《维摩经讲义》。

本年，还刊刻《华严念佛三昧论》（一卷，清彭际清撰）。

本年，杨仁山居士在南京城北延龄巷购地六亩多建私人住宅，内设经版房及印刷流通佛经之所。

光绪二十三年丁酉（1897年）

二月初十日（3月12日）晚，应刘世珩的邀请，杨仁山居士与谭嗣同、郑孝胥、蒯礼卿、缪荃孙、徐乃昌、茅谦等人在刘寓聚会，并共同欣赏何绍基书法、吴熙载绘画、徐渭手书册页及唐人写经等。十一日（13日）午后，蒯礼卿请居士、郑孝胥、程先甲等于吴氏园中小聚，然后登小舟去毗卢寺游玩。薄暮，返饮于问柳堂。

食毕,居士与蒯礼卿、郑孝胥同登刘省三河楼,欣赏秦淮河夜景。十四日（16 日），郑孝胥来访,居士以金陵刻经处所刻《大乘起信论》与自著《阴符经发隐》相赠。

同月,杨仁山居士与谭嗣同两人联络了郑孝胥、蒯礼卿、徐乃昌、缪荃孙、刘世珩、茅谦等人组织了"金陵测量会"。会址就设在杨仁山居士家中,并由谭嗣同起草《金陵测量会章程》。当年居士从西欧回国时,带回了各种仪器图纸,"机器图及各种格致之图、各种货物图（兼有农学器具图）,约计不下千数百张",还购回大批仪器,如天文仪、天文镜、地球仪、地上望远镜、经纬仪等;谭嗣同对"仪器亦颇考究",经共同商议,故有此中国近代第一个测量学会之设立。在学会中,提倡俭朴求实的作风,"此会既为学问起见,尤不应有迎送寒暄种种虚文应酬,方为实事求是"。这个学会,虽说是学术性质的团体,但在团结维新人士、传播西方自然科学知识方面,起着积极的作用。不少维新人士都支持学会的活动,如汪康年、梁启超、唐才常等人,虽未直接参加学会,却为学会购买或推销图纸、仪器,多方出力。

同月,杨仁山居士施资刊刻《三圣圆融观门》（一卷,唐澄观撰）和《答顺宗心要法门》（一卷,唐宗密注）。

同月,刊刻《宝授菩萨菩提行经》（一卷,宋法贤译）。由邵阳魏豁施资。

同月,刊刻《般若波罗密多心经疏》（一卷,唐玄奘译、唐靖迈疏）。由石埭杨静週施资。

同月,《云栖法汇》（六十一卷,明袾宏撰）开雕。由扬州念佛僧观如发愿募刊、刘慧闻等施资。

三月二十二日（4 月 23 日）,杨仁山居士约谭嗣同、郑孝胥、刘世珩、徐乃昌等人于花牌楼寓所午宴。饭后,大家共同观看居士所藏测量仪器。

同月，刊刻《法华龙女成佛义》（一卷，宋源清撰）。由石埭杨静週施资。

同月，刊刻《宝藏论》（一卷，姚秦僧肇撰）。由扬州观如、培心施资。

四月十二日（5月13日），郑孝胥、张謇、缪荃孙三人共同宴请文廷式于吴园，陪客有杨仁山居士、徐乃昌、曹巽甫、吴鉴泉等。聚会至傍晚乃散。廿四日（5月25日）午后，居士去郑孝胥寓所访谈。

同月，谭嗣同为湖南时务学堂订购杨仁山居士从国外带回的教学仪器、机器图纸及居士家自制的天地球仪。

五月初五日（6月4日），时值端午节，杨仁山居士等雅集于吴园。午后，徐乃昌、刘世珩、傅苕生共同宴客于秦淮河游船之上，居士与谭嗣同、张謇、郑孝胥、缪荃孙、茅谦、王欣甫、顾子朋、邓子成等在座。

六月初四日（7月3日），杨仁山居士全家迁入延龄巷新居。因当时居士母亲孙氏病重，想亲眼看一看新居，所以房屋还没有油漆就搬了进去。家人让孙太夫人半躺半坐在藤椅上，抬着她在宅院内看了一转。

新居占地六亩二分，有房屋六十多间。杨仁山居士的住室在宅院的西部。住室的前面有池塘，四周植柳，命名"深柳读书堂（简称深柳堂）"，系取唐人诗句。学者因以"深柳大师"称居士。此处是居士校勘经典、著述讲学的地方。堂分三间：东间是居士卧室，中间是会客室，西间是书房。金陵刻经处作为杨仁山居士一切佛教事业的基础，自从迁入新址后，刻经和讲学便进入到一个崭新的阶段。

当时，这幢宅院大门朝东，面对延龄巷，后来门牌是延龄巷49 号（在居士那个时代还不兴门牌号码）。门头上刻有"金陵刻经处"五个大字，大门右边有"池州杨寓"四个字。后来欧阳竟无书写大门门联："法遍沙界，春到芜菁。"居士命人将历年所刻经版和整个印刷作坊都搬进了新居。单是贮藏在架子上的经版，就占满了西边的一进房子。

同月十四日（7 月 13 日），杨仁山居士母亲孙太夫人去世，享年九十八岁。

同月，刊刻《心经直说》（一卷，明德清撰）。由华严精舍施资。

八月十八日（9 月 14 日），因杨仁山居士母亲孙太夫人去世，缪荃孙前来吊唁。

九月间，杨仁山居士致书松林孝纯。信中言："两月前接读赐函，并南条君手书，领悉种种。彼时正当移居，忙尤万状。继而老母弃世，丧事近日方毕。二三月来，未理杂务，以致久疏音候，抱歉奚如。"同时，居士致书南条文雄。信中言："敝寓已于三月前移居。信面祈写南京延龄巷马路池州杨公馆，便可达到。华地新设邮政局，已与各国相通，信函可径寄敝寓，免由上海转折也。惟书籍重大，似须仍由松林君转达为要。"随信寄赠扬州藏经院僧观如刊刻的《般若纲要》二部。

同月，刊刻《安乐集》（二卷，唐道绰撰）。由石埭杨静週施资。

同月，刊刻《起信论别记》（一卷，唐法藏撰）。由孙传朴、孙传辰等施资。

十月，刊刻《华严宗主贤首国师传》（一卷，唐崔致远撰）。由萍乡文宝莲堂、华严精舍施资。

十一月，刊刻《大乘密严经》（三卷，唐不空译）。由灵珠施资。此经杨仁山居士以宋、元、明、丽四藏雠校，择其善者从之。

本年，杨仁山居士召三个儿子到深柳堂，对他们表示分家的意愿，希望将延龄巷的房屋捐作金陵刻经处永久办事处所。居士嘱咐他们："我自二十八岁得闻佛法，已誓愿出家，而衰白在堂，鞠育之恩未报，未获如愿。今老母寿终，自身已衰迈，不复能持出家律仪矣！汝等均已壮年，生齿日繁，应各自谋生计，分炊度日，所置房屋，作为十方公产，以后勿以世事累我也。"居士自此安居乐道，然会释经疏，维持法数，日无暇晷。尝语人曰："吾在世一分时，当于佛法尽一分之力。"

本年，由于谭嗣同的推荐，杨仁山居士次子自超（葵园）去湖南时务学堂任职。

光绪二十四年戊戌（1898年）

正月，谭嗣同携眷返湘。

二月，刊刻《修西定课》（一卷，清郑学川定）。由高邑李国治捐资。

三月，刊刻《戒疏事义》（一卷）、《戒疏问辩》（一卷）。以上皆明袾宏著。由刘慧闻施资。

五月，刊刻《大乘起信论》（一卷，唐实叉难陀译）。由江宁释慧宽施资。杨仁山居士于书后附言："依宋、元、明、丽四藏雠校，择其善者从之。"

六月，刊刻《佛说阿弥陀经义疏》（一卷，宋元照撰）。书后有杨仁山居士附言："净业学人杨文会施资敬刊，并送百本，奉为先母孙淑人解脱尘缘，往生净土。"此《义疏》中土久佚，居士将其编入《净土古逸十书》中。

同月，刊刻《竹窗三笔》（三卷，明袾宏著）。由刘慧闻施资。

七月，刊刻《般若灯论》（十五卷，唐波罗颇蜜多罗译）。由金陵绛岩山主法忍、月霞等施资。书后有杨仁山居士附言："此论重刊，依宋、元、明、丽四藏雠校，丽本最善，多从改定，阅者幸勿以别本不同遂谓写刻之误耳。"

同月，刊刻《佛遗教经论疏节要》（一卷，明袾宏著）。由刘慧闻施资。

四月二十三日（6月11日），戊戌变法开始。七月二十日（9月5日），光绪帝召见谭嗣同，授四品衔军机章京，让他参与机要。次月变法失败，谭嗣同于八月十一日（9月26日）被捕。八月十三日（9月28日），谭嗣同与林旭、杨锐、刘光第、杨深秀、康广仁一起被杀。此六人史称"戊戌六君子"。杨仁山居士得知变法失败、政变发生的消息，便销毁与谭嗣同往来的有关信件。八月中旬的一天晚上，居士家中即被官府搜查。因居士几十年来学佛有名，并与地方官多有交情，有关官员早与居士家暗通消息，使之已有准备，最终当然什么也没有搜到。

此事在杨步伟《一个女人的自传》中有记述："在西历一八九八年，我那时九岁，有一天夏天（当是秋天——编者）晚上祖父和叔叔慌慌张张到后进来叫我母亲她们给小孩都带出去，从后门到隔两家的米店内去躲躲，说要有兵来围家里了。我们不知道怎么回事，以后才听他们说因为北京光绪皇帝维新未成，太后出来摄政，把皇帝软禁在团城，给提议维新的人捕杀了好些。被害的所谓'六君子'中谭嗣同是跟我祖父学佛的，受职时还有报单贴在我家大门口，写的'受业门生'。大伯（指居士长子自新——编者）也在北京那儿，是被捕了是被杀了也不知道。现在南京派兵来搜我家里有没有犯嫌疑的宣传品。幸祖父久有学佛之名，而地方官多半是有交情的。其时卫戍总司令是我父亲的好朋友，先来通了消息，以后再来搜，所以什么也没有搜到就完事了。以后家中人心惶惶的好久，一直等到后来才知道谭嗣同在第一天晚上就知道有变，叫大伯到天津办一样事，并对大伯说，若是有什么事你不要顾一切，回南京侍奉老师去，我们是身受皇恩不得不报，你不必贴在里面，对老师说西方再见了。大伯初不肯走，他再三说你死无名，万一不变你再回来。所以大伯到天津只一天谭就被杀了。大伯又偷回北京叫谭的下人设法收了尸才南下。这就是所谓戊戌政变。"

八月，刊刻《禅关策进》（一卷）、《具戒便蒙》（一卷）、《沙弥尼比丘尼戒录要》（一卷）、《半月诵戒仪式》（一卷）、《僧训日纪》（一卷）。以上皆明袾宏著。由刘慧闻施资。

九月，刊刻《西方发愿文略释》（一卷，明袾宏著）。由刘慧闻施资。

十月，刊刻《往生集》（三卷）、《劝修净土三章》（一卷）。以上皆明袾宏著。由刘慧闻施资。

十一月，刊刻《大乘起信论义记》（七卷，唐法藏撰）。由张次青、孙毓筠等施资。书前有杨仁山居士撰《会刊古本起信论义记缘起》。

同月，刊刻《缁门崇行录》（一卷）、《直道录》（一卷）、《正讹集》（一卷）、《楞严经摸象记》（一卷）。以上皆明袾宏著。由刘慧闻施资。

本年，杨仁山居士作《阐教刍言》《评真宗教旨》《评选择本愿念佛集》。年底，居士写信给南条文雄。信中言："前因北方君属敝处将七祖圣教刻全，遂检阅《选择本愿念佛集》，觉其中违经之语甚多，已略加批评，复将《真宗教旨》详览一遍，逐细批评，送与北方君，将来回国时，当呈台鉴。……附呈《阐教刍言》一篇。深悉阁下智周四海，学贯古今，想能剖破藩篱，虚心采纳，故敢以直言奉献也。"《阐教刍言》一文揭开了杨仁山居士与日本真宗关于法义之争的序幕。

光绪二十五年己亥（1899年）

正月，刊刻《起信论海东疏》（即《大乘起信论疏记会本》。六卷，唐元晓撰）。由秦邮普航、黄臻祺等施资。杨仁山居士作《书起信论海东疏记后》。

同月，刊刻《名僧辑略》（一卷，明袾宏著）。由刘慧闻施资。

同月，日本净土真宗本愿寺设东文学堂于金陵，以教华人。杨仁山居士为东文学堂撰《祝文》。

二月，刊刻《武林西湖高僧事略》（一卷，明袾宏著）。由刘慧闻施资。

三月，刊刻《山房杂录》（二卷，明袾宏著）。由刘慧闻施资。

四月，刊刻《云栖遗稿》（三卷，明袾宏著）。由刘慧闻施资。

五月，刊刻《云栖共住规约》（一卷）、《自知录》（一卷）。以上皆明袾宏著。由刘慧闻施资。

六月，刊刻《水陆仪轨》（六卷，明袾宏著）。由刘慧闻施资。

七月，刊刻《梵网经戒疏发隐》（五卷）、《施食补注》（一卷）。以上皆明袾宏著。由刘慧闻施资。

十月，刊刻《诸经日诵》（二卷）、《云栖纪事》（一卷）、《孝义庵录》（一卷）。以上皆明袾宏著。由刘慧闻施资。

同月，刊刻《云栖大师塔铭·祭文·偈赞》。由刘慧闻施资。

十一月，刊刻《施食仪》（一卷）、《华严感应略记》（一卷）、《华严处会》（一卷）。以上皆明袾宏著。由刘慧闻施资。至此，《云栖法汇》雕版、印刷工作已全部完成。此书于光绪丁酉（1897）九月开雕，耗时两年，计六十一卷、三十四册。它是在杨仁山居士主持下进行的一项较大规模的雕版工程。最后一册有扬州念佛僧观如撰《刻云栖法汇愿文》。该册《凡例》后并附有杨仁山居士撰《重刻云栖法汇新例》。

同月，刊刻《梵网经菩萨戒本疏》（十卷，唐法藏撰）。由觉一施资二百元。书前有居士撰《题辞》，书后有杨仁山居士撰《跋》文。

同月，刊刻《三论玄义》（二卷，唐吉藏撰）。由比丘尼永龄施资。

本年，南条文雄致书杨仁山居士。信中言："客月北方君自金陵归日本，得接赐函及《阐教刍言》等，深知为法之高志，欣喜靡已。一柳君屡受教尊处，何幸加焉！今有小栗栖君所草《念佛圆通》并《"阳驳阴资"辩》，君实编辑《真宗教旨》，故自任答辩。若犹不满高意，则请更指摘之，使弟等尽心于此。"去年居士所作《阐教刍言》一篇及对《选择本愿念佛集》《真宗教旨》的评文，均由北方心泉回国时转交南条文雄，后来小栗栖所作之《念佛圆通》《"阳驳阴资"辩》二文仍由南条寄给居士。

本年，桂伯华来南京，从杨仁山居士学佛。

本年，经桂伯华介绍，江西李息来信向杨仁山居士请教佛学。信中言："屡闻桂伯华言及先生理解圆融，导引恳切，为当代昌明佛法第一导师，不胜倾慕。"杨仁山居士在复信中对李息发心向道给予鼓励，并对其专修净土的心愿予以具体指导。他说："念佛法门，普摄三根。中人以上，宜以三经一论为津梁，《无量寿经》《十六观经》《阿弥陀经》《往生论》，更以《大乘起信论》为入道之门。通达此论，则《楞严》《楞伽》《华严》《法华》等经，自易明了。盖弥陀因地修行，不外此道。往生西方之人，在彼土修行，亦不外此道。是谓师资道合，生品必高也。"

年末，李息再次写信，对杨仁山居士的教诲表示感谢，并向居士请教有关在家学佛者的受戒问题。他说："是戒亦净业最要之事。但如息辈，尚系在家人，出家之具足戒，势难尽守，不知当受何等戒律，方为允当？律部诸书，不知有几部当看可看者？受戒之时，不知须请当代大师为授戒师否，抑可于佛前自受之？伏乞明示。"居士于岁末接到来信，针对信中请教的问题，在复信中回答说："戒律一门，受持不易，一受便不能犯。在家人虽未受戒，亦可学戒。戒律多种，当以《梵网经》内十重四十八轻为主，有贤首疏可为准绳。"居士认为，在家学佛者，对于戒律，"与其受而不能持，不如学而能遵也"。

本年，杨仁山居士出资为次女圆音建天印庵。天印庵位于金陵刻经处西面约二百米处钞纸巷内。

光绪二十六年庚子（1900年）

正月二十三日（2月22日），桂伯华致书杨仁山居士。他向居士推荐江西丰城人黎端甫，说"同辈人中闻佛法者，以彼为最早"，请居士"不弃而辱教之"。信中还提及李息之叔父李澄（字靖澜）及"九江城内一少年徐子鸿"，说若得大善知识如居士者"时时开示"，学佛也大有前途。最后，他就出家一事征求居士的意见。此封信内还附有黎端甫写给居士的信。

按：黎养正（？—1918），字端甫，江西丰城人。自幼家贫好学。后从杨仁山居士学佛，于三论宗深有研究。清末民初在上海参加《频伽藏》的编纂工作。1912年与李证刚、桂伯华、欧阳渐等人发起组织全国性的佛教会。民国初年狄楚青在上海创办《佛学丛报》，任编辑，并于其上发表了不少佛学论文。

杨仁山居士在复信中针对桂伯华的出家念头，说："出家一事，须父母听许方可，否则则违佛制。仆但劝人学佛，而不劝人出家，因出家者虽多，而学佛者甚少也。且投师最难，曾有相识者，为师所拘，反不如在家之得自由也。"针对他认为俗事有妨学佛的想法，答复说："足下嫌俗事为累，难得一心。鄙愿当以四弘愿为本，时时研究佛法深义，彻见六尘境界当体空寂，一切烦杂世务，无非菩萨行门，念念回向净土，信口称佛一句，孤孤另另，无依无傍，即是往生之捷径也。若必待屏除万缘，方能修行，则佛法不普，恐千万人中难得一二矣。"信中并说："黎君（端甫）若能亲到金陵，馨其胸中所欲言，自当为之决择精粗，指引归元之正路也。"居士并寄赠《云栖法汇》一部，自著之《阴符经发隐》《十宗略说》各五本。居士给黎端甫的复函也附信内同时寄出。

黎端甫在给杨仁山居士的信中，求教净土法门的修学门径。

杨仁山居士在复信中说："大凡此事入手，切须纯正。"并以昙鸾法师"无后心无间心"之语，阐释净土法门的修学方法。在信末，居士说："欲明佛法深义，须研究《起信论》，并将《净土三经》及《往生论》，时时阅之，于出世法门，自能通达矣。"

同月，李息接到杨仁山居士来信。他在复信中对居士指示读诵大乘经典次序感到欣喜，并禀报学佛近况。他在信末说："某功德主所施之《云栖法汇》，如散未尽，请再寄下一部。息欲存于抚州正觉寺，以备是处净业人阅也。"

杨仁山居士在复信中对李息所询有关学佛问题作了回答。并寄赠《云栖法汇》两部（一施抚州正觉寺，一施丰城同德书舍）、《大乘起信论》十册、《流转章》及《十世章》合订本十册。

夏，杨仁山居士写信给夏曾佑，寄赠金陵刻经处刊本书目并《大乘起信论义记》一部。

按：夏曾佑（1863—1924），字穗卿，号碎佛，笔名别士，浙江杭州人。光绪庚寅（1890）科进士。光绪二十三年（1897年）赴天津，任育才馆教师，并与严复等创办《国闻报》。光绪二十五年（1899）年底任安徽祁门知县。任满后寓上海。1916年任北京图书馆馆长。著有《中国古代史》。他曾向杨仁山居士请益佛学，并是佛学研究会成员。

夏曾佑在复信中说："夏间得手书，并《起信论义记》，欢喜无量。观书目，方知有《地论》暨《识论述记》之刻。知仁者弘法度人，本誓无尽。何幸末法，有此智灯，当与六道众生，同作踊跃。"夏氏对于居士致力于佛教事业的用心，有深刻的理解，故又说："近年来书册之东返者不少，若能集众力刻之，移士夫治经学小学之心以治此事，则于世道人心当有大益。知此理者，其居士乎！"

杨仁山居士接夏曾佑来函，即复书。他说："尊示云，佛教之衰，实由禅宗，支那固然，而日本则衰于净土真宗。近阅真宗之书，与经意大相违背，层层辩驳，冀得改正。接得复函，知彼决不能改，亦无可如何耳。"居士在信中再次表露了对日本真宗教旨违背佛教经义的反感和对其坚持错误的无奈。

四月，日本南条文雄担任奉迎佛骨的副使，前往泰国。南条在行前于二十一日（5月19日）写信给杨仁山居士，告之此事。

杨仁山居士在复信中言："得悉大驾将赴暹罗，迎释尊遗骨。后有自扶桑来者，知已东归，又有高丽之行。法缘所至，裨益良多，曷胜欣羡。所迎佛骨，是何胜相，伏乞示悉。"并寄赠《云栖法汇》

一部。

五月，刊刻《金刚般若经略疏》（二卷，唐智俨撰）。由石埭徐子静施洋四十元。

六月，英俄等八国联军陷天津。

七月二十日（8月14日），联军前锋入北京。二十一日（15日），慈禧太后与光绪帝出北京西逃。杨仁山居士对义和团运动非常反感。

八月十八日（9月11日），蒯礼卿宴请杨仁山、缪荃孙、张謇等。

十月，刊刻《胜鬘宝窟》（十五卷，唐吉藏撰）。由觉一施洋三百元。

冬，南条文雄游高丽，访得《华严三昧章》，邮寄杨仁山居士。南条在信中说："在韩日，得唐法藏《华严三昧章》写本，因奉赠一本，未知此果与《华严三昧观》同乎？抑异乎？"

本年，杨仁山居士致书南条文雄。信中言："旧岁叠接两函，并书籍数种，欣喜靡已。承示小栗栖君所作二文，彻见贵宗之底蕴，仍不能默然，略加辩论，复呈台览。既为释迦遗教弟子，不得不尔也。又接后藤葆真君寄示辩驳之文。弟避繁就简，称性而出，作一篇答之。均请尊处转交为祷。"居士针对小栗栖所作二文，又作《评小栗栖"阳驳阴资"辩》《评小栗栖念佛圆通》二文驳斥。

同时，杨仁山居士致书后藤葆真。作为对后藤所作《应于杨公评驳而呈卑见》一文的回答。居士在信中言："弥勒、马鸣、龙树、天亲等诸大菩萨，造论弘经，何等严谨，处处以佛语为宗，故能作万古法式也。鄙人懔遵其意，与人谈论，未敢稍呈己见，偶失片言，立即救正；见人肆口妄谈，坏佛正法，如三百矛刺心，千刀万杖打拍其身，等无有异。"并发誓说："前此辩论之言，十方三世诸佛菩萨实其鉴临。倘违悖佛意，愿令此身碎如微尘；若契佛心，则文字语句当现于极乐世界七宝幢上，菩萨见之，欢喜赞叹。"在信的最后，又说："来书所辩者，仅《选择集》内评论之语，另有《阐教刍言》一篇，《评真宗教旨》一卷，可向南条上人处取而阅之。"至此，居士与日本真宗的法义之争达到了最高潮。

光绪二十七年辛丑（1901年）

二月三日（3月22日），刘世珩宴请杨仁山居士、缪荃孙、张謇、沈曾植等人。

三月十九日（5月7日），杨仁山居士召集长子自新、次子自超、五子福严，订立《分家笔据》。将延龄巷房屋捐给金陵刻经处，作为十方公产，而历年因刻印流通经书所欠债务，共欠银三千八百一十两，则由三个儿子根据各自收入多少分认归还。并自即日起，"三房分爨"。

《杨氏分家笔据》：

立分家笔据：杨自新、自超、福严，今奉父命，兄弟三人，家口日众，理宜分居，各图生业，俾得人人振作，家道日昌，择于光绪二十七年三月十九日三房分爨。所有祖遗房屋，在岭下二甲住宅内，仅得正房一间、厨房一股，堂心公用，菜园一股均与琴轩二叔共业，归长孙庭芬执管。祖遗及添置熟田二十亩作为先祖朴庵公支下祭扫田，契据归长房收执。金陵城内延龄巷父置屋宇一所，围墙东至西二十四丈，西边南至北二十丈，东边南至北十六丈，与漆匠店毗连。此屋专作刻经处公业，系父亲三十余年经营所成，永远作为流通经典之所，三房均不得认为己产。目前家眷暂住在内，以十年为限；十年之后，照例起租。不得自添屋宇，以杜占据。俟各房自造住宅，即当移居。经局刻板之资，系十方善信捐助，永远作为公业。经管之人，公同选举。近年家用不敷，积有欠债，通盘清算所欠各处债项，计银三千八百一十两。以目前进款大小分认归还，计大房一千二百七十八两，又浮桥地基房屋归大房收受，值银六百两，共银一千八百七十八两；二房计银一千零五十七两；三房计银八百七十五两。共认债款三千八百一十两。彼此商议，均无异言。公同凭中写立分家笔据，一样三纸，各执一纸，永远存照。

光绪二十七年三月十九日立

底稿留存，以备查考。仁山志。

按：分家后的情况，《一个女人的自传》有如下记述："辛丑的夏天祖父提议分家，人家分家是分财产给子孙，我祖父财产虽有，可是都捐给刻经处了，自己多年贴给家用的钱，也都派给我父亲他们弟兄三个人，要他们有钱时都还出来给刻经处刻经。

"分派地基和家乡的田产等等我还小不知详细。最好玩的就是给一个三开间的大厨房和七连串的一个大灶改作三份，三个小灶和加了三个小煤炉。大厨子拨给刻经处的经房用，我们三房另雇厨子。在分过家的那天早上叫厨子去买菜，我母亲他们还是商量买一样的菜，因为三十多年已成习惯了。我们高兴极了，觉得好玩的很。做好菜每房拿一碗给祖父吃，祖父说这多好，每次我可以得三份了。祖父又给他自己从外国带回来的各种刀、叉、碟子、碗、玻璃杯子、毯子和多年自己不穿的绸衣官衣等等拿出来分。"

杨步伟在《先祖仁山公之生平》中说："曾祖母九十八岁逝世后，先祖更不愿闻问家事，令三子立门户。尝云，大家庭各有依赖之弊，分开后各人方可养成独立之性格。人皆留产业与子孙，我则以为每人有职业后即应归自己负责。我们留房屋应作十方产，永为金陵刻经处之所，以鼓励十方人士同发心愿，以助刻经流通之发展。"

《杨氏分家笔据》底稿，现已不存，原文收录在居士《遗著》第一册。当年杨仁山居士创办金陵刻经处，刻印流通佛经、佛像，均以弘法为目的，并无赢利。长年积累，透支严重，致使"所欠各处债项计银三千八百一十两"，故以三房"目前进款大小分认归还"。

四月八日（5月25日），删礼卿宴请杨仁山居士、缪荃孙等人。十五日（6月1日），缪荃孙拜访居士。

八月，南条文雄寄赠日本刻本《周易禅解》（十卷，明智旭著）。

同月，刊刻《成唯识论述记》（六十卷，唐窥基撰）。由扬州观如法师募资及金陵净界寺住持松岩、金陵寺住持贯通等施资、经募。前三十卷由扬州藏经院刊刻，后三十卷由金陵刻经处刊刻。此书的刊出，致使唯识千年绝学以复兴之机。书前有杨仁山居士所作《叙》。

十月，日本龙舟写信给杨仁山居士。在复函中，居士言："讲论佛法者，期有益于人也。闻者既不见信，则所言便为无益。若再置辩不休，岂非同于流俗争论是非乎?故于奉到大著二册之后，但阅其意趣所在，不赞一词也。深知彼此志愿不同。弟以释迦遗教为归，不敢丝毫逾越;贵宗另出手眼，独树一帜，虽欲强之，其可得乎?"居士此番议论，可视作对发生于1898、1899、1900三年间有关日本真宗教旨辩论的总结。

杨仁山居士认为真宗违背净土宗义之处，主要可归纳成下列数点：

一、阿弥陀佛的四十八愿中，真宗只取第十八愿为弥陀真实本愿，而判第十九愿之"来迎引接"为非佛本意，且以第十九愿为邪定聚，以第二十愿为不定聚。居士认为这与弥陀本意不合，弥陀四十八愿，愿愿皆真，是互相融摄的，不应偏取一愿而废其他诸愿。

二、真宗重视他力，完全忽视自力。只祖述龙树菩萨的易行道，而扫除其难行道。居士认为往生净土，他力（弥陀愿力）是很重要的因素，但他力的能发生作用，还在于具有自力的基础。他说："纯他力教，一家之私言，非佛教之公言也。"（《评日本僧一柳纯他力论》）又说："倘不仗自力，全仗他力，则十方众生，皆应一时同生西方，目前何有四生六道流转受苦耶？"（《评真宗教旨》）

三、在真宗的判教中，圣道门是指净土宗以外的佛教宗派。居士不同意"须舍圣道而专修净土"的说法。他不否定净土门与圣道门的分法，但认为圣道门是佛教共法，是通往十方三世的修行方法，而净土门是因弥陀的愿力而为其中较特殊的法门。但毕竟圣道门才是佛教的根基，西方净土也是弥陀修行圣道而成就的。因此居士认为："专修净土之语可说，不修圣道之语不可说，盖净土亦是圣道无量门中之一门。"（《评真宗教旨》）

四、真宗以为《无量寿经》等经所说的"三辈九品"不足贵，而"另立一往生之相，驾于九品之上，云往生即成佛"。"三辈九品"之说为净土经典所立，为往生净土之人依其业行而生之阶段层次。真宗对这种圣言量都加以鄙弃，对此，仁山居士实不能苟同。

杨仁山居士对于日本真宗的言论，大有"是可忍，孰不可忍"的感觉。他表示了护持正法的决心。他在《与日本龙舟书》中说："际此大法衰微，发心护教，虽粉骨碎身，在所不惜。"在《与日本后藤葆真书》中又说："释迦如来说法度生，流传经教，普应群机。

净土真宗，断章取义，直欲举三藏教典而尽废之，岂不辜负佛恩哉！"

此番辩论的结果，真宗未因杨仁山居士之言而修改其教义，杨仁山居士也未能接受真宗的解释而改变其初衷，遂不了了之。这与辩论之初双方的苦心实有不小的差距。

但这番辩论在中日佛教思想史上，却有着很重要的意义。首先，为中日两国间互相讨论佛教教义的开端。其次，在此番辩论中，中日佛教的异同得以逐渐明晰。再次，为近代对净土思想重新检讨的开端。民国以后，以印顺法师为首的对净土思想的检讨，虽然与上个世纪末的那场辩论没有直接的关系，而且讨论的方面更深更广，但是杨仁山居士的影响却是不容忽略的。

冬，梅光羲来南京，经桂伯华介绍，从杨仁山居士学佛，皈依佛法。

本年，郑官应写信给杨仁山居士请教修行方法，并寄赠自作诗草二册。居士在给郑氏的复信中回顾自已的学佛经历："鄙人学佛以来，近四十年。始则释道兼学，冀得长生而修佛法，方免退堕之虞。两家名宿，参访多人，证以古书，互有出入，遂舍道而专学佛。如是有年，始知佛法之深妙，统摄诸教而无遗也。"并向郑氏推荐《大乘起信论》。他说："鄙人常以《大乘起信论》为师，仅万余言，遍能贯通三藏圣教。凡习此论者，皆马鸣大士之徒。奉赠一册，以备流览。"同时，寄赠自著《阴符经发隐》《十宗略说》各一册。

本年，陈三立常来刻经处听杨仁山居士讲论经义。

按：陈三立（1853—1937），字伯严，号散原，江西义宁（今修水）人。光绪丙戌（1886）科进士。曾与谭嗣同、梁启超等同人办湖南时务学堂。戊戌变法，参与新政，后因变法失败，与其父陈宝箴同被革职。1937年冬，愤恨日军侵略，绝食逝于北京。欧阳竟无在《散原事略》中称他为"古之性情肝胆中人"，颇致推重之意。他曾出资赞助杨仁山居士办祇洹精舍，后来又是佛学研究会成员。著有《散原精舍诗文集》。

光绪二十八年壬寅（1902年）

二月十一日(3月20日)，梅光羲致书杨仁山居士。信中言："窃念今日娑婆世界，现身人世，破邪说，立正义，普救群生者，唯我师一人而已。"并希望居士为《瑜伽师地论》详加注释，"俾诸众生有所仰赖，此固我师之慈悲，亦即弟子之所请求者也"。

居士在复信中，针对梅氏的请求，回答说："《瑜伽师地论》，有唐僧遁伦作《记》八十万言，已从日本传来，可以发明论义，若有刻资，即当镌版。《唯识述记》，顷已出书，俟足下京寓来函，再当邮寄。"

八月，刊刻《相宗八要明昱解》（八卷，明明昱撰）。由合肥蒯氏带耕草堂施资。

本年，杨仁山居士见桂伯华刻苦好学，而家境贫苦，遂有意扶持，于是函招桂氏来南京。居士在信中说，有友人愿每月资助他赡养费六元，但在研究因明、唯识之余，每日须校经书三点钟，如合其意，可"前来金陵，久住敝宅，专心研究"。桂伯华接信后，即来南京，住刻经处内，依居士学佛。

杨步伟在《一个女人的自传》中对桂伯华依居士学佛事有记载。摘录如下："祖父思想非常新，从英、法归国后虽一面研究佛学，一面赞助革命，并劝办学校等事，所以佛学朋友有日本南条文雄，研究不同宗教的李提摩太、李嘉白、福开森等等。研究学问的有陈三立、郑孝胥等等。学生中又研究佛学和革命的有谭嗣同、孙少侯、蒯若木、梅光羲兄弟、陈樨庵、陈宜甫、欧阳竟无、桂伯华等等，都是一代的有名才子及留学的学生们。还有很多人都以祖父为老师看待和记名弟子全住在我家经房，看经和研究佛学。因其时祖父除刻经外，立一研究部，一教养人才部，不但对政治赞成改革，而对于佛学也想革新。所以很多学者名流长川不息的住在刻经处研究谈论，有时听祖父讲经等等。在那时男女社交还不公开，可是祖父常叫两姊和二表姊出来会人。（我是不用说一天到晚见他们，不但见，还要出去和他们闹，各种害人的方法都行，以前已说过一点。）桂伯华给母妹和弟妇都接到南京住在我家。（家中总有二三十间闲屋，住客有连家眷的。独身的另住一院，有家的另住后院。）其时桂因母妹靠我们本家内眷近，所以跟我两姊他们见面时很多，常在一处大谈学问，日夜不倦。桂伯华魏碑字写的出名的很，可是我大姊也写的真好。（南京好些店内招牌到现在还都是大姊写的。）所以与桂伯华等在一道非常好。若照现在看起来自然是彼此很爱的了，可是在他们那时的情形却不能出口，就是祖父赞成，他们自己的面子也下不来的。因桂伯华早已声明不娶亲，并且他有一个妹妹已嫁（嫁给李正罡以后也学佛，可是另娶了一个姨太太为生子），因受她影响虽结婚而未成婚，给她带到南京学佛，因此住在我家。他自己哪能再谈爱情的事呢，那不是要惹起舆论来吗？"

本年，高鹤年寓刻经处，从杨仁山居士学佛。他说："秋间，听杨仁山老居士讲《起信论》，仁老嘱往常州天宁，劝冶开上人发心刻经流通，余请济南长者同往相助成立。"

按：高鹤年（1872—1962），名恒松，号隐尘，别号终南侍者，字鹤年。祖籍安徽贵池，后世迁于兴化，复移刘庄，遂定居。他是佛教居士中，独一无二的为朝山访道而徒步行脚的旅行家。他说："余幼承庭训，即知敬佛，及长而信心益笃，凡江浙著名各丛林、各善识，皆往瞻礼而亲近焉。"(《遗嘱》)著有《名山游访记》。

本年，日本南条文雄赴越南，途经上海时，致函杨仁山居士，拟归国时来南京探访。后因归途路过上海时，已值岁暮，又听说南京天气严寒，遂放弃了南京之行。

本年，李息写信给杨仁山居士，请求解决学佛过程中遇到的难题。居士在复信中对其所询问题一一作答。

光绪二十九年癸卯（1903年）

一月二十三日（2月20日），高鹤年向杨仁山居士告假，又开始其行脚生涯。居士示以"出外参访，务须著眼，学必参而得悟，津以知而不迷，圣人设化，同此一理，知之非难，行之维艰"等语。

二月，刊刻《修习止观坐禅法要》(即《小止观》)(二卷，随智𫖮撰)。由西蜀竹禅、皖北黄心舟施资。经题下注："一曰《童蒙止观》，亦名《小止观》。"

三月，杨仁山居士作《道德经发隐叙》。居士在《叙》中说："予阅《道德经》至出生入死一章，见各家注解，无一合者，遂以佛教义释之，似觉出人意表，复益二章，总《阴符发隐》梓之。"年内《道德经发隐》刻成。

本年，扬州接任妙空法师经营刻经事业的清梵法师去世。此时各地的刻经局多停刻观望，惟有金陵刻经处、扬州的藏经院和砖桥刻经处（江北刻经处）犹勉力支撑，但已艰苦之至。

光绪三十年甲辰（1904年）

七月，刊刻《地藏菩萨本愿经》（三卷，唐实叉难陀译）。由王镕泽、王菊英等施资。

同月，杨仁山居士作《冲虚经发隐叙》。居士从佛学的角度解析《冲虚经》。他在《叙》中说，甲辰年夏季，独居避暑，取《列子》阅之，但觉其中意义微妙，如宝藏库开、醴泉喷涌，此书实与佛经互为表里，于是信笔直书，得四十二章，名之曰《冲虚经发隐》。年内《冲虚经发隐》刻成。

八月，杨仁山居士作《南华经发隐叙》。居士同样从佛学的角度分析《南华经》。他在《叙》中说，庄周的著作，至唐代始被尊称为《南华经》，于是作注者渐多，而其中以佛理释之者，仅明之陆西星、憨山德清两家。憨山仅释《内篇》，西星则解全部。今阅全书，感觉犹有发挥未尽之意，于是以己意释十二章，与古今著述迥不相同。年内《南华经发隐》刻成。

九月，王耕心撰《法藏寺记》：

> 雍正十三年春，世宗宪皇帝增定《龙藏》教典，开示天下。其镌本率用梵笈，盖循元明来刊本之旧，是为北藏，今海内诸丛林所庋阁崇奉者是也。故明万历中紫柏大师，崛起东南，兼通诸宗，尤以度生为急。因创阄义例，改梵本为方册，且藏诸版于嘉兴之楞严寺，以备印造。阅数十年而后成，是为南藏，今通行人间诸教典是也。咸丰中叶，楞严诸版本仅有存者，及粤匪之乱，江浙诸路，悉遭毒蚀，其版荡然。心希至道者，无所依据，识者恫焉。当是时扬州妙空法师，以南藏几绝，引为己忧，因发愿复刊，上继紫柏之志。且创接引禅院于江都东乡之砖桥镇，为存储经版及习静之所。妙公

既示寂，其同志朗月法师，复增募院邻废屋若干楹，俾复刊诸藏版皆有所归，名曰法藏寺，此法藏为寺之缘起也。妙空法师，扬州之江都人，俗姓郑氏，名学川。少充诸生，颇究儒术，得要领后，问道于红螺瑞安法师，博通教典，尤长净土之学。同治五年，始出家受具戒，自号刻经僧。初设局于江南之江宁府，再续设于苏州、常熟、杭州，江北则扬州、如皋，及砖桥之接引禅院。其时力任艰巨者，江宁有石埭杨居士文会，扬州有藏经院法师贯如。自同治中，至光绪三十年，复刻诸经论，凡得若干卷，视《龙藏》已及十分之七，其上恢遗教、下度群生之功亦伟矣，此又复刻南藏之缘起也。光绪六年，妙公将示寂，以所刻《大般若经》未卒业，抚已刊之本，潸然垂涕。时则清梵法师，复毅然自任。后二十三年，清公亦化去，刻经诸局，多停刻观望，惟江宁、扬州及砖桥三处，犹竭力撑柱，莫敢遽废，而艰苦弥甚矣。朗月法师者，昔尝历住金山高旻诸寺，后退居东台之永胜庵，盖妙公之前辈也。逮清公化去，朗公年已八十，闻接引院逼仄摧颓，几无以为储版之所。乃慨然太息，扶病出山，遍募檀施，得增置院西诸屋。其地有楼有堂，与东院通为一所，此寺名之由昉也。然门庭施设，率仍旧贯，其待增饰者尤钜。而先佛遗教，俨然具在，或有龙天加被，俾正觉之典籍终古常存，未可知也。今主寺事者，为本贤师。师乃丹徒人，俗姓胡氏，初以居士问学于妙公，晚乃出俗，其佐妙公经营典守，几三十年，恪遵遗范。寺内旧无田产，典守者，至饘粥不继。十八年春，高邮杨居士炳卿，始舍郭家河田四十八亩，为主寺香火之资，殆深通布金之义者。居士乃清公法眷，亦净宗之杰也。例得布书。光绪三十年秋九月菩萨戒弟子元澍正定王耕心拜撰。

本年，欧阳竟无三十四岁，以优贡赴京考试。南归途中，到南京参见杨仁山居士，得启示后，归乡办"正志学堂"。

本年，桂伯华赴日本。

本年，杨仁山居士写信给李国治。他在信中说，近年来住在其寓所学佛者之中，以九江桂伯华最为猛利。又说，现在正准备在宅院内添造房屋，能住二十人，以便培养佛学导师，为开办释氏学堂作准备。并说："仆建立马鸣宗，以《大乘起信论》为本。依《大宗地玄文本论》中五位判教总括释迦如来大法，无欠无余，诚救弊纠偏之要道也。"

光绪三十一年乙巳（1905年）

日本藏经书院开始编纂《续藏经》，编纂负责人是中野达慧。因南条文雄与杨仁山居士有多年交往之谊，故中野请南条写信给居士，希望代为搜寻藏外及未刊之书，以供《续藏》编纂之用。

按：《日本校订大藏经》的编刊工作起于明治三十五年（1902）四月，完成于明治三十八年（1905）四月，共计357册，分装37函。《日本续藏经》的编刊工作起于明治三十八年（1905）四月，完成于大正元年（1912）十一月，包括第一辑第一编、第二编甲乙，共计751册，分装151函。《续藏》广泛搜集了中国与日本历代未入藏的佛教典籍，内容上至六朝遗编、唐宋章疏，下至清代学者的著述，还包括部分疑伪经典。但有关禅宗语录则收录不多。共收经典1660部、6957卷。每编均自立门类，合计共分作经部、律部、论集部、密经轨部、大小乘释经部、大小乘释律部、大小乘释论部、诸宗著述部、礼忏部、史传部等10门63类。全书印成后不久，存书被焚，故流传的印本不多。近年有影印本出版流传。

1912年9月，在《续藏》即将刊成之际，南条文雄撰《大日本续藏经序》，文中回忆了与杨仁山居士的相识经过，互相寄赠佛教典籍之事，以及杨文会刊刻经籍的艰辛。现摘录如下：

"此编辑之事，皆悉中野达慧君所拮据经营也。君之于法宝弘通，其功伟矣哉！余曾为君致书于金陵刻经处仁山杨文会居士，居士颇随喜此举，集藏外及未刊之书，邮致以充其材者，或可以十数也。顾三十余年前，居士在英京，为清国公使署员，余时在牛津，修梵文学，一日相遇于末松氏之寓，尔来往复四十余回。居士曰：'善导尊宿作《观经四帖疏》，中华未见，当求之贵国。'又曰：'弟闻法以来，世业多而学力浅，大乘之机起自马鸣，净土之缘因于莲池，学华严则遵循方山，参祖印则景仰高峰，他如明之憨山，亦素所钦佩者也。庐山之书，未曾多见。近日以念佛往生为正宗，以宏法度生为助缘，既无专师，但求不背经旨而已。此可以见其安心之状也。'又曰：'弟募刻全部藏经之举，系与一僧名妙空者同发是愿，至今十有三年，已成二千余卷，妙空已于去岁示寂。豫计刊完全藏之期，或在十年二十年，尚难悬定。盖中华官宦中，信崇佛教者甚鲜。既不能得官给巨款，只有集腋成裘之法，随募随刊，以期渐次圆成耳。贵国亦有印经之举，可谓不约而同，将来彼此交换，最为便捷。'此指弘教书院缩刷藏经之事，亦可知金陵刻经处之缘起也。明治二十四年以后，余与道友相议，所赠居士和汉内典凡二百八十三部，而居士翻刻却赠来者，殆及十余部。如昙鸾、道绰、善导、窥基、智旭之书，亦在其中。居士已熟知刊布之难，而藏经书院每月未曾误其发行之期，是居士之所以随喜供给其材料也。而居士已以去年易箦，不能见君之成功，是为憾耳。"

《续藏经》编辑负责人中野达慧在《续藏经编纂印行缘起》中

说："先是介南条博士，请金陵仁山杨君搜访秘籍，未几又得与浙宁庐山寺式定禅师谛法门之交，雁鱼往来，不知几十回。二公皆嘉此举，或亲自检出，或派人旁搜，以集目录未收之书，而见寄送者，前后数十次，幸而多获明清两朝之佛典。予每接一书，欢喜顶受，如获赵璧，礼拜薰诵，不忍释手，虽盡简断篇，靡弗收录焉。"金陵刻经处的刻经和日本藏经书院编辑《大藏经》《续藏经》，分别是中日两国近代佛教史上的大事，中日两国学者于其间进行了真诚、密切的合作与交流。仁山居士还为《续藏》提供经济上的援助，因此《续藏》的"随喜助缘芳名录"上列了一系列的人名，而以仁山居士为首。仁山居士一心要在中国刊印流通本藏经，经数十年而未能完成，而日本从1880年以来的短短一二十年间，连续刊印了二套藏经（《弘教藏》和《卐字藏》），第三套《卐续藏》也即将完成，心中岂不感慨系之？尤其是在这套书的编纂中，他也花费了不少心血，他此时的心情，岂是一句"予……为之搜辑，乐观其成也"（《日本续藏经叙》）所能道尽！仁山居士终于未能目睹成书，因为在1912年《续藏》编成时，他已与世长辞了，这实在是一件很遗憾的事。

春，南条文雄就日本编纂《续藏》事致函杨仁山居士。居士接信不久即复书说："弟近年来渐形衰老，眼昏手颤，艰于作书，而代笔者又无其人，以故远方来信，往往不能作答，实出于无可如何耳。"居士对编纂《续藏》的工作极为支持，认为是"极大法缘"，希望再寄《续藏》目录一册，将用朱笔标记，以参与意见。同时，明确表示："支那同志收藏内典者，遇有可入《续藏》之本，亦能代借。"

十一月，刊刻《观楞伽阿跋多罗宝经记》（十八卷，明德清撰）。由越州王仲培、西蜀释玉柱等施资。

本年，印光法师来金陵刻经处访杨仁山居士。

按：印光法师（1862—1940），陕西邰阳人，俗姓赵，名圣量，字印光，别号常惭愧僧。曾住锡浙江普陀山法雨寺二十余年，朝夕唯阅藏念佛，不求闻达。他曾改编明代万吹老人的《释教三字经》。杨仁山居士称赞他"考据精详，文辞圆润，超胜旧作，而题名之处，不将重订者列于其次，可谓坦然两忘者矣"。居士在此基础上，又加改作，成《佛教初学课本》一卷，并于光绪三十二年（1906）四月刻成。印光法师后来又曾为金陵刻经处刻经捐款。

光绪三十二年丙午（1906年）

正月，杨仁山居士写信给陶森甲，告诉他扬州天宁寺设立的僧学堂定于二月间开学，并劝他在其治下的镇江、常州两地促成寺院办僧学。

二月，僧文希于扬州天宁寺创立的普通僧学堂开学。

四月，居士所作《佛教初学课本》（一卷）、《佛教初学课本注》（一卷）刻成。书前有居士作于本年二月的《自叙》一篇。此书为仿《三字经》的形式所作的佛学概论。明末吹万老人曾作《释教三字经》，敏修长老作注；清末，普陀印光法师重加删修，居士见而心喜，有所触发，遂作此书，打算用作佛教学堂的教材。"事略而法备，言简而义周"是此书的特点。

《佛教初学课本》刻成后，六月初七日（7月27日）杨仁山居士寄赠日本藏经书院十部。居士在给藏经书院的信中言："敝邦新开僧学堂，相继而起者已有四处，苦于启蒙无书，因作《初学课本三字韵语》，便于读诵，并作注解以申其义。寄呈十册，聊供浏览。"

七月，刊刻《盂兰盆经疏》（一卷，宋净源疏）。由金陵净界寺持律、彼岸募资。

八月，刊刻《华严行愿品疏钞》（十五卷，唐宗密撰）。由净界寺空浩、彼岸等募资。

十月十八日（12月3日），藏经书院致信杨仁山居士，信中表示欲汇集其著述，以仁山全集之名义收入《续藏经》中，请居士寄来"自序全集、附贵传及贵肖像"。十一月初二日（12月17日），居士回信作答，并寄去四十三岁时摄于法国巴黎的肖像照片。居士在复信中说："贵院雅意，欲汇拙作以为全集，入《续藏》中，心感无涯。鄙人著述甚少，已刊成者，有《阴符、道德、冲虚、南华四经发隐》一册，《佛教初学课本》一册。正当发刻者，有《大宗地玄文本论略注》一册，数月后可成。另有《等不等观杂录》一册，稍迟当刊。拟作《释摩诃衍论集注》一部，《论语发隐》一册，尚须时日也。贵院若欲翻刻拙作，均可听许，不论版权。奉赠肖像一纸，系四十三岁在法京巴黎映出，尔时精力强健，非近年衰老之相也。"又说："前接贵院印版信函，征《续藏经》序文。暇时撰成，再当奉寄。"

十一月，杨仁山居士所作《大宗地玄文本论略注》（四卷，马鸣菩萨造、陈真谛三藏译）刻成。书前有居士作于本年十月《序说》一篇。居士对马鸣菩萨所作《大宗地玄文本论》极为欣赏，故有此作。书后有居士《识语》。

本年，杨仁山居士专心向道，因精力衰颓，故谢绝应酬，作《谢客启》："鄙人性喜山林，不贪荣利。自二十七，先君子弃世，家贫母老，无以为生，从事于宦途者三十年。内而吴、楚，外而英、法，公务之暇，游心释典。幸得一隙之明，遂以家事委诸儿辈。今年已七旬，精力衰颓，敬告新旧知交，权作谢客之计。及此桑榆晚景，藉以校订深经，刊之印之，嘉惠后学，庶不负四十年来一片婆心耳。所有远方来函，概不作答，伏乞鉴原。"（《等不等观杂录》卷五）

光绪三十三年丁未（1907年）

春，杨仁山居士与学佛同仁共议建立祇洹精舍事。

二月，刊刻《金刚般若经疏》（一卷，隋智顗撰）。由深因施资。

四月三十日（6月10日），杨仁山居士写信给日本藏经书院。信中言："弟所作《大宗地玄文本论略注》，现已刷成，请分赠同志。"同时，居士寄赠日本南条文雄十部。并写信请他帮助收集日本有关僧学章程以资参考。信中言："弟所作《玄文本略注》，现已完成，寄呈十册，就正有道，并请分赠知交。藏经书院已另寄十册矣。……敝邦僧家学校，才见肇端，欲得贵国佛教各宗大小学校种种章程，以备参考，非仗大力，不能多得。此等章程，虽系和文，敝处亦有能译之者。与学诸僧，甚为盼望也。"

同月，刊刻《华严悬谈》（二十八卷，唐澄观撰）。由蔡永清、桂觉等施资。

秋，在金陵刻经处开佛学学堂"祇洹精舍"，目的是培养学兼中西的僧学人才，以为将来往印度振兴佛教之用。

当时，陈三立正督办南浔铁路，施其薪金于金陵刻经处，成为办学经费的主要来源。另外，月霞法师也协助杨仁山居士募化祇洹精舍的办学经费。

杨仁山居士写信给式海法师，邀请他来南京，任祇洹精舍佛学教师。

按：式海（1870—1932），俗姓蒋，名永标；法名宏济，号不波，又号慈舟，浙江台南人。光绪十五年（1889）于本邑常乐寺依静耐剃度。后在奉化石楼山云居院、流庆寺、四明延庆寺、青莲寺等处讲《法华》《楞严》等，声誉日增。宣统二年（1910）应谛闲请，任南京僧师范学堂教务主任兼古文科教授。1915年至温州明因寺任住持，创办佛学研究社，常年讲经不辍。1922年自明因寺退居，住寺后之观日山房，仍至各地弘法讲经。生平法传临济，教弘天台，行兼禅净，轨持于律。于诗文书画无不精通。有佛学、诗文、杂评、传记、讲演、摘记等，后人辑为《观日山房集》行世。

祇洹精舍的学习课程计划分三门：一者佛法，二者汉文，三者英文。俟英语学习纯熟，再赴印度深入学习梵文，再以佛法传入彼土。

祇洹精舍的章程与当时其它公立、私立学校的规章制度全不相同。"教习各尽义务，不送修金；虚礼浮文，一概不用。来本塾者，人人自知分所应为，无主客之分，平等平等，各尽其心而已"。

本年，刊刻杨仁山居士亲自编辑的《佛教中学古文课本》（四卷）。刻资由释摩尘经募，由比丘摩尘、信士钱鞠生、信女俞净性等施资。其尾页有释谛闲识语："计共施洋银二百八十六圆，释子摩尘经募，由常州天宁寺册内拨归金陵刻经处刻。"

本年，杨仁山居士并作《释氏学堂内班课程》一文，对僧学堂的课程安排作了详细的规划。分"普通学"与"专门学"两大类。普通学三年，每日课程六堂，每堂课一小时。上、下午第一堂课讲佛学，其余四堂，分讲本国文理、地理、历史、算术、梵文、英文、日文。专门学，自第四年起，或两年，或三、五年，不拘期限，学习各宗典籍。或专学一门，或兼学数门，均随学人志愿选修。总之，必须一门通达，方可另学一门，不得急切改换，以致一无所成。居士又说："专门学者，不但文义精通，直须观行相应，断惑证真，始免说食数宝之诮，《教乘法数》《大明三藏法数》宜购置案头以备查考。"并详列每年所学的经论书单。

杨仁山居士在《释氏学堂内班课程刍议》中进一步阐明其意。他主张由各省择名胜大刹，开设释氏学堂。经费由寺院田产提充，教师公同选举，酌定三级课程。学成后按才录用。如全不能学，则令其还俗，不得滥入僧班。

本年，应日本藏经书院之请，杨仁山居士作《日本续藏经叙》。

本年，欧阳竟无再度来南京问学。后东渡日本年余，访佛教遗籍。

光绪三十四年戊申（1908年）

二月，刊刻《大乘中观释论》（十卷，宋惟净译）。由觉明、本智等施资。书前有居士作于一月的《叙》一篇。《叙》言：姚秦译《中论》、唐译《般若灯论》、宋译《大乘中观释论》，三部均入大藏。唯宋译仅十三品，近时得日本新印《大藏经》，由高丽古本抄出后分十四品，得成完璧。现由金陵贯通大师集资锓板，以广流传，"岂非法门之快事乎"？

杨仁山居士写信给李国治，邀请他南来"共襄盛举"，共同努力办好祇洹精舍。

四月，刊刻《永嘉禅师证道歌注》（一卷，唐玄觉撰、元宏德注）。由溧水濮氏施资。

九月，应杨仁山居士邀请，苏曼殊于十三日（10月7日）由上海抵南京。此时祇洹精舍的校务工作已准备停当，正向镇江、扬州诸大寺庙召选僧徒。李晓暾也应邀来祇洹精舍任教习。

按：苏曼殊（1884—1918），原名戬，学名元瑛，改名玄瑛，字子谷，法名博经，法号曼殊，广东香山（今中山）人，出生于日本横滨。光绪二十九年（1903）出家为僧，奔走江苏、浙江、安徽等地，从事教育和写作。先后加入华兴会和中国同盟会。后加入南社。能诗文，善绘画，通英、法、日、梵诸文。在诗歌、小说等多种领域皆取得成就。其诗风别具一格，在当时影响甚大。应杨仁山居士邀请，于光绪三十四年（1908）九月来南京任祇洹精舍英文教习，同年十二月因病离开去日本疗养。后人编有《苏曼殊全集》。

同月十六日（10月10日），杨仁山居士将达摩波罗十几年前寄给他的两封信交给苏曼殊，请他将信的内容译成中文。

同月，刊刻《楞伽经会译》（四卷，明圆珂会）。刻资由安庆迎江寺住持月霞法师经募。

十月初，祇洹精舍开学，杨仁山居士作《祇洹精舍开学记》。指出办学的目的是"兴遗教"，并表达了自己兴教办学的决心："夫如来之教，博大精微，人莫能测，外凡浅智，何足以兴之？然当事者不暇计也。辄语人曰：'人皆可以为尧舜，儒门尝言之矣。我佛门何独不然？'"

祇洹精舍开学后，杨仁山居士任佛学讲席，并请来了精通天台宗的谛闲法师任学监并讲天台教观。苏曼殊讲授英文，李晓暾讲授汉文。当时的学生有仁山、惠敏、开悟、智光、观同等，居士有邱晞明。

按：谛闲（1858—1932），俗姓朱，名古虚，号卓三，浙江黄岩人。年二十入临海白云山依成道出家。光绪十二年（1886）由迹端授记付法，为传持天台教观第四十三世。光绪三十四年（1908）受杨仁山居士聘请，入金陵刻经处任祇洹精舍学监并讲授天台教观。次年祇洹精舍停办。宣统二年（1910），两江总督端方在南京创办僧立师范学堂，延谛闲主其事，任校长兼总监督。乃招集各省英俊笃实之僧徒，分班讲解。1913年出任四明山观宗寺住持，旋成立观宗研究社。1919年创立观宗学舍，自任主讲。至1928年，改为弘法研究社，并发行《弘法月刊》，弘扬天台教义。著有《大乘止观述记》等。后人辑有《谛闲大师语录》。

同月，刊刻《首楞严经纂注》（十一卷，明真界注）。刻资由常州天宁寺住持清镕经募。

十一月，刊刻《大乘入楞伽经》（七卷，唐实叉难陀译）。刻资由普陀山法雨寺释开明经募，其中有普陀印光法师施银四元。

同月，刊刻《法华通义》（二十卷，明德清撰）。由信女舒程氏施银二百圆。

十二月上旬，苏曼殊因患唾血症，离开祇洹精舍去日本疗养。于是，杨仁山居士另聘邓秉钧教授英语。

本年，梅光羲从日本早稻田大学政治经济部毕业返国，奉赵尔巽总督委充湖北全省地方自治局总办，复调充湖北高等农业学堂监督。此后两年间经常回南京省亲，得向杨仁山居士请教佛学。居士教诲他读华严宗、三论宗、法相宗、净土宗各书。

宣统元年己酉（1909年）

春，太虚法师就学于祇洹精舍，法师时年二十一岁。当时，杨仁山居士自任讲授《楞严经》。这一学期的学生，除了上学期已有的，又加入了太虚、栖云、了悟、善亮等人。虽然学习很紧张，但学员们的业余生活很丰富，经常结伴出游。

按：太虚（1890—1947），俗姓吕，本名淦森，法名唯心，字太虚。浙江崇德（今属桐乡）人。现代高僧。五岁往依外祖母于大隐庵，并随舅父读书。光绪三十二年（1906），出家于苏州平望小九华；同年受戒于宁波天童寺。1912年在南京创中国佛教协进会，后并入中华佛教总会，被推为会刊《佛教月报》总编。1918年在沪建觉社，出版《觉社丛刊》（复易名《海潮音》）。1922年在湖北创武昌佛学院。1924年于庐山开世界佛教联合会。1928年于南京创中国佛学会。后人辑有《太虚大师全书》。

五月，梅光羲作《心经浅释》，求正于杨仁山居士。居士为作《心经浅释题词》。居士认为，《心经》文约义丰，诵之者众，注疏虽多，皆古奥难通，故《浅释》乃初学入门之津梁。

七月，刊刻《圆觉经大疏》（十六卷，唐宗密撰）。刻资三百元由谛闲法师经募。

秋，祗洹精舍因经费匮乏，又缺乏较高文化素质的学生，故停办。

本年，杨仁山居士写信给南条文雄，信中感叹自己"日就衰老，百事废驰"，并请南条在日本代为觅购辽觉苑撰十卷本《大日经义释演密钞》一书，以备金陵刻经处"合纂经疏"之用。同时寄赠新刻《楞严纂注》《法华通义》各二部，又《证道歌注》十册。

宣统二年庚戌（1910年）

三月，王丹忱撰《刻经僧妙空大师塔铭》：

天生一代伟人，即有一代杰作。孔、孟、老、庄，非易立言也，救世心切，不得已也；方山、清凉、永明、紫柏、憨山，亦犹是也，虽三教殊迹，而忠君化民则一。我师妙公，俗姓郑，讳学川，字书海，出世号妙空，食饸后，厌俗，祝发金陵。悲前明经版毁于兵火，因与许灵虚、杨仁山等，发重刻之愿。首创局于金陵，继立局于如皋、常熟、浙江，而总持于砖桥。旧有眄鸡道院，师于院后，募建接引禅院，奉老父忞观居之，远近士绅仰慕，忱与其末也。咸丰朝，广陵失陷，师欲以生化杀，创放生社于海陵，继闭关于鸡园，日食芝麻三合，饮清水一盂，三年如一日。又尝清夜行鱼至仙女镇，往返二十里，三越月，风雨不少间。所著诸书，悉载本传。说者谓：师好异，不以禅净为归，别举虚空楼阁。不知师所著述，悉以向上为宗，乐邦为助，以一茎草，建宝王刹，方便度生，事事无碍，融娑婆、极乐、华严为一谛。尘说、刹说，无说而非法；佛境、众生境，无入不自得。师刻全藏近三千卷，其《大般若经》未了之因，蒚香清公续成之。刻经法脉，法嗣本贤勉副之。呜呼！三十年为一世，师西归三十年矣！回忆同门，更无计及师之身后者。今春扫塔鸡园，晤镜之贤君，云秋九月初六，为师圆寂日，建华严道场，命忱删节其传。忱因有感焉。当日从游多士，半化云烟，而忱以学浅年轻幸存，亦两鬓萧然，江郎才尽。往事回观，恍如隔世，谨作塔铭，聊报师德，补本传之未周，而转质世之知我师者。而为铭曰：以刻经名，千秋几见？乘愿再来，昙华一现。卸却征衫，建接引院。楼阁融通，普光明殿。尘说刹说，总是佛恩。华严极乐，不二法门。智悲交用，旋乾转坤。心光昭著，万古常存！

宣统二年春三月菩萨戒弟子本开王丹忱谨撰

四月十八日（5月26日），南洋劝业会在南京举办，为期六个月。在展览会上，杨仁山居士设立佛经流通所，将南京、扬州、常州、苏州、杭州等地所印佛典，择要聚集一处，以供莅会者购阅。居士因作《南洋劝业会开设佛经流通所启》。

十月下旬,展览会将结束时,杨仁山居士到会发表演说。他说:"地球各国,皆以宗教维持世道人心。使人人深信善恶果报,毫发不爽,则改恶迁善之心,自然从本性发现,人人感化,便成太平之世矣。"

杨仁山居士认为刻经事业须设居士道场,朝夕丹铅感发兴致,然后有济。感叹昔年与金陵刻经处共举刻事者乍成即歇,扬州砖桥江北刻经处虽刻经不少,而人亡业败。又以为佛学重在钻研。加之在南洋劝业会举办期间,海内名流走集,因有"佛学研究会"之设立。地点即设在金陵刻经处。该会发起人为梅光羲。成员有欧阳渐、狄葆贤、欧阳柱、梅光羲、梅光远、蒯若木、李翊灼、余同伯、陈宜甫、陈樨庵、沈曾植、夏曾佑、陈汝湜、陈三立、邓伯诚、张尔田等人。公推居士为会长,并以"佛学研究会"为护持金陵刻经处的组织。研究会每月开会一次,每七日讲经一次,听者多欢喜踊跃。居士因作《佛学研究会小引》,阐述该研究会的宗旨是"志在"恢复"本师释尊之遗教"。针对当时佛教的衰敝,提倡信解行证的结合,以期通过研究佛学,真正明白佛教的本意,因而坚定信仰,正确修行。这与办"祇洹精舍"的宗旨是一脉相承的。两者不同之处在于:祇洹精舍的学徒多为僧人,而佛学研究会的成员全是居士。佛学研究会成立后,各地多有"投函问法"者,均由居士授义,李晓暾执笔代复。

按:蒯若木(? —1945),以字行,名寿枢,蒯礼卿(光典)之侄,安徽合肥人。同盟会会员。为杨仁山居士学佛弟子、佛学研究会会员、金陵刻经处董事会第一任董事。毕业于日本东京高等工业学校。赏工科举人,特旨农工商部郎中。历任甘肃花定榷运局局长、青海甘边屯垦使兼青海矿务监督。他在经济上曾给予刻经处很大支持。1926年，梅光羲辞去刻经处流通主任的职务，此职即由蒯若木担任，直至1945年冬去世。他曾于1929年辑刻《蒯氏家集四种》(《金粟斋遗集》《带耕堂遗诗》《蒯公子范历任治所崇祀录》《吴中判牍》)。以上书版现存金陵刻经处。他对杨仁山居士创办的金陵刻经处事业忠心耿耿，尽心尽力，欧阳竟无称他为"我亲爱钦敬之老友"(《竟无小品·与蒯若木》)。

陈宜甫(？—1952)，以字行，名义，江苏丹徒人。杨仁山居士弟子、佛学研究会成员。曾任县长、国会议员。自杨仁山居士去世后，一直任交际部主任，并于1947年冬兼任流通部主任。至1946年底，当年选出的董事会已形零落，健在者仅有他与梅撷芸、李证刚、濮伯欣。当时金陵刻经处经济困难，日趋衰败，房屋大部出租，职工全行遣散。还有个别工人已经遣散未即离去，白天出外卖竹篮糊口，晚上则回来住宿。1947年，梅光羲去世，董事会已名存实亡。至1948年，刻经处大院内住有三十余户人家，树倒墙塌，垃圾满地，甚至储存经版的十间经版房的窗户铁条也被人盗卖，屋内壁板被人抽去，尘土厚积，四万余块经版已经散乱，部分虫蛀经版被人取去烧火。最后仅有他一人蹋处一间小屋看守经版，经济拮据甚至自己的伙食用度也难以维持，赖其孙女陈文洪经常接济度日，虽至一筹莫展，犹不忘杨老居士临终重托，一人枯守残局，终因贫病交加于1952年3月15日夜去世。居士的孙女杨步伟在1948年12月致他的信中说："先生如此高年，犹不负先祖之亲委托，以维难局。真是不但杨氏子孙应感激万分，即十方护持刻经处者，亦应同极感激也。"他在本处工作四十余年，为护持金陵刻经处做出了很大贡献。他的去世，标志着仁山居士身后董事会护持金陵刻经处阶段的结束。

陈樨庵(？—1919)，以字行，名镜清，安徽石埭人。秀才。杨仁山居士的亲戚、学佛弟子、佛学研究会成员。居士在《与日本町田书》中说："陈君镜清……敞处校经友也。"杨步伟在《一个女人的自传》中说他曾担任过仁山孙辈的家庭教师。1911年居士去世，遗命他与欧阳竟无、陈宜甫负责金陵刻经处事务，他任流通部主任。金陵刻经处的工作，实际由他总负责，直至1919年秋去世。

本年，杨仁山居士悯宗教之颓衰，悲大道之沉沦，非具法眼，难免不为邪见所误。见日本重印《续藏经》，多至一万余卷，似驳杂，特加以选择，归于纯正。详订书目，编辑《大藏辑要目录》，共收三藏要典及各家著述共四百六十种、三千三百余卷，准备陆续刻印。又拟作《大藏》及《续藏》的提要，为读者提供研究的门径。因作《报告同人书》。《书》中言："今垂老，尚有心愿中未了之事，……用将大概，敬审我同会诸君。"

本年，欧阳竟无决心舍身为法，为佛教事业而贡献心力，于是再次来宁，依杨仁山居士。

宣统三年辛亥（1911年）

夏秋之交，杨仁山居士小病。念自身年迈多病，于是召陈宜甫来，对他说："余病恐不起，刻经处须付托有人，余欲以陈樨庵、欧阳竟无及汝三人共同担任。樨庵（当时在上海——编者）处汝写信去，竟无（当时住刻经处——编者）亦代征询。"陈宜甫与欧阳竟无洽谈后，都同意居士的意见，于是一同去见居士。居士见此，甚感欣慰，对二人训勉有加。并说："余即霍然，然亦归汝等三人接办；余可专心念佛，不杂他事！"

至八月十一日（10月2日），杨仁山居士命召开佛学研究会临时会议，订期十七、八日（8、9日）在宁举行。会议将讨论维持保护金陵刻经处的办法；报告刻经处托付三人之事，由会议追认，以示公意；居士辞去会长，并推选佛学研究会新会长。当时会中主要成员，均散处京、沪各地，时间紧迫，一时难以聚齐。陈宜甫建议延期举行会议，居士说："日期不能迟，迟则不及矣！"于是函电交驰，众人如期集合，至十六日（7日）垂暮时，京、沪人士果然都到了。乃于十七日（8日）午后二时，在碑亭巷蒯若木住宅开会。当日将近中午时分，居士口授会场应议事件，陈宜甫侍侧笔录。临去会场之前，陈宜甫又去居士处请示，居士说："你可早点去，布置会场。"当时居士神态自若，毫无变异。到了下午三时许，会议尚未终结，居士家人奔告说："老居士已西去矣！"会场在座人士闻说此语，皆为之惊愕，急忙驰归。

据居士家人言：值二时许，杨仁山居士自言曰："此时人当到齐矣！"有顷曰："此时已开议矣！"又有顷曰："此时刻经处事当议定矣！"顿现异常豫悦之色，复语左右曰："余心放下，毫无挂碍，可以去矣！"须臾小解，身作微寒。于是高声念佛，久久声渐低渐微，端坐向西瞑目而逝。顶及足至翌晨抚之，犹温，面色不变，肌肤细滑不冰。论者谓临终种种现相，皆生西之征也。

杨仁山居士去世的当天上午，犹与同人详论刻经诸务。当听说又觅得古本注释数种，欢喜不已，曰："予幸得闻此书之存也。"午刻嘱家人为之濯足，剪指甲。

杨仁山居士病中曾嘱其子媳曰："我之愿力，与弥陀愿力吻合，去时便去，毫无系累，惟乘急戒缓，生品必不甚高，但花开见佛较速耳。尔等勿悲惨，一心念佛送我西去，如愿已足。"并嘱曰："经版所在，即吾之遗体所在。"

杨仁山居士去世后的当天晚上，佛学研究会同人仍在蒯宅集议，讨论组织金陵刻经处董事会，推梅光羲、吴璆、欧阳柱、狄葆贤、叶元鋆、梅光远、李翊灼、王宗炎、李晓暾、蒯寿枢、濮伯欣等十一人为董事。旋开成立会议，定刻经处办事简章，承居士遗意，规定三人各负专责：陈樨庵负责刻印经典图像、流通及处务，欧阳竟无负责编校经典，陈宜甫负责外来交涉事项，事关全体者，三人共同处理决定。当时并准备加余同伯为交际，适十九日武昌革命爆发，余同伯连夜赴沪活动，故作罢。居士遗体于次日半夜入殓。陈樨庵挽联云："承愿力再来人花开见佛，公生平未了事书本藏经。"

杨仁山居士去世后的第四天，住在附近的张勋（当时在南京任江南提督兼江防大臣）在几个卫兵的护卫下前来金陵刻经处吊丧，并在居士的棺木前磕头行礼。等他磕了头以后，居士的长子杨自新出来谢孝，就对他说："我们家有几个青年妇女怕打仗，想到上海去避避。还有二姑母庵内（指仁山次女圆音的天印庵）三个小徒弟也是大家人家的小姐，大帅是知道的，他们也想一同到上海。不知总署后小车站能不能上车了。"张勋很快地接嘴说："那容易，我叫一个卫兵招呼好了。你们还可以带几只箱子走。"

杨仁山居士著作有：《大宗地玄文本论略注》四卷、《佛教初学课本》一卷、《十宗略说》一卷、《观无量寿佛经略论》一卷、《无量寿经论愿生偈略释》一卷、《坛经略释》二纸、《论、孟发隐》二卷《阴符、冲虚、道德、南华四经发隐》四卷《等不等观杂录》八卷、《阐教编》一卷，另有《天地球图说》一卷单行。尚有居士手辑《大藏辑要》四百六十种、三千三百余卷，《贤首法集》一百数十卷、《华严著述集要》二十九种、《净土古佚书》十种、《净土经论》十四种、《大乘起信论疏解汇编》《释氏四书》《释氏十三经》《释氏十三经注疏》和《佛教中学古文课本》甲、乙、丙、丁四编及其他编会经论均别行。

杨仁山居士有子三人：长自新、次自超、次福严；孙七人：庭芬、桂芬、颖芬、智生、缘生、雨生、祥生。

欧阳竟无评论杨仁山居士一生对佛法有十大功德：一者，学问之规模弘扩；二者，创刻书本全藏；三者，搜集古德逸书；四者，为雕塑学画刻佛像；五者，提倡办僧学校；六者，提倡弘法于印度；七者，创居士道场；八者，舍女为尼，孙女、外甥女独身不嫁；九者，舍金陵刻经处于十方；十者，舍科学技艺之能而全力于佛事。

欧阳竟无《金陵师友渊源录》（手稿）："（深柳大师门下）谭嗣同、桂念祖、黎养正、欧阳渐、李翊灼、梅光羲、蒯寿枢、孙毓筠、章炳麟、梅光远、陈樨庵、陈宜甫、濮伯欣、李世由、狄楚青、欧阳柱、廖世臧、邱晞明、梁启超、太虚、普光、惠敏、仁山。"

《杨仁山居士事略》：

石埭杨居士文会，生于道光丁酉年十一月十六日丑时。母孙太夫人娠居士时，梦入一古刹，庭有巨瓮，覆以箬笠，启视，则有莲花高出瓮口，旋惊寤，是年居士生。居士父朴庵先生适于是年举于乡，先生因是益钟爱之，寄名寺僧。明年成进士，授职西部，举家北上。

居士童时示现游戏，条理秩然。九岁南归，十岁受读，甚颖悟。十四能文，雅不喜举子业。唐宋诗词，时一浏览，间与知交结社赋诗为乐。性任侠，嗜酒使气，稍长，益复练习驰射击刺之术。年十六，夫人苏氏来归。次年，洪杨起事，乡里俶扰，不遑安居。计自朴庵先生以次，老幼几十人，转徙徽、赣、江、浙间。往还十年，屡濒于危，然卒未尝遭险者，居士部署之力也。里居，襄办团练，在徽宁，则佐张小浦中丞、周百禄军门理军事。跣足荷枪，身先士卒，日夜攻守不倦，手刃间谍，血溅衣袂。论功，则固辞不受。生平好读奇书，流离转徙，舁敝篚贮书以随。凡音韵、历算、天文、舆地，以及黄、老、庄、列，靡不领会。

同治元年壬戌，皖省平，由江西迁居安庆。逾年秋，朴庵先生捐馆舍，时居士年二十七，家无担石储，曾文正檄委谷米局。甲子，归葬朴庵公于乡，事毕回省，感时疫，病久。自是厥后，率为居士学道之年矣。

先是，有不知谁何之老尼，授居士《金刚经》一卷，怀归展读，猝难获解，觉甚微妙，什袭藏弃。嗣于皖省书肆中得《大乘起信论》一卷，阁置案头，未暇寓目。病后，检阅他书，举不惬意，读《起信论》，乃不觉卷之不能释也。赓续五遍，窥得奥旨，由是遍求佛经。久之，于坊间得《楞严经》，就几讽诵，几忘身在书肆。时日已敛昏，肆主催归，始觉悟。此后，凡亲朋往他省者，必央觅经典；见行脚僧，必询其从何处来？有何刹竿？有无经卷？一心学佛，悉废弃其向所为学。

乙丑，来金陵，得经书数种。明年移居宁，于时董江宁工程之役。同事真定王公梅叔，邃于佛学，相得甚欢。复与邵阳魏刚己、阳湖赵惠甫、武进刘开生、岭南张浦斋、湘乡曹镜初诸君子游，互相讨论，深究宗教渊源。以为末法世界，全赖流通经典，普济众生。北方《龙藏》既成具文，双径书本又毁于兵燹，于是发心刻书本藏经，俾广流传。手草章程，得同志十余人分任劝募。时发心最切者，为江都郑学川君。郑君未几即出家，名妙空子，创江北刻经处于扬州东乡之砖桥鸡园，刻经甚夥。居士乃就金陵差次，擘画刻经事。日则董理工程，夜则潜心佛学。校勘刻印而外，或诵经念佛，或静坐作观，往往至漏尽就寝。所办工程，费省工坚，轶其侪辈。

曾、李诸公咸以国士目之，知其淡于名利，每列保奖，不令前知。凤著勤劳，身兼数事，颇以障碍学佛为苦。癸酉岁，屏绝世事，家居读书。北洋李文忠函聘办工，辞不往。是岁参考《造像量度》，及净土诸经，静坐观想，审定章法，延画家绘成《极乐世界依正庄严图》《十一面大悲观音像》，并搜得古时名人所绘佛菩萨像，刊布流通，以资供养。甲戌，泛舟游历苏、浙，礼舍利，朝梵音。闻洞庭西山有古刹，庋多旧经，只身独往，搜求殆遍，迄无所得，而资斧缺乏，几至不成行。时家计亦艰窘，因复就江宁筹防局差。综计数年以来所刻之经，渐次增益，择定金陵北极阁，集资建屋，为藏庋经板地，延僧住持，供奉香火。旋为人所觊觎，起争端，乃移藏家中，延友人专司其事。居士后虽暂离金陵，而刻印不辍。

光绪元年乙亥，经理汉口盐局工程。明年，曹君镜初约赴湘议长沙刻经事，兼受曾惠敏聘，襄办传忠书籍，因获览南岳之胜，登祝融峰顶。戊寅，惠敏奉使使欧洲，随赴英、法，考求法国政教生业甚详。精究天文显微等学，制有天地球图并舆图尺，以备将来测绘之需。期满假归，辞不受奖，仍以刻经为事。壬午，至苏州，觅藏板之地于元墓山香雪海，经费未集，购地未成，比辍议。丙戌春，应刘芝田星使召，随往英伦，考察英国政治制造诸学，深明列强立国之原。三年既满，先行假归，仍不受保奖。居士时年巳五十有三，尝语人曰："斯世竞争，无非学问。欧洲各国政教工商，莫不有学。吾国仿效西法，不从切实处入手，乃徒袭其皮毛。方今上下相蒙，人各自私自利，欲兴国，其可得乎？"复以世事人心，愈趋愈下，誓不复与政界往还。乃于东瀛购得小字藏经全部，闭户诵读。

庚寅夏，走京师，礼旃檀佛像，并求藏外古德逸书。适居士内弟苏少坡随使节东渡，则寓书南条文雄君，广求中国失传古本。南条学梵文于英国，与居士素稔。其后由海外得来藏外书籍二三百种，因择其最善者，亟付剞劂。资不给，则出售西洋赍回之各种仪器充数。甲午，与英人李提摩太君译《大乘起信论》，译成英文，以为他日佛教西行之渐。乙未，晤印人摩诃波罗于沪渎。缘其乞法西行，兴复五印佛教，志甚恳切，居士于是提倡僧学，手订课程，著《初学课本》，俾便诵读，一以振兴佛学，一以西行传教，庶末世佛法有普及之一日。是时，日本真宗设本愿寺于金陵，幻人法师建讲席于江南，相与辩论教宗，书牍往来，不惮万言，期以补偏救弊为宗。

丁酉年，筑室于金陵城北延龄巷，为存经板及流通经典之所。是夏，孙太夫人寿终。阕服，诏其三子曰："我自二十八岁得闻佛法，时欲出家，徒以有老母在，未获如愿。今老母寿终，自身亦已衰迈，不复能持出家律仪矣。汝等均已壮年，生齿日繁，应各自谋生计，分炊度日，所置房屋，作为十方公产，以后毋以世事累我也。"居士自此得安居乐道，然会释经疏，维持法教，日无暇晷。尝语人曰："吾在世一分时，当于佛法尽一分时之力。"戊戌夏，患头风，电召长子自新由沪归来，嘱曰："我病如不起，《楞严正脉科判》可托陈樨庵成之，以完此书。"嗣幸医药奏效，得以渐瘥。

丁未秋，就刻经处开佛学学堂，曰祇洹精舍，冀学者兼通中西文，以为将来驰往天竺，振兴佛教之用。国文、英文，同志任之；佛学，居士自任之。就学者缁素二十余人，日有进益。未及两稔，因经费不给而止。宣统庚戌，同人创立佛学研究会，推居士为会长，月开会一次，每七日讲经一次，听者多欢喜踊跃。居士悯宗教之颓衰，悲大道之沉沦，非具择法眼，难免不为邪见所误。见日本重印《续藏经》，多至一万余卷，似驳杂，特加以选择，归于纯正，详订书目，编辑提要，以示门径。志愿未遂，慧灯辍照。悲哉！辛亥秋初示疾，自知不起，回忆往时刻经事，艰苦备尝，而《大藏辑要》未睹成书，心颇戚戚，及得同志三人承认分任，则熙怡微笑。佛学研究会同人择于八月十七日开会，集议维持保护金陵刻经处之法，并议举会长一席。会席未散，居士已于申刻去矣。是日上午，犹与同人详论刻经诸务，及闻近得古本注释数种，欢喜不已，曰："予幸得闻此书之存也。"午刻，嘱家人为之濯足剪指甲。至时，乃曰："此时会友当已齐集会所矣。"须臾小解，身作微寒，向西瞑目而逝，面色不变，肌肉细滑不冰，所谓吉祥而逝者非欤！病中嘱其子媳曰："我之愿力，与弥陀愿力吻合，去时便去，毫无系累，惟乘急戒缓，生品必不甚高，但花开见佛较速耳。尔等勿悲惨，一心念佛，送我西去，如愿已足。"

居士弘法四十余年，流通经典至百余万卷，印刷佛像至十余万张，而愿力之弘，所嘱望于将来者，更无有穷尽也。著有《大宗地玄文本论略注》四卷，《佛教初学课本》，《阴符》《道德》《庄》《列》发隐诸书，久已风行海内；又，《等不等观杂录》《论孟发隐》各若干卷待梓。居士卒年七十有五。配苏夫人，先居士十八年卒。子三人，长自新、次自超、次福严；孙七人，庭芬、桂芬、颖芬、智生、缘生、雨生、祥生；曾孙，时逢、时中。

按：此文刊登于上海《佛学丛报》第一号，民国元年10月1日出版。作者濮伯欣，未署名。

仁山居士与锡兰人达摩波罗在上海见面，当在1893年12月下旬。

赵杨步伟《先祖仁山公之生平》：

　　去年台北友人来函云，拟于先祖去世五十年周年出一纪念专刊，嘱写先祖之传，步伟自幼在外求学，关于先祖讲经办学等事业之经过所闻多属片段印象，诸公对先祖学术及事业方面向有研究者，当能道之更详，本人则借此机会，将每次年假暑假期间，孙辈随侍在侧之时，先祖口述之关于日常之生活，以及自己一生之志愿与宗旨，就亲自所闻所忆，大致写出，作为略传，因此等事外人无从详知，或不无记录之价值也。

　　先祖为曾祖父母已生五女后之第一子，又正在曾祖父中举之年，在中国家庭中，其受宠爱可想而知。先祖自幼为人，即注意及一切不平之事，时时反对何以父母家人对姊妹辈不能与己同等，何以男女不一样，因而常将一切供己之物分散与姊妹，时闻人背后闲言"这又是一个贾宝玉了"，其实不然，凡对于任何人遇有不公允之事，亦同样表示不平，总觉得人是一样的。

　　先祖父三岁订婚，祖母大祖父六岁，因其时风俗如此，愈是娇养之子，愈为之定年长之妻，藉可关照一切，先曾祖中进士后即携眷在京供职。先祖十岁时，先祖母在家乡出天花，全身落疤而脸上最重，致损容颜，其父来信云，我女已残废，汝家可另婚娶。曾祖母问先祖此事如何办理，先祖立即答云：第一、订婚在前，出天花在后，不应改变婚约。第二、在人道上，残废人我若不要，则以后彼将嫁何人。第三、俗语云"一麻三俏，不麻不要"，不麻我还不要，逐决定不毁婚约。

先祖自幼聪明，喜读各种诗书，遇事有决断力，鲜受人之劝说，父母无办法时亦只得听之而已，十一岁时初见曾国藩，曾即以为奇才（曾祖与曾国藩为同年进士），问曾祖何不令其乡试，先祖未等父答，即云，我何必在异族人手上取功名。曾祖惊讶，曾国藩只微笑而已。嗣复云，此子将来必有大用，但先祖始终未入考，曾祖父屡劝不从，意其娶妻后或许改变。

先祖十五岁时，曾祖即携其回乡就婚，在未结婚前，外曾祖父母（祖母之父母）再三嘱先祖云，以后可再娶并妻。曾祖母见媳后，回家大哭曰，我如此相貌堂堂之娇子，如何配此丑妇，祖父再三劝云，不要紧，只要能理家务，能孝顺父母能教养子女足矣，何必以美貌为题，且彼非生而如此者，乃由病成，非彼之过也。（此段系曾祖母说与儿孙辈听者，并以为训。）

结婚后先祖欢乐如常，祖母持家，井井有条，全乡以治家好手称，一切事不问而知。惟生性固执，先祖则一切听之，曾祖母虽觉喜得贤妇，只因其太压丈夫，屡劝先祖戒之，以正夫纲，何可一切敬之听之。先祖答曰：如此丑妇，我若不敬之，则人人欺彼矣。我非被欺之人，不过敬之而已，他人不必管也。

两年后，曾祖时觉不平，另购两美婢，欲先祖收房为妾。先祖不肯，曾祖母再三劝之，先祖答曰，母既赞成纳妾，并赞两婢之好，何不让父收之，我现已有妻，能持家孝顺父母，将来能生子女，足矣，何必另娶。即如要我另娶，亦须各样特别合我意者。婚姻事除顺从外，亦应以相爱相合为要，若仅以颜色定，多娶美妾，乃玩弄女人，非合乎人道之事，我不为也。其时祖母亦极劝曾祖父收该两婢可以助理家务及侍奉曾祖母，以分己之劳。嗣两婢果为曾祖之侍妾矣。

次年洪杨起事，全家赴杭，先祖应曾国藩之召协理军务，屡得奇助，一夜先祖赴曾营与谈时政，言及满清之腐败，说我们何必终日为异族牺牲，曾微笑未答。次日嘱先祖赴杭侍父及办粮台事，并嘱：军粮系要务，汝不可置我于危。先祖解其用意，当即赴杭，惟终日不乐。

恰遇左邻姑嫂二人亦由乡间避难来杭者。家中男丁仍在乡间服务，只彼姑嫂带一小孩在杭居住，后院通连，时至我家借物，并找帮忙等事。我家亦止先祖一壮丁，曾祖母时令先祖往助。日久发现所谓姑姑者，乃一书画写作俱佳之少女，看护幼侄时，并吟读诗书，有时与先祖接谈，乃知为极有成就之才女。自是彼此渐觉倾心，其嫂亦愿其姑为先祖之并妻。先祖归商于母，曾祖父亦要成此美事，惟彼时先祖母，正有孕，曾祖母云，若生男另娶为妾，生女则娶作并妻。不意生下即我先父，此议遂大起波折。以此女出在世家门第，绝不能允作人妾，先祖亦不愿以妾待之，而先祖母亦恐其将来夺宠，以妾娶则可，否则不允，事遂无成。经此一番打击，先祖更觉世事无聊，终日在西湖边散步。

一日，在书肆中发现《大乘起信论》一卷。（一说，于皖省书肆中购得，非。）日夜阅读，乃得其中要旨，深感觉悟，因此终日卷不离手，对家事爱情，一切皆置之度外矣。又到各书肆及荒寺大庙寻觅经典，并托亲友在各处代觅，复往各寺院访高僧谈经，自是对其一向所学，虽不尽弃，亦皆另眼看待矣。

曾祖父母及祖母见此，皆大忧之，问先祖曰：父病，母妻皆妇人，而子幼，将何所依。先祖答曰：我既落身世界中，则必尽我天责，虽不求奢望，亦须使家人能得温饱。我并非落发为僧者，只研究佛经与发愿广大流传经典而已。

先曾祖去世后，正在乱世，家计艰窘，先祖只得权在各处就职。其时曾国藩与李鸿章均以国士目之。李屡次函聘办理工程等事，皆不就。盖其本意只为家人温饱，而不愿求闻达也。

光绪四年，曾纪泽奉使欧洲，函聘先祖同往协理。（闻曾国藩有遗嘱其子云，某某人必须重用。）先祖条件为只做事而不欲保举任何官爵，因此先祖在英法时实权甚大，而名义上仅一参赞，盖无名义不得入大使馆也，巴黎铁塔落成，时当西历一八八九年，即光绪十五年，先祖为代表特使赴法，并考查法国政治实业等等。在英四年，除仍办公事外，专心研究各种科学，特重天文、地理、光学等等。在英时将所有薪俸悉用在购置仪器上，如定印中文天地球图，定制望远镜、显微镜、照相器等，以备回国提倡科学及测绘之用。一面复研究各种宗教及梵文，查有否经书流在欧西。

归国后，保奖不受。曾再三劝之云，无可交待，先祖问先父愿要否，因其时先父亦随在英。先父接受同知衔位，先祖仍命先父以所学服务社会，南京狮子山幕府山砲台工程等事，皆先父所为也。因先父到英后，先祖曾将其送德留学三年，法国一年专学工程测量等学科，是以回国专任工程事，皆遵先祖命也。黎元洪其时随先父为书记，常到我家，同时听先祖之种种教谕，并与先父结为盟兄弟。

先祖回国后则专心以刻经为事，与同志多人拟设立刻经处，嗣因资本不足，一时未得如愿。

光绪十二年，刘芝田又出使英法，派人再三邀请随往，到英后先祖专更考查英国政治及工业各方面，颇悟欧西各国致富致强之根基，无非以实学为本，劝刘上种种条陈与满清政府，但皆未得采用，复见世道人心每况愈下，遂决不复在政治界中周旋。并告先祖母曰，两子均已成名就差，家有薄产，可以温饱，从此我不问世事矣。第二次刘保举亦不受，由第二子接受，盖第二次赴英曾随往，归后就职广东，刘芝田返国后即为广东抚台。

先祖在英时结识日本南条文雄，知其蒐集中国失传大藏，先祖亦有同好，故彼此时有交换，先后得藏外书二三百种，将其重要者选出刊印。惟经费有限，不敷时则将随使薪金全部作刊书之用，又将第一次购回仪器展转出售，得资刻经，嗣又与英人李提摩太合译《大乘起信论》为英文，是为介绍佛教于欧西之一要籍。

上文述及先祖之避免功名，其动机实由于民族之意念，但祖母一生误以为先祖未得如愿娶杭女而不做官，遂入佛学研究之途。年五十四，祖母去世，遗训子孙，不得娶妾，即无子亦然，作者生前所以即令过继与二叔父，即此之故。祖母去世后仍有人劝先祖续娶，即父等亦恐先祖无人服侍，再三劝娶，先祖微笑曰，我并非守汝母之节，汝母一生望我入仕途，以未得如愿为遗憾。总觉我乃赌气之举，不知我另有奢望。今我尊缘已了，从此除奉老母外，即专心研究佛经，孙辈中可选一人侍奉我。其时大姊正当家务（祖母在时已由大姊当家，只十六岁起总管一切上百人之经济与家务，并专心研究文学，后为江西桂伯华先生之得意女弟子），先祖选择二姊随侍左右，家塾中亦定每十天放假半天，夏季凡达九十度则放临时暑假，孙辈皆喜，围绕先祖左右，选诗词授读，并说古事。岁数较小者分食物与食，凡分物，总归我负责，因我自幼以"公道鬼"称也。对孙辈岁数大者，则告以祖父自己幼时之志愿及不求功名之理由。又讲解各立宪国家之宪法等等，论及英国之宪法，女子之婚姻自由，及其他种种自由权利。当时我遂发问曰，何以我不能自由，盖我未出世前，祖母已将我指腹与姑母之子订婚矣。先祖乃答曰，汝到二十一，我可许汝自由，此即我以后退婚之先声也。

先祖半生虽专心研究佛学及推广流通佛典，但对维新与兴学亦念念不忘，同治四年在南京办工程时之同事周玉山，后为两江总督，到任时先祖即劝其速办女学，于是南京第一个旅宁女学成立。并劝禁止女子缠足，故我自幼天足，现与我年相若者，天足者无几人。对于三子，皆令其各以所学就事，教学及办理工程等。虽各有保举功名，皆不令到省得实缺。与当代名流往来，皆以佛学为主。间或谈及时局，但莫不以立学校为第一要务。即对于佛学，亦极力提倡办佛教学校，就家中余屋，创始试办，自编佛教课本，以与佛学。惜个人之力有限，经费不能持久，虽有同志协助，亦不能有大发展，两年后只得停止。盖其时革命之风已渐起，而与先祖往来者已有不少人牺牲于革命矣。

曾祖母九十八岁逝世后，先祖更不愿闻问家事，令三子各立门户，尝云，大家庭各有依赖之弊，分开后各人方可养成独立之性格。人皆留产业与子孙，我则以为每人有职业后即应归自己负责。我所留房屋应作十方公产永为金陵刻经处之所，以鼓励十方人士同发心愿，以助刻经流通之发展。至辛亥初秋，因观大水，染时疫旬余不愈，儿孙除少数外皆回南京侍疾。先祖自知不起，告家人曰，早年曾望家人中有继续我志者，今遍观诸孙中（孙男女及外甥共二十二人），只长孙女及长孙两人聪明好学，可望其将来赴印度学习梵文，以贯通经典，不幸相继夭折，其余恐在经典中无能为力。指我与吾友林贯虹曰，汝朋友两人倘有此愿或继续我一部分，贯虹能在学术上细心研究，而汝（指我）为人有办事才，而对于学问上恐不精，倘两人合力，可有大成。又微叹曰，世界将有大乱，行事艰难，汝辈恐不易为耳。叔叔等皆嗤笑，意谓如何将此等大事与两幼女谈论。先祖闻之怒曰，汝辈勿以女子为无能，若得受同等教育，一样做事或更胜于男子。其时诸弟子中亦有在侧者，先祖顾彼等曰，若有机会，应助此女出洋求学，第彼非研究佛学之人耳，至今思之，果不出先祖所料。

先祖临终时，仅少数弟子在侧。谈及经房管理之事，先祖谓三子各须在外做事，以维家务，谁能有力搬出，即先搬出，至刻经处之房产，则全部让出，作刻经处之用，无力者可暂住，刻经处之事务则由陈樨庵先生管理一切，陈宜甫先生管理对外交涉（当时宜甫先生不在场），欧阳竟无先生专管校对经书，经板永存南京，我遗体永随经板所在。（盖其初桂伯华及欧阳竟无两先生有意将经板移往江西，先祖不允，屡有龃龉；嗣欧阳复另立支那内学院，是皆先父等多年未交出房契之理由也。）

诸弟子正在另室开会，先祖曰，我事毕矣。令二表姊将枕头略为放低。我与贯虹及表姊三人见先祖喉头只一微响，即已寂静，时在辛亥八月十七日。陈樨庵先生乃我兄弟姊妹之家庭教师，博学多能之不第秀才，随先祖三十余年，故知其学问之渊博与办事之老诚，而委以重任。惜数年后亦即故去，宜甫先生时来时往，晚年仍来刻处维持数年。

先祖去世第三日，即武昌起义之日，革命未成，内乱不息，诸弟子商定四十八愿完成大藏，惜诸多障碍，未能发展。至民国二十五年我已随夫赵元任返居南京，一日，与诸兄弟谈曰，父辈均已去世，兄弟等虽尚有居刻经处者，但先祖之遗志须在我辈手上完成，我等须将延龄巷房产地契移交主持刻经处诸人保管，否则下辈更无亲聆先祖遗训者矣。诸兄弟表姊妹等皆以为然，嘱我郑重声明，此经板虽十方捐助产业，但房屋乃先祖已捐与金陵刻经处者，欲以鼓励十方人士完成先祖宏愿，以成大藏之善举，遂于民国二十五年六月二十九日在蓝家庄二十四号我家，特请欧阳竟无、蒯若木、梅光羲、李正罡诸先生来此，将延龄巷房产地契交旧主持刻经处人保管。当时我即特别声明，一切须本先祖遗志办理，房屋地产旧刻经处所有，但不属任何私人，并在市政府登记立业。当时并用留声片录音将在座诸先生之发言及允诺之声浪收下，其中欧阳竟无先生所语特评（并附有佛法演讲一小段），盖彼乃先祖所托三人之一，契纸亦即归彼代存。民国三十五年胜利后又重新另办登记手续一次，遂永为刻经处之公产矣。此我了先祖凤愿千万分中之一也。

按：此文刊登于台湾《菩提树》第五十九期，1960年10月8日出版。

仁山居士随团出使英法的身份是随员，非参赞。

杨步伟在蓝家庄寓所交出地契的时间当为1935年6月29日。

赵杨步伟《祖父》：

说到宗教的事情，我不能不说点我家信佛而祖父提倡佛学的前因后果来。我祖父是个不迷信而研究佛学的人，并且非常提倡新学，绝对不是因为不要我进教会学校进教的缘故而让我退出中西女塾的。在这儿我不得不说点我家对佛教的看法。并且要先谈点我祖父对研究佛学的起源，和我祖父的一小段略传。

我祖父名文会，字仁山，生在安徽石埭县，正是曾祖中进士后数日，或前数日，我不清楚了，又是曾祖母生了五个女儿以后的第一个男孩子。祖父出世的三天就定了祖母，年纪大六岁（中国的娇惯儿子都要给他定年岁大的妻子，因为可以照应丈夫）。祖父三岁时就随着父母到北京，因为曾祖中进士后就职京官，叫什么员外郎中书科中书的官衔。在祖父十一岁时祖母在家乡出天花。她没有她后来孙女的运气那么好，结果破了相，一脸一身的大麻。外曾祖特别派人到北京去说允许退婚。曾祖父母就问祖父如何？祖父回说，不要紧，他们不是说的"一麻三俏，不麻不要"吗？

十五岁就回到家乡结婚。曾祖母一看见新妇那样麻，不觉大哭起来，因为祖父是男子中的美男子，又绝顶聪明。三朝新妇回娘家，外曾祖父母都对祖父说，可以另娶一个妻子将来你可以作两头大（就是两个妻子都算正妻），只要不欺我们的女儿就是了。

以后洪杨之变起来了，全家搬到杭州去住。曾祖就叫祖父到曾国藩处从军，因为曾国藩同曾祖是同年进士，又是很好的朋友。我那时不知道我祖父为什么总不去考科举。

祖父在曾处非常重用。不久在安徽打仗时忽起了革命思想起来，劝曾不要出力打，或可反正，何必给异族为奴？曾未回答。过后第二晚就派祖父离开军队到杭州，着曾祖和祖父代管粮台事，意思就是恐怕祖父起革命活动。

祖父到杭不久认识一邻家女儿叫巧姐的，知书识字，又美又温柔。女无父母，只跟哥哥嫂嫂同住。因此乱世的时候，大家也不避嫌疑，每日见面。两面相爱很深，又闻此女诗词都好，祖父提出外曾祖的诺言，曾祖父和祖母都答应了。可是曾祖母说，等祖母生了小孩后，若是女的就让祖父再娶一个并妻，若是生男的祖父就不应该再娶双妻了。这也不是那时候中国人的定例，不过其时祖母正有孕，等到祖母分娩是男孩，就是我的生父（大伯）。所以祖父再娶并妻的事就被打消了。要是做妾的话，那面又不肯。这些都是祖父以后亲口告诉我们的。他说他允许过祖母倘若有诰封两面同等，有富贵同享，绝不相负，但是祖母有婆婆的庇护，又有儿子了，所以绝不肯让步，因此祖父无聊极了，就一天到晚在西湖边走来走去的游玩。

有一天，偶然看见书摊子上有一本《大乘起信论》（以后有人说祖父是在安徽看见《起信论》的，我想不对），他就大看而特看起来了，自己就想研究佛学以了终身，绝不做官。不过因为不久曾祖去世，为维持家人生活计，不能不做事。曾国藩打下南京，又叫祖父到南京（家到南京从这时候起），可是祖父不愿做官。以后他就叫祖父管工程，就造南京制台衙门。其时同周馥（玉山）同事，周在祖父手下管会计（那时叫账房）。以后他做两江总督时祖父劝他办南边第一个女子学校的，也就是我进的第一个学堂，叫旅宁学堂，我又是那个学堂总在前三名内的学生，前文已详细提过。那么由一八六九年起祖父就起头用自己的钱刻佛经了。

以后闻曾死时交代其子纪泽云，杨仁山是个大有作用的人，一定要好好关照他，不过你须随他所愿意做的事叫他做，不可勉强他。所以在一八七八年曾放英法钦差大臣时（其时英法是一个钦差），就问祖父愿不愿到外国？祖父非常愿意，就派了祖父做参赞。祖父并带了大伯同时到英，算使馆随员，以后派大伯到法、德研究科学，学习测量等事。祖父自己除办公外，就研究各种科学仪器，买了一大些天文仪、天文镜、地球仪、地上望远镜、照相镜（上海出名宝记照相馆的第一套镜子就是我家转卖给他们的，上文曾略提过）、钟表等等。他就尽所有的薪水都买了仪器，打算回国办学校等等之用，一个钱不寄家用。（祖母在国内儿女嫁娶和维持生活皆靠田产。）别人看我祖父把钱这样用法都觉得有点古怪。

可是在使馆里头倒是做出了一件有点古怪的事情。初到英时，他们看见每一个睡房内都有一个很好看的大花盖瓷锅在床面前柜子里，觉得很希奇。到过年时大家就合起来做中国一品锅吃（使馆虽有厨子是归钦差用的）。每人从柜子里拿出一个大"锅"来，一共做了五鼎大菜，摆在桌上，同时也请英国女书记他们来吃饭。不料四个女书记来到饭厅一看笑不可仰，都不肯坐下来吃。大家莫名其妙，再三请，她们更大笑不止。等到知道原委了，祖父就说一定要照个像留下以为纪念。可惜此照不在手边，还在南京老家里，这些年恐怕在兵灾政变中都毁了。现在没有照相只得请读者想像当时的样子了。

这段故事最可笑的地方我还没说呢。最使我要笑的是，这件不可告人的事终久慢慢的传了出去传走了样子了，有的说自己当场的。要是资格不够老的就说某某亲戚或是朋友在场的。他们又把故事搬到巴黎，搬到华盛顿，把笑话又加在李鸿章，加在伍廷芳身上，对我说的原原本本有根有据的，没知道和我家里有关系的。他们都讲给外国人听呢，因为现在中国人没有恐洋病了，说说自己闹的笑话也不在乎了。

祖父在英国一共五年回国。下任钦差刘芝田出使，闻我祖父办事好，又指派祖父为参赞。这次祖父是带我父亲出去的，一八八九年巴黎铁塔成功开展览会，也是我祖父代表中国出席的。我这个讨厌精也是那年出世的，上文已经说过。

这次祖父在英国又买了不少的新式仪器，又认识了李嘉白、南条文雄等人，都是研究佛学的。回国以后大伯已保举同知官衔办事。父亲回国后就随刘到广东，刘做广东府台，父亲做总账房，接家眷同去了，保举了知府衔。

那时家内大姑母已嫁，只有五叔和二姑母未成人。曾祖母还在，已八十多岁了（曾祖母九十八岁才去世的）。祖父说现在两个大儿子已独立了。家内有田产够过活，叫五叔他们将来不必考科举，学科学不怕没有饭吃。祖父说，我现在起头一心研究佛学了。从此祖父不管家人的生活了。

但是祖母则抱恨终天，因祖父未出来做官，所以祖父在外国时他就逼三、四两叔叔（三、四、五，三个叔叔出世时因祖母已年高［那时所谓"年高"也不过四十多岁］，同时姨姨又生了大姊、二姊、三姊，就给三个姊姊都用奶妈带而自己就喂五叔的奶。那在中国旧习惯算是大孝的事，所以祖母过去了以后五叔对姨姨最好，对我［过继］母亲也好），日夜读书，夏天太热又有蚊子，就挂起纱帐子在院子里读书。三叔十二岁，四叔十一岁，兄弟同科进学，可是只半年两人都得白喉病死了。

大姑母么是嫁在扬州监运使的程家做孙媳妇，上文已提

（我也是定给她家）。姑父是长子过继给大房无子的寡妇伯母。十七岁娶姑母时还要两个用人背着走，学问好又聪明，可是不去考科举，为了怕考场太苦的缘故。祖母因自身未受到大富大贵，总希望儿子和女婿都做大官就和祖父争这口气，岂知两处都不如愿，就气的吃常素念佛不管家事，一切都交姨姨管理，大姊管帐目，可是又做了一样事被我这个不孝的孙女来打碎了。（以上也略提过了。）

还有一样事做到我身上的，我可没有打破，因为这样事于我大有利，我的一生幸福都是从这个上面得来的，就是祖母遗恨告诉子女不论何人不准娶妾，就是无子女的也不准（中国古风云，四十无子应当娶妾，不孝有三无后为大，但是生女不算数）。所以我（过继）父亲结婚多年无小孩，祖母就命令大伯，若是生子过继给弟弟为子，生女给大姑母为媳。但是生下来是女，大姑母也要，二房也要。祖母就给定了，并取名传弟，意思可以给带个弟弟来。（弟弟以后是带来了，可不是亲生的。）姨姨生我过后，没有想到我是末胎，所以一生懊悔过房，因此特别爱我。我过继了又成了独女，所以母亲也爱的不得了，一直男装当儿子待（所以上文有"小三少爷"一章），祖母也因二房只一个小孩也惯，所以给我弄的无法无天。以上所说的定婚和过继事，上文虽已提过，但是在这里若不追说一下会和以后家庭中的各种有关系的事怕接不起头来，所以不妨在本章重提一下。

祖父到晚年都专心研究佛学，组织刻经处著《佛教三字经》，提倡教育学佛的人，发愿刻大藏经，向各处捐款，并给自己的财产捐给刻经处，以提倡此举。

中国人分家都是分财产给子孙，我祖父分家时给亲戚朋友子孙聚齐，把祖母死后三十年归我母亲妯娌三个人管家的经过，收入和欠账一笔一笔分好。因祖母死后总账还是祖父管。我父亲弟兄三个人收入不管多少，除自己本人在外的开支用去多少以外，其余的全数寄回交祖父。祖父则每十天交多少钱给我母亲他们妯娌三个人管，每人十天管伙食和家庭中的杂事。大点的应酬等等由姨姨领头三个人商量办理，账目则由大姊一个人记写。各房月赏下人工钱，私人应酬等等另出账。添制衣服则定三节加添，就是五月、八月和过年前些时候，连亲戚在内，每人添一件或两件，或绸或布，平均大家一样，遇着有特别事的时候才另添制。我父亲们从各省回家时带的各地出产也是归公平分的，从无异议。只我母亲有时觉得我们二房吃亏一点，父亲赚钱最多，而我们这一房只得一个女儿得的最少。但是祖父有时提议对我加倍，所以以后我的上海中西学费祖父还另外添加。我自己倒是总觉得吃穿太多了，就偷偷的塞给别人去。常常同样的衣两件。（我现在还有这个习惯，若是看见我喜欢的好看材料我就做两件同样的放着，朋友和女儿们问我是什么意思，我也答不出，只喜欢而已。）

我大姊十六岁就管帐了，并且分配东西极相宜，没人不佩服。家庭中亲丁是只有三房。到分家止，是一共二十一个人，加大姑差不多常年在家是六个，曾祖母的侄子和孙子夫妇三个，祖母的弟兄夫妇和一个小孩一个童养媳四个，姨姨的两个侄女，一共三十六个上面人；两个教书先生，一个管帐的，九个刻经的，一个守门的，两个打更的，五个大厨子，七个打杂的，十四个奶妈和老妈子，这样一共七十六个人在一家房子，一百三十二间，有塘有荷花又有鱼，我们常去钓了吃，我不是吃的，祖父定的只准钓不准网。房后有菜园和两间养马房。

我们家的地一共有十七亩半，在南京的城中心，若是没炸了的话将来各位到南京还可以去看看呢。现在算是金陵刻经处了。从前人一到南京下关就知道杨公馆。这样大的一个家靠我父亲兄弟三个人不容易支持三十年的。所以经济没有多余，只有欠帐。欠也不是欠外人的，就是欠祖父的。祖父就用当时三个儿子收入的多少和人口多少来定负担。收入少人口多的少分欠债，人口少收入多的多分欠债，叫大家以后谁经济充裕了就给欠的都还给祖父归刻经用。房产全给经房作经房的根据地，并且登记了子孙不能变卖，可是有监察权，别人也不能变卖。家乡的田产收租归孤儿孀妇分用，子孙也不必再取用了。以后子孙要人人学独立。谁有能力自己另造房子就搬出去住。只第二姑母和我大二两姊妹未嫁，各人分地一块另盖几间房子住，钱和田分点每人够过活就是了。说到第二姑母和两个姊姊为何不嫁，说来话长。祖父思想非常新，从英、法归国后虽一面研究佛学，一面赞助革命，并劝办学校等事，所以佛学朋友有日本南条文雄，研究不同宗教的李提摩太、李嘉白、福开森等等。研究学问的有陈三立、郑孝胥等等。学生中又研究佛学和革命的有谭嗣同、孙少侯、蒯若木、梅光羲兄弟、陈樨庵、陈宜甫、欧阳竟无、桂伯华等等，都是一代的有名才子及留学的学生们。还有很多人都以祖父为老师看待和记名弟子全住在我家经房，看经和研究佛学。因其时祖父除刻经外，立一研究部，一教养人才部，不但对政治赞成改革，而对于佛学也想革新。所以很多学者名流长川不息的住在刻经处研究谈论，有时听祖父讲经等等。在那时男女社交还不公开，可是祖父常叫两姊和二表姊出来会人。（我是不用说一天到晚见他们，不但见，还要出去和他们闹，各种害人的方法都行，以前已说过一点。）桂伯华给母妹和弟妇都接到南京住在我家。（家中总有二三十间闲屋，住客有连家眷的。独身的另住一院，有家的另住后院。）其时桂因母妹靠我们本家内眷近，所以跟我两姊他们见面时很多，常在一处大谈学问，日夜不倦。桂伯华魏碑字写的出名的很，可是我大姊也写的真好。（南京好些店内招牌到现在还都是大姊写的。）所以与桂伯华等在一道非常好。若照现在看起来自然是彼此很爱的了，可是在他们那时的情形却不能出口，就是祖父赞成，他们自己的面子也下不来的。因桂伯华早已声明不娶亲，并且他有一个妹妹已嫁（给李正罡以后也学佛，可是另娶了一个姨太太为生子），因受他影响虽结婚而未成婚，给她带到南京学佛，因此住在我家。他自己那能再谈爱情的事呢，那不是要惹起舆论来吗？我两个姊姊和一个姑母，一个表姊也因看婚姻制度不良，不肯出嫁。祖父虽新，力量只能到她们不愿嫁就给她们的自由不嫁为止，可是无力改良到婚姻自由的程度。因为社会的情形全国都不自由，在那君主时代若提倡改良这个改良那个就说你运动革命，要杀头的。所以她们四个人都不剃头，在家内打扮都和平常人一样，就是吃常素而已。过了多年第二的姑母因和我祖母吵嘴在一个晚上气的忽然给头发剪了，所以只她一个人出了家，其余三个人都是所谓带发修行。

　　二表姊是闹到了我舅母要拿剪子戳死她，她就拼命，五六天不吃。还是我生母去给她接到我家来过才好了。原因是大表姊的独子死了，姊夫又是独子，还有一个寡媳妇在家只结婚一年恐娶妾欺她，所以姊夫提议娶二表姊算两头大，免得娶了别人一家不和气。二表姊不肯。舅母大闹，她就给她姊夫娶了一个妾，她姊姊的两个女儿归她教育。以后她姊姊全家相继死了，姊姊临死时送了她些田地等等，她以后就服侍了我祖父十几年，到祖父死为止。我祖父也给了她些钱。她和我非常好，可是大我十五岁。在舅母要她嫁时我就拿她开玩笑说，不要闹，我有一个好法子解决。她认真的问我什么法子？我说，你就算嫁了给我好了，她追着我要打我。多年后她最喜欢我第三个女儿莱思，在一九三六年的冬天她给她的田都给了莱思了（当然现在谈不到了）。可惜二次世界战争最后的胜利看不见了，因为我去年（这当然是一九四七年出英文版时候说的话）收到我侄女来信说她在南京死了。这就是我上文常提的"郎二姐"。

我两个姊姊不嫁的原因，也和婚姻问题有点关系。她们以后就在家里，除帮母亲管管家以外，终日读书看经，随祖父做做事，校对刻印的佛经书。她们就是因为研究学问的问题和桂伯华虽然彼此相爱，可是因社会的问题终未成功，大家彼此敬慕而已，不久就分散了。桂到日本去留学，我两个姊姊不幸在九个月零四天内都肺病死了。肺病是从大哥过的，上文已说过了。大姊是我家中一个很要紧的人，管家等等，又是父母、祖父最爱的，也是最爱我的一个人。她大我十八岁。因为我过继后姨姨常常舍不得，又避嫌疑不敢和我太亲近，总是大姊背后关照我。虽然有用人带，可是早上梳头篦头一定要大姊来做。姨姨就到大姊房内望着我笑说几句话。我篦头是要数的，少了不成。因为我的头发多，又不能常洗，痒起来只好篦，那是最好受的事了。二姊就妒忌骂。所以二姊死我就哭了一场，大姊死棺材停在家内一百天我就哭了一百十次还不止。那是我生平第一次最伤心的事情。我觉得天地间什么都没有了似的，给我一个大改变。那时我是十六岁，她是三十四岁死的。姨姨说她一身的希望从此没有了，祖父也常说他的思想都遗传到了女性方面去了。

祖父晚年除研究佛学外喜欢游玩，因年老不能出远门。（其实只六七十岁，在外国习惯正是所谓"黄金年"，起头玩的时候，可是在中国子孙满堂，交通又不便，早不能出外了。）不过有马戏来，或特别到南京左近游玩总带全家出去，有大展览会时也参加在里头立一个经房分销处，隔一两天就带大家去各处玩。我一直到现在到了好玩的地方还想到若是祖父同来多好啊。

上文说过祖父有好多学生都是有革命思想的，可是那并不是说拿延龄巷金陵刻经处就当革命运动地下工作的地方。事实上到祖父那儿学佛的，各种政派的人都有，连前清的忠臣都有，例如后来给亨利溥仪当所谓满洲国总理的郑孝胥也在内。其实祖父的学问和革命思想的关系比表面上政治活动还更深一步。那些青年看到这位先进能把佛法的普遍性和西洋的自由思想汇通在一个人身上，这个对于他们是有很深的感动的。所以他们当中就是很顽固的也不敢有什么于老师不方便的举动，而主张革新的都得了精神上的鼓励。要是当时的当局以为那么无关紧要的佛学老学究们在那里绝不会窝藏些革命党在里头，那是他们自己没有眼光，并不是祖父有意骗他们。

按：此文为杨步伟《一个女人的自传》中第十六章。

光绪年间仁山居士两次随清政府外交使团出使欧洲，身份皆为随员。

延龄巷金陵刻经处的面积实为六亩二分。

赵杨步伟《辛亥十月八号和十月十号》：

现在说回头我的事情来。我以前不是提过在中西闹不肯进教的问题吗？我家并不是迷信佛教，更不是反对宗教。那时中西校长 Miss Richardson 大病，代理的 Miss Claiborne 迂的不得了，我也不愿呆下去了，我就决定一个人坐火车回南京了，对谁没有说再见就走了。那时的"沪宁铁路"通了一年了，可是我晕车晕的不得了，一路吐到头。同学中发现我走了都莫名其妙，有的人猜我回家出嫁去了，以后还有一个陈小姐送我一打小手巾作婚礼呢。

其时我父亲因德国工程师走了，和一个日本工程师不对，就调到汉阳总厂里了。家住伯牙台湖边，管的是工程。二月我就到湖北和父亲母亲住。打算再想法子念书。那时政府派学生出洋风气很盛，只要有中学程度和有一点人情都可以派出去。我回家时祖父曾经说过他可以设法让我出洋，贯虹其时也正写信来要我到日本去一同学医。她那时已加入同盟会了，也给我名字加入我还不知道。她寄相片来称我"同志"我才知道，可是事前她来信问过我，我说过我愿意加入的。

家里谈起我继续求学的计划，祖父就想要我到英国留学。父亲觉得我脾气这样刚强最好学医，将来不求人。父亲常说，以前以为做教师好，现在他看起来，我还是学医学。他说学了医只人求我，我不求人，所以常鼓励我说不为良相宁为良医。我自己也觉得学医是个专门学识，所以很安心的在家里等几个月再说。

七月间南京大水灾，祖父又带了在南京的全家出去看水，受了暑气，回家就病了，日凶一日。到八月四日姨姨打电报叫大伯父亲五叔他们全回南京。医云恐祖父病不能再好了。（我现在想起大约是肠癌，因为祖父常闹肠疾。）我们就连夜坐长江轮船回南京，一切东西未带。五个人只带了一个小提包和一只箱子。五叔因工程走不开，四弟妇将生产，他要预备一下，一两天后才能走，就叫四妹同我们一道先动身。

我们到了南京看祖父人是很清楚，说笑照常，可是一点不能吃。他的学生们蒯若木、欧阳竟无他们大家都给请了南京上海最好的中西医来看。胃肝有病，大约是癌，而心脏亦弱，随时有不支的可能。

第三天五叔和五弟也到了，只大伯在萍乡，一时不能到。祖父就给身后的事一切交代好了。经房交给三个人管理，陈樨庵（就是大、二、三哥和我的先生）管会计及发展流通，陈宜甫管外交往来人事接头，欧阳管校对经典，产业照分家时所定不改。那时还有蒯若木、梅撷云等人在南京。大家提议在别处买一块地盖好房子给杨氏子孙，现有的全归刻经处。祖父的墓不运到家乡去，就葬本院内，以便日后弟子往来拜墓。祖父问父亲他们之意如何？父亲说一则大伯未回，二则祖父既捐产给刻经处，子孙绝对不要任何地或任何另外房子，若是那样岂不是别人指房子调换了吗？并且杨氏宗祠是随祖父的，以后大家全搬出去另住，只留少数单身人守祠守墓。祖父说也好，可是国家将有大乱，我的丧事一切从简从快为要，不要照礼守丧，紧要时大家都走，我在这儿不要紧的。我总跟着经房和经板，经板在哪儿我墓在哪儿，可是经板不准动的。让学生和父亲五叔签字遵守（后来在一九三六年我们又请了梅光羲和欧阳竟无在南京蓝家庄给那些条件用留声机录了音）。又对蒯他们说，我孙辈中有几个人你们力所能及的特别关照一下。第一是三孙女，她虽是女子，志气胜过男子。她要出洋留学学医，将来可以济世，希望你们帮她。第二是五孙子，我希望他学梵文，将来研究佛经。蒯一口答应他包办。（出洋事他没有来的及帮忙，可是我以后医院他出了些钱。五弟处他也出钱让他到日本的，但是五弟自己未去，蒯若木总算不负所托。）

八月十二日我到花牌楼去买点东西，看见一个洋车和我擦身过去，听见一个很熟的声音叫一声韵卿！我回头一看吓我一大跳，原来是林贯虹！我说贯虹，你怎么回来了？我还当着你在日本呢。你怎么不早告诉我你要回来？你怎么样？九哥、八哥、十四、十六哥怎么样？他们也回来了没有？我也不等贯虹回答，就左一句右一句的接接连连的问。她低声的说，这里不能多谈，我到家再告诉你，你能不能到我家来一下？我回说不能，因为我祖父病重，我一下不能离。她说那我一下到你家来看祖父。（她从前到我家来时，祖父总出来招待他们的，所以我的男女朋友没有一个人不喜欢我祖父的。）

我回家告诉祖父贯虹回国了，祖父也诧异说，她好好的为什么回国？我想也许发动了什么事了。下午贯虹来了，拉着祖父的手亲热的不得了，告诉我们她的哥哥们全回来了。等到人少时，她才偷偷的告诉我和祖父，她的哥哥们全为革命的事回国的，不久大约就要动手了。（以前起事过几次都失败了。）她又告诉祖父，她在日本已入医学校一年了。祖父说好，韵卿也打算学医，将来你们同在一道做事，就给贯虹的手和我的手抓在一道，又说，两人同心的好好办事。贯虹又告诉祖父她有时也和她九哥十四哥三个人看看佛经的书，研究研究佛学。（她九哥学问很好。）祖父问她要不要《起信论》和祖父自编的些书，她说要，祖父就叫五叔去经房拿了很多种给贯虹。

十四日二哥也从日本回家了，大家都知道是怎么一回事。可是外面总说因祖父病重，所以各处子孙都全回了。十六日祖父好些，学生又集在家里谈将来的事。他们说还有各处学生因闻祖父病重，纷纷来的很多，将来的事，须大家开一个会细细商量商量，所以就定在十七日上午（到谁家去开会我记不清了）。有些住在经房的也去了。他们刚商量好了大纲，说回来报告祖父。

祖父上午还好好的。十一点时看我坐在床面前，就说，我病了这样久，都给你们累了。传弟！你到对面房里我的纱柜里睡睡去吧。（祖父多年有一间房子里面再套一间，四面都安上铁纱门到地，一到夏天就在里面看书睡觉，又凉，又没有蚊子，因为那时的中国式的房子还没有纱窗呢。）我才睡下还没有睡着，二表姊在对面房叫起来了，说快来看，祖父忽然头往上抬了两下，就没气了。大家围着一看可不是气已没有了，看脉也停了。正在闹哄哄的，而父亲和他们开会的人回来了，蒯若木第一走进来手内还拿着草稿拟给祖父看的，刚要说话，一看见样子，手垂下来了，头也低下来了。

第二天的半夜入殓。祖父虽病了一个多月，可是面目还和生时一样。大伯是长子未回来，本应等长子回来看过以后才能大殓，可是大家都像有大事来了样的，异口同声的说，钉上快快加漆好了。十九日早上刚给材口漆上，大家成服，而大伯忽然到了。大伯简直对着灵柩拼命样的哭，说没有留给他见一面。大伯虽然平日脾气不好，可是对父母最孝，大家只得说遗命如此而已。我们孙子辈对祖父之死比他们儿女还伤心，因为祖父实在爱我们。贯虹也来了和我一样穿孝。

家里正闹的乱哄哄的，外面消息又来了。张勋住在我们对面巷内。看门老蔡进来说，张公馆门口兵满了，才有一个卫兵来告诉我说，他们才得到消息武昌革命党起始革命了，南京现在全城的内外城门都关了，现在下命令捉拿革命党，凡是没有辫子的除了是和尚的都捉了去杀怎么办呢？

大家听了这消息你看着我，我看着你，看看二哥，二哥没有辫子，他是刚从日本回来的。二哥看看三哥、六弟和欧阳九原（欧阳竟无的儿子）——他们三个人不几天前把辫子剪掉的。所以我们指望了多少时候的革命，到事情来了马上就发生紧急的问题到我们头上来了。这就是宣统三年辛亥八月十九日，就是一九一一年十月十号的事情。

按：此文为杨步伟《一个女人的自传》中第十七章。

请梅光羲和欧阳竟无等到南京蓝家庄杨步伟家中，并用留声机录音事，在1935年6月29日。

10月11日，孤鸿（范鸿仙）在《民立报》撰《噫，二杨逝矣》："杨笃生投海无几时，而杨仁山复逝世，吾国有数之人物，又弱一个矣，不独增老成凋谢之悲也。笃生以道德家而兼文学家，仁山则道德家而兼宗教家也。之二人者，诣不同，然其言论行为，足以造福于同胞者，则无不同。笃生之议论，以自由真理为根据；仁山所提倡，以皈依净土为归宿。若自分殊上言之，哲学与宗教，较然不同。就本原上言之，则悲天悯人，度己度人，其揆一耳。嗟呼！碧海无情，一人仙去，莲花净土，从此栖身。在两先生固得其所。哀此同胞，哀此众生，又将何所托命也？"

按：范鸿仙（1882—1914），名光启，安徽合肥北乡人。1906年加入中国同盟会，致力于民主革命，与于右任等筹办《民呼日报》《民吁日报》《民立报》，是著名的报刊评论家、资产阶级民主革命家。

1912年

春，欧阳竟无与李证刚等人成立中华佛教会，"撰缘起及说明书，并警告佛子文，勗僧徒自救，沉痛动人。以主张政教分离不果，解散"。

1913年

10月，上海《佛学丛报》第八期刊登《金陵刻经处募刻大藏启》（附《大藏辑要》）：

自嘉兴楞严寺书本藏经毁于兵火，研究释乘者，故乏善本。池州杨仁山老居士，乃发宏誓愿，会集我国历朝及日本高丽所刻全藏，参互考订，详加抉择，益以历年由海内外访求所得古德佚书，手定目录，名曰《大藏辑要》，都凡3320卷，又436纸。创设金陵刻经处于金陵城内，会同扬州、常州、长沙等处，精校刻印，垂四十余年。已刻各经，刷印单行，久已风行宇内。辛亥武昌起义之前一日（当为前二日——编者），仁老召集佛学研究会，遗言以金陵房舍器具及所藏古本经典悉归入刻经处，公之十方，并以刻经事委之陈樨庵、陈宜甫、欧阳竟无三君。即言："我事已毕。"泊然坐逝。三君自受仁老委托，继续校刻，悉遵旧章。陈君樨庵牺牲一切，常驻金陵，专司校印，两年以来，又刻成十余种。而按之仁老手定经目，未付剞劂者，尚有 1300 余卷，计需刻资 24000 余金，集腋为难，竣工无日。爰集同志，综计刻资分为四十八大愿，每愿五百元，年交百元，分五年交足，其愿一次交足者尤善。刻经处以逐年收入之款，陆续刻印，期以五年，全书告成。除由同人先各认一愿或两愿外，所愿十方善信，不舍悲愿，饶益众生，或一人独认数愿，或数人合认一愿，或担任劝募，集十百人而成一愿，仗此愿力之所摄持，始终如一，毋令中阻，庶四十八愿，愿愿圆成。藉竟仁老未竟之志，完兹一篑之功，俾末世众生，得沾如来无上法味，其为功德，宁可比量？谨拟办法如左方。

一、十方善信认一愿，或若干愿，除径交金陵城内延龄巷刻经处外，上海可交英大马路宝记照相馆欧阳石芝、望平街有正书局狄楚青；杭州可交羊市街紫荆桥之江报社徐蔚如、徐轶如。由经手人先给收条，约期换给金陵刻经处收条。

一、金陵刻经处将此次集资刻经收支数目及所刻卷数，每年开列清单，交捐资人查阅。每种刻成，先印样本四十八部，随时寄请捐资人校阅。

一、所集刻资将来倘有盈余，或认款踊跃，致溢出四十八愿以外，均应妥为保存，留充刷印全藏经费，并登报布告，以昭大信。

大藏辑要共 460 部，计 3320 卷，又 436 纸。

华严 32 部、249 卷、54 纸，已刻 24 部、36 卷、44 纸；

方等 66 部、405 卷、121 纸，已刻 46 部、362 卷、77 纸；

净土 57 部、128 卷、56 纸，已刻 35 部、100 卷、30 纸；

法相 25 部、441 卷，已刻 11 部、135 卷；

般若 23 部、179 卷、42 纸，已刻 18 部、165 卷、37 纸；

法华 16 部、180 卷，已刻 10 部、85 卷；

涅槃 13 部、110 卷、13 纸，已刻 9 部、51 卷、4 纸；

小乘经 16 部、150 卷、28 纸，已刻 5 部、66 卷、9 纸；

密部 56 部、229 卷、58 纸，已刻 17 部、89 卷；

大乘律 15 部、58 卷、1 纸，已刻 5 部、23 卷；

小乘律 7 部、7 卷、4 纸，已刻 2 部、3 卷；

大乘论 23 部、141 卷、7 纸，已刻 10 部、51 卷；

小乘论 4 部、71 卷，已刻 1 部、30 卷；

西土撰集 16 部、70 卷、35 纸，已刻 4 部、38 卷；

禅宗 30 部、257 卷，已刻 23 部、228 卷；

台宗 14 部、65 卷、17 纸，已刻 8 部、36 卷；

传记 11 部、185 卷，已刻 10 部、183 卷；

纂集 9 部、278 卷，已刻 6 部、193 卷；

宏护 13 部、90 卷，已刻 5 部、58 卷；

旁通 10 部、11 卷，已刻 5 部、10 卷；

导俗 4 部、16 卷，均已刻。

通计已刻 258 部、1958 卷、201 纸，未刻（有卷数者）189 部、1362 卷、235 纸，未刻（无卷数者）13 部。

同月，刊刻《释净土群疑论》（6 卷，唐怀感撰）。

1914年

2月，刊刻《佛说护诸童子陀罗尼经》（1 卷，唐佛陀波利译）。

同月，刊刻《菩提心论教相记》（2 卷，日本亮汰撰）。

同月，刊刻《念佛镜》（2 卷，唐道镜、善道共集）。

春夏间，欧阳竟无来南京，住金陵刻经处，主持本处编校经典。同时讲学于本处南侧龚家桥（今淮海路）程氏空屋。听讲者有盐城姚妙明、丹阳吕秋逸、顺德黄树因、泰州徐克明及昆明苏心田等。

8月，刊刻《法华合论》（20卷，宋惠洪撰）。

9月，刊刻《百喻经》（2卷，南齐求那毗地译）。

12月，刊刻《真心直说》（1卷，元知讷撰）。

同月，刊刻《地藏十轮经》（10卷，唐玄奘译）。

同月，刊刻《中观论疏》（26卷，唐吉藏撰）。

年底，黄子田、刘抱一在金陵刻经处西侧双塘巷租得小屋。

本年，刊刻《观楞伽经记补遗》（1卷，明德清撰）。

1915年

3月，刊刻《紫柏心经说》（1卷，明真可撰）。

6月，刊刻《周易禅解》（10卷，明智旭撰）。

同月，刊刻《中论科判》（1卷）。

11月，刊刻《阿弥陀经通赞》（3卷，唐窥基撰）。

同月，刊刻《大乘成业论》（1卷，唐玄奘译）。

同月，刊刻《十二门论疏》（4卷，唐吉藏译）。

同月，刊刻《大乘法苑义林章并记》（20卷，唐窥基撰，智周记）。

同月，刊刻《略述法相义》（3卷，日本闻证辑）。

同月，刊刻《大乘五蕴论》（1卷，唐玄奘译）。

同月，刊刻《大乘广五蕴论》（1卷，唐地婆诃罗译）。

同月，刊刻《佛说阿弥陀经疏》（3卷，唐窥基撰）。

12月，欧阳竟无因来学者渐多，乃于本处西侧双塘巷租赁房屋设金陵刻经处研究部。第一批入研究部的学员有吕澂、邱晞明、姚柏年、徐钟峻四人。

1916年

2月，刊刻《胜鬘经述记》（4卷，唐义令撰）。

3月7日，桂伯华在日本去世，终年48岁。陈铭枢为之料理丧事。时伯华妹圆成也在日本，念全家四人同住东京，今日仅余己一人，心中无限凄凉，于是扶母兄两灵榇归国。先至沪，后葬母兄于九江，且为桂氏立后，念佛以终老。伯华死前，有自挽联云：

无限惭惶！试回思曩日壮心，只余一恸；

有何建白？惟收拾此番残局，准备重来。

4.5月间，欧阳竟无致函梅光羲：

撷芸先生大鉴：公想久到鲁任，官事虽多，以才优神悍，必有馀暇精研法相妙籍。读《摄论问答》，以部友回家过年，无人抄录，请迟数日，始能报命。惠纸业已收入，即照此誊寄。

渐以忧患劳苦之馀，一切屏弃，并力治经。初二将晚，静坐检神，忽见伯华身金色，长丈馀，被红斗篷，直立我前，良久始散。心为之动，以并力治经，故置之，今一礼拜矣。忽得楚青信，内附圆成函，云云，诚不可度！明日赴沪，先述告公。

即请道安。弟渐顶礼。

附抄圆成与某女士函：

家兄自入冬，疾复大发，医生几认为不可治。成惶惧不知何措，欲电知舍间，使来一人面送。近日江西信电不通，故只得奉恩尊处转递。家兄之疾此三四日略有起色，但真疾犹未退，不能放心。再托转函电之事，及奉寄此信，家兄皆不知，若惠函，幸勿送及之。

按：信中言"公想久到鲁任"。梅光羲于1915年12月任山东高等检查长。此信应为梅氏到任后欧阳竟无在金陵刻经处寄给他的第一封信。欧阳竟无在去上海前一晚，写信告诉梅光羲，在一星期前的一个夜晚，自己于"静坐检神"间，"忽见伯华身金色，长丈余，被红斗篷，直立我前，良久始散"。接着，就收到狄楚青的信，信里还附有桂伯华妹妹圆成的信，得知入冬以来，桂伯华"疾复大发，医生几认为不可治"。伯华自1913年起，病情日益觉重。欧阳竟无写此信时，已得知桂伯华的死讯。

5月12日，伯华生前好友狄楚青、欧阳柱（石芝）、诸贞壮、欧阳竟无、李世由等人假上海静安寺为桂柏华召开了追悼会。欧阳竟无挽联云：

奇峰云拥，苦海澜翻，三千界浩浩无边，公自独来独往；
深柳风微，柴桑月落，十二部沉沉未展，我唯如醉如醒。

李世由挽联云：

密旨契扶桑，为传灌顶成孤往；
灵踪继深柳，得见弥陀望速来。

沈曾植也送来了挽联：

无佛无涅槃，性海沤空，今日了然常住理；
一华一世界，金刚因在，他方或现大神通。

桂伯华的著作传世的有《梵网戒本科注》（二卷，1919年嘉兴佛学研究会刻印本）《桂伯华诗》（一卷，1920年丁福保上海医学书局排印本）。

7月，刊刻《录存不入章抉择记》（1卷，唐窥基撰，智周记）。

9月，刊刻《世亲摄论释》（10卷，唐玄奘译）。

同月，刊刻《成唯识论料简》（4卷，唐窥基撰）。

12月，刊刻《成实论》（20卷，姚秦鸠摩罗什译）。

同月，刊刻《大悲心咒行法》（1卷，宋知礼撰）。

同月，刊刻《观弥勒上生经疏》（4卷，唐窥基撰）。

同月，刊刻《密咒圆因往生集》（1卷，宋智广、慧真同撰）。

同月，刊刻《无性摄论释》（10卷，唐玄奘译）。

同月，刊刻《佛地经论》（7卷，唐玄奘译）。

同月，刊刻《佛说净业障经》（1卷，失译）。

同月，刊刻《佛藏经》（4卷，姚秦鸠摩罗什译）。

同月，刊刻《般若心经幽赞》（2卷，唐窥基撰）。

同月，刊刻《百法明门论解》（1卷，唐窥基撰）。

同月，刊刻《百法明门论疏》（2卷，唐普光撰）。

同月，刊刻《月上女经》（2卷，隋阇那崛多译）。

本年，因刻经处缺乏资金，欧阳竟无只身远走甘肃，就同门友蒯若木商要刻资。等到他返回南京，其爱女兰已病卒于刻经处。见此，他哀伤悲愤，治瑜伽学愈勤。

1917年

4月，刊刻《瑜伽师地论释》（1卷，唐玄奘译）。

5月，刊刻《楞伽经宗通》（30卷，明曾凤仪撰）。

同月，刊刻《解深密经注》（10卷，欧阳渐辑）。

同月，刊刻《大乘入楞伽经陀罗尼品偈颂品》（1卷，唐实叉难陀译）。

同月，刊刻《释外道小乘涅槃论》（1卷，元魏菩提流支译）。

同月，刊刻《楞伽破外道小乘四宗论》（1卷，元魏菩提流支译）。

7月，刊刻《金刚经义疏》（6卷，隋吉藏撰）。

8月，刊刻《辩中边论》（3卷，唐玄奘译）。

9月，刊刻《成唯识宝生论》（5卷，唐义净译）。

同月，刊刻《决定藏论》（3卷，梁真谛译）。

同月，刊刻《瑜伽师地论》（100卷，唐玄奘译）。

按：杨仁山居士临终前，仍心系刻经事业，笔告同人，要续刻《瑜伽师地论》（100卷，唐玄奘译）。杨仁山居士生前，已刻成50卷。遵杨仁山居士遗嘱，至民国六年（1917），欧阳竟无终于刻成《瑜伽师地论》后50卷，复为长叙。《叙》中言："（杨仁山居士）末遂治刻《瑜伽》，仅成其半而慧日西沦。他日叶元鋆问，《瑜伽师地论》后半若何？师对曰，以嘱诸渐。数日寝疾，命三事笔以告同人：一继刻《瑜伽》，二作《释摩诃衍论集注》，三编《等不等观杂录》，复速成《大藏辑要》，附作《提要》，而陆续以竟全藏。今者《等不等观杂录》由徐文蔚编成，《瑜伽》亦以机缘幸未辱命。然是论刻成，由终溯始，已阅二十寒暑。夫以无著请说之难，其难已往，由文字入实相，庶几其无难。

同月，刊刻《华严三昧章》（1卷，唐法藏撰）。

同月，刊刻《成唯识论掌中枢要》（8卷，唐窥基撰）。

同月，刊刻《佛说受十善戒经》（1卷，失译）。

10月，刊刻《地持善戒经会译》（20卷，北凉昙无谶译、刘宋求那跋摩译）。

11月30日，杨仁山居士生前好友月霞法师圆寂。李世由《日记》："阅《时报》载常熟兴福寺都监应慈讣告云，临济正宗第四十二世前住安徽迎江寺现住虞山兴福寺方丈华严座主月霞珠和尚于丁巳年十一月三十日申时入寂，龛厝西湖玉泉寺，俟择吉茶毗、恭迎灵骨回山安塔以妥觉灵云云。按，月霞法师名显珠，湖北黄冈人。余初遇于沪上，听讲华严。民国四年夏，都中人士发起讲经会，余受孙君之托，函请谛闲、月霞两师北上宣讲，亲赴天津迎侯，与二师同车入都，寓东城本司胡同招待所，共食住者月余。旋以筹安会起，月师因病南归，余亦同时返金陵。谛师讲毕《楞严》即出都矣。前事历历，不堪备述。余曾撰二法师事略，由讲经会刊布。月师讲经布教数十年来，不避劳苦，致损气血，逐渐成疾。十月初间移居杭州玉泉寺养病，万缘放下，毫无痛苦。尝有偈云：'生老病死大公物，逆境来时顺受之；病僧自有安心处，寄语知音当自知。'一切后事预先嘱付讫，十一月三十日午后圆寂，凡亲近法师者应同深悲悼也。"

同月，刊刻《般若理趣分述赞》（6卷，唐窥基撰）。

同月，刊刻《三具足经优波提舍》（1卷，元魏毗目智仙译）。

同月，刊刻《宝髻经四法优波提舍》（1卷，元魏毗目智仙译）。

同月，刊刻《瑜伽师地论科判》（1卷）。

同月，刊刻《转法轮经优波提舍》（1卷，元魏毗目智仙译）。

12月，刊刻《大方等陀罗尼经》（4卷，北凉法众译）。

同月，刊刻《光明王陀罗尼经》（1卷，宋法天译）。

同月，刊刻《瑜伽集要陀罗尼经》（1卷，唐不空译）。

同月，刊刻《阿弥陀佛大思惟经》（1卷，唐阿地瞿多译）。

同月，刊刻《庄严王陀罗尼经》（1卷，唐义净译）。

同月，刊刻《佛说圣多罗菩萨经》（1卷，宋法贤译）。

同月，刊刻《大方广普贤所说经》（1卷，唐实叉难陀译）。

同月，刊刻《十地经论》（12卷，元魏菩提流支译）。

同月，刊刻《四十二字观门》（1卷，唐不空译）。

同月，刊刻《佛说兴起行经》（2卷，汉康孟祥译）。

同月，刊刻《大庄严法门经》（2卷，隋那连提耶舍译）。

同月，刊刻《无字法门经》（1卷，唐地婆诃罗译）。

同月，刊刻《大乘同性经》（2卷，北周阇那耶舍译）。

同月，刊刻《中本起经》（2卷，汉昙果共康孟祥译）。

同月，刊刻《法住记》（1卷，唐玄奘译）。

同月，刊刻《佛说大乘庄严宝王经》（4卷，宋天息灾译）。

同月，刊刻《仁王般若念诵法》（1卷，唐不空译）。

同月，刊刻《楞严经合论》（10卷，宋德洪造论，正受会合）。

同月，刊刻《菩萨处胎经》（8卷，姚秦竺佛念译）。

同月，刊刻《佛性论》（4卷，陈真谛译）。

同月，刊刻《优婆塞戒经》（7卷，北凉昙无谶译）。

同月，刊刻《甘露经陀罗尼》（1纸，唐实叉难陀译）。

同月，刊刻《广百论释论》（10卷，唐玄奘译）。

同月，刊刻《金刚般若经赞述》（4卷，唐窥基撰）。

同月，刊刻《妙臂菩萨所问经》（4卷，宋法天译）。

同月，刊刻《那先比丘经》（2卷，失译）。

同月，刊刻《金光明最胜王经疏》（26卷，唐慧沼撰）。

同月，刊刻《遗教经论》（1卷，陈真谛译）。

同月，刊刻《胜思惟梵天所问经论》（5卷，元魏菩提流支译）。

本年，刊刻《瑜伽师地论叙》（2卷，欧阳渐撰）。

1918年

2月5日，欧阳渐致函张曦。"晴麓先生大鉴：客秋奉教，事冗未答，电光石火，倏忽于今，乃又蒙于樗君函内念及鄙人。惶恐惶恐！死罪死罪！家世多梗，忏往追来，天诱其衷。幸逢师友，感因未切，辜负良缘。石埭渺矣，柴桑缺如，剩此罢驽，其何能策？前途万里，竭蹶殷忧。所期不弃樗材，安敢夜郎自败？谨即献芹，伏维海纳。从此塞鸿河鲤，克不逾期。何时春树莫云，论心尊酒？即请道安。欧阳渐顿。

"《瑜伽师地论》端节前准寄到，尚未竣功也。佛学研究会久未进行，渐组研究部单主看经。购得小屋数间，驻数道友，食素品。以是渐私经营，故规模狭隘也。寄赠世亲《摄论释》一部，察收。"

按：张曦（1887—1970），字云石，号晴麓居士，甘肃天水人。中国国民党革命委员会委员，兰州大学文理学院教授。宣统己酉(1909)科拔员，朝考一等，授官陆军部主事。1916年江苏省第二师范学校本科部毕业。幼承家学，耽研经史，精于小学、佛学。1928年创建国文系，任兰州大学系主任至1946年。1953年聘为甘肃省文史馆馆员。并历任天水市三、四届政府委员，市政协二、三届副主席，甘肃省第三届人大代表，政协甘肃省委员会第二届委员，民革甘肃省第二、三届委员会委员，曾兼任天水佛教协会理事、理事长。曾参与《秦州直隶州新志续编》分纂、《天水地方史资料汇编·政事类、官制篇》《天水地方史简编》的撰写编辑工作。撰有《陈养源与辛亥革命》等多篇文史资料。其著述毁于"文革"，惜未得面世。1970年病逝，享年83岁。

此信封套上文字：甘肃天水县大街城阮家街　张晴麓先生大启挂号　二月五日

信封系本处印刷，有"南京延龄巷金陵刻经处缄"字样。

此信约作于1918年。

3月，刊刻《涅槃经本有今无偈论》（1卷，梁真谛译）。

同月，刊刻《法华经论》（1卷，元魏菩提流支共昙林等译）。

同月，刊刻《涅槃经云何得长寿偈论》（1卷，元魏达磨菩提译）。

5月，刊刻《摄大乘论本》（3卷，唐玄奘译）。

7月，刊刻《无上依经》（2卷，梁真谛译）。

9月，刊刻《金刚针论》（1卷，宋法天译）。

10月8日，李世由《日记》："阅报知黎端甫居士于八月十一日在江西丰城原籍西逝。黎君曾从杨先师学，诚恳精进，于三论宗尤有心得。此宗自唐以后精通者日少，黎君能将数百年来绝学继续发明，以教观论之，黎君在今日当首屈一指矣。平生著述甚多，以无资未能刊行。一年之中既失月霞法师，又失端甫居士，皆吾心所最折者。且常与之晨夕周旋，饫同绪论，回首前尘，不胜感叹。月法师亦精研三论者也。"

同月，刊刻《大藏秘要》（5卷，元度辑）。

同月，刊刻《说无垢称经疏》（22卷，唐窥基撰）。

同月，刊刻《金光明经疏》（12卷，隋智者说）。

同月，刊刻《百论疏》（14卷，隋吉藏疏）。

同月，刊刻《思惟略要法》（1卷，姚秦鸠摩罗什译）。

同月，刊刻《文殊师利问经》（3卷，梁僧伽婆罗译）。

12月，本处就募刻《大藏辑要》四十八愿捐款事，发布第一次报告书：

> 曩者，池州杨仁山老居士，创设刻经处于金陵。汇集我国历朝及日本高丽全藏，详加抉择，益以历年由海外访求所得古德佚书，手订目录，名曰《大藏辑要》，都凡3320卷，又

430 纸。辛亥八月，仁老西逝，本处继续校刻，悉遵旧章，至癸丑冬，又刻成十余种。而按之仁老手订经目，未付剞劂者，尚有 1300 余卷，约需刻资 24000 余金。同人深虑集腋需时，竣工无日。相与综计刻资，分为四十八愿，每愿 500 元，或一人独认数愿，或数人合认一愿，或担任劝募，合数十百人而成一愿，每愿年交百元，分五年交足，其能一次交足者尤善。本处以逐年收入之款分期刻印，计日观成，将来刻资倘有盈余，或认款踊跃，溢出四十八愿以外，即以留充印刷全藏经费。届时当另刻征信录，以昭大信。兹将自本年春季起至年底止，所有收支数目，刊列报告，敬希鉴核是荷。

历年收支数目：

甲寅自夏季成立起，收入认捐愿款 2900 元，支出刻《中论疏》《地藏十轮经》等 2 种 911.178 元，除支实存 1988.822 元。

乙卯全年收入认捐愿款 3850 元，并旧存共计 5838.822 元，支出刻《中观论疏科判》《十二门论》等 11 种，计 1254.393 元，除支实存 4584.429 元。

丙辰全年收入认捐愿款 6600 元，并旧存共计 11184.429 元，支出刻《大乘法苑义林章目录》《摄大乘论释》《瑜伽师地论》等 16 种 3181.321 元，除支实存 8003.108 元。

丁巳全年收入认捐愿款 2700 元，并上存共计 11703.108 元，支出刻《成唯识宝生论》《决定藏论》等 34 种 3705.522 元，除支实存 6997.586 元。

戊午全年收入认捐愿款 5400 元，并旧存共计 12397.586 元，支出刻《百论疏》《思惟要略法》《佛说无垢称经疏》等 10 种 3106.093 元，除支实存 8991.493 元，内少存 300 元，是蒯若木捐款内拨付研究部校对 200 元，又拨付龚圆常施刻《胜鬘疏抄》100元。民国七年冬十二月金陵刻经处报告。

同月，刊刻《妙法莲华经义记》（22卷，梁法云撰）。

同月，刊刻《央掘魔罗经》（4卷，刘宋求那跋陀罗译）。

同月，刊刻《弥陀义记》（1卷，隋智顗说、灌顶记）。

同月，刊刻《楞伽要旨》（4卷，明陆长庚撰）。

本年，随着就学者日益增多，研究部规模嫌小，欧阳竟无便于1918年商诸沈曾植、陈三立、章太炎、梁启超、蔡元培等人，拟在研究部基础上筹建支那内学院，并于同年设立筹备处，邀请已离开研究部的吕澂到筹备处工作。

居士逝世七年以后，本年墓塔建成。建塔费用由陈正有捐助。墓塔周围建有围墙，围墙上开有花窗。它位于"深柳堂"后，经版房前。墓塔后部的围墙上，镶有青石碑一块，上面刻有沈曾植撰、魏家骅书《杨仁山居士塔铭》。杨仁山居士的墓塔，是印度式样的建筑。从塔基到塔顶高8.15米，加塔台0.73米，总标高8.88米。六角形塔基面积14.4平方米。塔身像一只大钟扣在塔基上。前面门上为圆形，里面有一块水泥碑，高1.95米，宽0.97米，上刻一个大梵文吉祥花字，用兰札体梵字唵、诃、义、摩、罗、娑、啰、耶八个字构成，表示命、心、资具、业、受生、解、愿、神力、法、智十种自在具足。下面从右至左写着"杨仁山之塔"字样，以示墓塔性质。此塔是南京八塔之一。

墓塔建成后，黎元洪赠送"法幢持世"匾额一方，悬挂在深柳堂。黎氏于光绪乙未（1895）、丙申（1896）之际与居士长子杨自新同在南京任职（杨自新在江南筹防局差内，以工程委员身份监造下关沿江、雨花台、富贵山等处炮台，黎元洪任狮子山炮台台官），两人关系密切，结拜为兄弟。黎元洪进城时常住在杨家，且常听仁山居士讲经说法。

1919年

1月13日，李世由在吴江知事任上收到欧阳竟无创设内学院《叙》及《简章》。

同月，刊刻《胜鬘经疏钞》（6卷，日本上宫太子疏、唐明空钞）。

4月，刊刻《杂集论述记》（30卷，唐窥基撰）。

同月，刊刻《弥勒菩萨所问经论》（9卷，元魏菩提流支译）。

同月，刊刻《劝修净土切要》（1卷，清真益撰）。

7月，刊刻《十一面神咒心经义疏》（1卷，唐慧沼撰）。

同月，刊刻《御录经海一滴》（6卷，清雍正选）。

8月，本处负责人陈樨庵去世。李世由8月29日《日记》："日前得金陵刻经处欧阳竟无书，知陈樨庵居士西去，余即复函，兼请竟无居士并顾一切，并余拟早辞职回省为助。樨公十年间不负先师嘱付，惟有赞叹，犹未免为大法惧耳。"

秋，刊刻《集大乘相论》（1卷，宋施护译）。

9月，刊刻《分别缘起初胜法门经》（1卷，唐玄奘译）。

10月，刊刻《角虎集》（6卷，清济能辑）。

同月，刊刻《在家律要广集》（13卷，明智旭集，清陈熙愿增订）。

同月，刊刻《大乘密严经疏》（10卷，唐法藏撰）。

同月，刊刻《地持善戒瑜伽三译读》（1卷，欧阳竟无编）。

同月，刊刻《究竟一乘宝性论》（6卷，元魏勒那摩提译）。

11月5日，太虚大师由天津南下抵南京。翌晨来本处礼杨仁老之塔。并初晤欧阳竟无、吕澂于支那内学院筹备处。

同月，金陵刻经处研究部欧阳渐印布《支那内学院简章》。《简章》首页为支那内学院发起人名单（以签名先后为序）：

沈曾植、夏继泉、金蓉镜、欧阳柱、狄葆贤、濮一乘、易焕鼎、陈三立、蒋维乔、张伯良、梅光远、符鼎升、陈义、李世由、熊希龄、张尔田、王恺宪、曾朴、欧阳沂、郭在瑨、雷兴（德国人）、章炳麟、吴瑕、丁传绅、邱珍、马永孚、洪铸、张炳桢、庄蕴宽、梅光羲、吴永、许丹、黄家瑜、黄家玮、黄师定、蔡元培、蒯寿枢、徐文蔚、陈士髦、毕惠康、张祖良、黄慈祥、蔡儒楷、龚积炳、徐鸿宝、饶汉祥、饶汉秘、张烈、汪长禄、夏寿康、孔庚、张名振、邵丛恩、汪立元、沈昭武、程时煊、叶恭绰、程明超、范熙壬、王彭、陈彦通、方表、王浩、夏同龢、吴钫、吴锜、刘鹤庆、季图龙、陈相忠、包学渊、唐继尧、袁嘉谷、陈度、徐嘉铨、王九龄、梁漱溟、文群、岑春煊、张耀曾、李根源、卢铸、饶正音、余鹤松、欧阳溥存、陈炯明、谢远涵、李翊灼、邱璧、江杜、欧阳渐、周扬烈。（内院发起，尚多同志宜列芳名，以未及接洽，不便擅列，兹将一二两次发起人名编列宣布，以后接洽赞成诸公，容俟三版付印再行汇登）。

简章还有如下内容。

章炳麟《支那内学院缘起》:

自清之季，佛法不在缁衣，而流入居士长者间。以居士说佛法，得人则视苾刍（按：华译比丘，义为乞士）为盛；不得则无绳格，亦易入于奇邪。是故遵道而行，昔之富郑公、张安道是矣。杂引他宗，迤入左道，今时稗贩言佛者是矣。

余素以先秦经法教，步骤不出孙卿、贾生。中遭忧患，而好治心之言。始窥大乘，终以慈氏、无著为主，每有所说，听者或洒然。晚更括囊无所宣发，盖不欲助伪者之焰。

友人欧阳竟无尝受业石埭杨居士，独精《瑜伽师地》，所学与余同。尝言："唯识、法相，唐以来并为一宗，其实通局、大小殊焉。"余初惊怪其言，审思释然，谓其识足以独步千祀也。

竟无以佛法垂绝，而己所见深博，出恒人上，不欲裹（怀）宝韫效师拳者所为，因发愿设支那内学院以启信解之士，由其道推之，必将异于苾刍颛固之伦，又不得与天磨（魔）奇说混淆可知也。世之变也，道术或时盛衰，而皆转趣翔实，诸游谈不根者为人所厌听久矣。自清世士大夫好言朴学，或失则琐，然诡诞私造者渐绝，转益确质，医方、工巧二明于是大著。佛法者可以质言，亦可以滑易谈也。然非质言，无以应今之机，此则唯识、法相为易入。观世质文，固非苾刍所能知，亦非浮华之士所能与也。以竟无之辩才而行之以其坚苦之志，其庶几足以济变哉！

若夫挹取玄智，转及萌俗，具体则为文、老、孔、庄，偏得则为横浦、象山、慈湖、阳明之俦，其以修己治人，所补至博，此固居士之所有事，而余颇尝涉其樊柚（篱）者也。民国八年十月章炳麟记。

沈曾植《支那内学院缘起》:

天发煞机，芸生劫劫。政治学煞机也，经济学煞机也，社会学、文学、哲学皆煞机也。剖析此世代人心原质，一话言，一动作，一思想，一合念，无不挟贪瞋痴三业以俱来。贪瞋痴者，煞种子欤？救此贪瞋痴者，其不可以贪瞋痴教之，其当以清净慈悲者教之欤！吾发此愿于庚戌，与杨居士及诸君集佛学研究会于金陵，越岁而居士示寂。继其事者欧阳竟无居士，既大阐瑜伽学、慈恩宗以开发当世学者矣，犹勤勤为未来计，观察时机，设支那内学院，章程简而备，开知见，立轨范，兼显密，摄一三，宗趣具彰，始终不二。海内善男子、善女人、大长者、大菩萨，发文殊智，行普贤愿者，未亦有乐乎此而助成之乎？吾涕泣道之，祷祝以成之。嘉兴沈曾植书。

欧阳渐《支那内学院叙》：

拔一切苦，得究竟乐，曰佛教，曰佛学，曰支那内学院。

（上略）先生石埭，先生当清道咸同光沉迷之时，发宏誓愿，愿法与劫齐，愿人都法护，四十余年经营惨淡，建立金陵刻经处次第有基，《大藏辑要》不久藏事流通风行，渐被海外。当时沈乙盦、陈散原、蒯礼卿诸长者，梅撷芸、魏允恭、狄楚青诸居士布金兴学，曰祇洹精舍。微风虽渺，此意犹存。先师最后答渐，刻经流通，抑宜遵守，还当充扩，乃曰吾时法事，方诸尔时，比于后时百分不及一，千万亿不及一，算数计喻邬波尼杀昙分不及一，授记如此。渐窃不自揆概然有志。（下略）释迦应世二千四百八十二年戊午宜黄欧阳渐叙。

陈三立《支那内学院简章书后》：

佛说入中国，于晋唐为显学，中微弗绝迄今世。皖有杨仁山居士，居金陵，究寻遗绪，刊布经论，党徒附之，玄风稍振矣。余于教旨虽自外，然颇喜与居士游，听其讲授。光绪丁未春夏间，遂赞居士设祇洹精舍，邀远近学子，课习梵乘，为广厥传。未久，格人事，废罢，居士亦沦逝，识者憾焉。越十有余岁，居士高弟子宜黄欧阳君复图建支那内学院，踵前规，恢而益备，以续居士未竟之志。余诵其科目简章，踊跃而歆歔！区区之怀，盖以为世变环转靡，而持之者陷溺不出，无往而非阶乱造劫之具而已。谬冀进之悲智清净之要道，涵泳人心，窥本真，憺嗜欲，淑其才，而维世业，挽穷无复之之运会于百一，非侈导于生天作祖，为余所莫测者也。余老矣，海内忧世宏济之君子，煦而董之，翼而成之，庶乎了此一大事。为因为果，俱不可思议！戊午冬月陈三立。

《简章》并刊有《支那内学院一览表》、欧阳渐《支那为文明之美称解》。

同月，沈曾植等撰《募刻佛教全藏启》：

> 昔我世尊之灭度也，阿难结集三藏十二部八万四千法聚，嘱累人王，嘱累宰官、长者、居士。叶典东流，梁释僧佑始造立定林经藏，搜校卷轴，真丹有藏，实自此始。玉璎香环，旃檀雕镂，代有庄严。宋初锲诸木，又益以新译诸经。元益踵而新之，科题总目，号列群函，今见于《法宝勘同》者，都1440部，5586卷。明成祖永乐八年诏刊全藏15000卷，颁诸寺，是曰《北藏》，其在留都官库者，是曰《南藏》。降及神宗增入者41函，《华严悬谈会玄记》乃至《第一希有大功德经》410卷，是为《续藏》。清有天下，世宗最崇大法，既开藏经馆，又发内帑重勘明藏，续收之经至54种，1127卷。盖代之兴也，必有三宝庇其国，镇抚其人民，通都奥区，名蓝丛林，望之皑然，卿云轮菌，兴福禳灾，于是乎在，不可诬也。然其书率梵筴，士庶家或不能具。明万历中密藏、幻余两大师，始发愿易方册，贮版径山化城寺，梨枣之资多问之一时荐绅先生。读瞿元立、曾乾亨诸君劝导文，功德馨香，百福之宗。遭时版荡，未有最目，尝诹其录，盖尚不足全藏三分之二。近岁杨仁山居士，有志继径山，恐功之难藏也，镌《大藏辑要》以先之，今金陵诸刻是也，则又絅于径山矣。而民间所行，仅有日本弘教书院小字藏本，及频伽精舍活字本。弘藏本据嘉兴宋藏为主，而校以丽藏、元藏、明藏，虽称精审而字小难阅；《频伽》较之，抑又自郐。故居今日而求全藏，旧椠既希，而经坊单册又不赅不备，士大夫号为学佛有终身不

识《龙藏》为何等者，盖比比也。又况乎敦煌逸经，海东秘典，其溢于藏外者，方日出而不竭，失今不收，胜缘难再。龙树大菩萨也，尚假照龙宫以朗搜玄之慧；世亲位居明得者也，亦亲往迦湿弥罗研核有宗。弘道惟人，立义由教。邻圣且然，矧在异生。某等遭逢末劫，感金口悬言，大惧人天眼灭，以为欲窥教海须涉全沤，欲戴法桥必集众善，爰发起募刻全藏为寰中唱。缁流开士，白衣丈人，倘有闻而随喜者乎？所冀广施七财，成兹四愿，则染甎之功，非惟昔世，散华之报，方谂来缘，法乐吉祥，永永无极。

沈曾植、陈三立、金蓉镜、张尔田、欧阳渐、梅光羲、蒯寿枢、欧阳柱、狄葆贤、徐文霨、李翊灼、陈汝湜、周扬烈同启。

金蓉镜撰《募刻佛教全藏启》：

大圣有作，以赴时机，语不空绮，各有云为也。释迦文佛之兴，盖先于孔子，而说法四十九年，大会三百，出王宫而老于道途者，何哉？其时印俗浇漓，甚于东土，净王末运，四众瞋贪，六师交诤，邪见云扰，干戈用作，所谓五浊恶世，执迷成是，不可以小见治，不可以常理格。俗以天位为可干，故舍位以破妄；以室家为至累，故出家以明真；忠孝道穷，故说法以利生；富贵无常，故乞食以行幻；俗刚很，则粗说地狱诸相以恐之；俗遍计，则细说法我人空以救之；俗妄执，则显说法门以融之；俗愚痴，则密说金刚以夺之。孔子修春秋正是非，明一世一方之事而已足；佛立教大明因果，推极十方三世，必穷尽而无余。惟执著有浅深，故教量有广狭。六经有书不尽言、言不尽意之文，我佛则书无不尽之言、言无不尽之意，皆所以应机接物。譬如人小病则与之谈服食之宜，人大病则进以瞑眩之剂，时节不同，予药亦异。故孔子为时中之圣，我佛为一代时教之宗，不一不异，学以知时为贵耳。今异说朋兴，强弱俱丧，尘劳俶扰，人无安宇，逐妄以续无明之焰，徇利以争空劫之华。或谓美术资生，不藉圣作，将粉大地为末，铸山河为器，不见受用，亦无作者，是为见惑。或谓人生行乐，见利即谋，尽杨朱之当生，小墨翟之尚鬼，运用劳于夏畦，杀盗成为世界，得不终日，失则穷年，是谓思惑。于是无悲而杀业起，无慈而亲故绝，血河剑树，到处森然，漂流见阮，出头无路，甚或欲倒杏坛之席，作聚沫之游，出白话之谈，成枭音之实，人禽无别，混沌何时？不学之祸，人将相食，安得不谈空有以双彰，显四生而俱摄？宏惟我佛为大导师，显密藏用，破妄全真，十二部经皆荡垢入净之资粮，三十七品为离苦得乐之究竟，始之以无我，终之以堪忍。无我则心光明，堪忍则行慈祥，被物机缘，尤于今时为切。爰发起刊经之会，广明内学之规，凡石室之秘笈，海国之坠简，名家之传著，大藏所未备者，结集先刊。凡诸方刻经处未及者，亦掇拾先刊。开兹二例以待赓续，其余施设别在《内学章程》。佛之大事，在度众生出生死海，本会禀佛宏旨，即以刊经为度生。何则？法音演畅，引起菩提，开世间眼，为幽室炬。在昔白马初来，功在传译；元魏之后，广兴造像；唐重写经，宋则礼忏，今又利在刊经。同一接引初机，施既破悭，经又兴福，自利利他，三业俱足。当兹患难之际，波动之后，由苦思甘，离忧得喜，梦境两夺，求安转切，是之喻筏，谁能舍筏？所望大善知识，十方长者，齐发大慈，济此末法，量出家珍，续成厥美，则大地瓦砾，悉变黄金，海会众生，无量欢喜。斯言不谬，有如佛日。是为启。嘉兴金蓉镜述。

欧阳渐撰《募刻佛教全藏疏》：

表一大心藏，应一极如如，曰佛教。毗卢遮那，法周沙界，报化宾辅，各主三千，国土既殊，教机遂别。或以相好，或以光明，或以菩萨化人，或以菩提树，或以香饭，或以衣服、卧具、园林、台观，或以梦、幻、影、响、水月、镜像、热焰、虚空，或以无言、无说、无示、无识、无作、无为。此方教体清净音闻，是故释迦牟尼潮音师吼，十二部经独以语言文字，是曰声教。世间香海，渊溚谲怪，字之曰藏。教海无边，强从喻说，亦字曰藏。阿赖耶识有漏无边，大圆镜智无漏无边，其有以所教为言者，曰如来藏。渐、顿、密、圆，义门无边，境、行、果三，相貌无边，其有以能教为言者，曰法藏。法会结集，正说无边，阐扬流通，等流无边，其有以显教为言者，曰功德藏。释迦应世四十九年，释迦灭度二千九百四十六年，国土三千，光明晃煜，是三藏故。然无法藏，如来藏不彰，然无法藏，功德藏无寄，国土三千，光明晃煜，是法藏故。是故支竺谁昔，胜会葳蕤，此土今时大事舒光，应刻全藏。

将疏刻藏因缘，先谈彰如来藏之法藏，次谈寄法藏之功德藏。法之谈有三：一佛说，二佛弟子说，三说被利益。功德之谈有三：一结集流通，二译事流通，三编刻流通。

且佛说者，发心者发菩提心，非涅槃心。证果者证正觉果，非解脱果。生佛真如，体无可说，法界正智，用则无方，是故三世诸佛，尽未来际，举足下足，一切是用。大机大用，小机小用，别机别用，胡宁有定？方便为究竟。慧轮创耀，震极周沙，佛刹微尘，灌顶补处。一切邻果众生来至其处，世尊大机大用，于菩提树下说毗卢相海，于须弥、夜摩、兜率、自在说住、行、向、地，复于菩提树下说定、通、忍相离世入法。如是诸法，相应成就。菩萨藏华严部中则有《华严》《圆觉》总持宝光，诸如是经，其类周博。生死毛竖，悲心薄微，但醉涅槃，不乐愦闹。一切劣根众生来至其处，世尊小机小用，于婆罗痆斯施鹿林中转四谛法轮，苦、空、无常、无我人空解脱。如是诸法，相应成就。声闻藏素呾缆中则有《阿含》《天问》《缘生》《禅戒》，诸如是经，其类周博。会非一时，说非一地，精萃华丛，有如结集。一切利根众生来至其处，世尊大机大用，于灵鹫、祇园、迦毗、耆崛四十九会说六度万行，渐、顿、密、圆杂陈网举。如是诸法，相应成就。菩萨藏宝积部中则有《宝积》《大集》《法炬》《金光明》，诸如是经，其类周博。人执虽空，法执未融，蕴处界有，惟是遍计。一切执有众生来至其处，世尊大机大用，于耆崛山中般若十六会说遍计所执，本来寂净，都无自性，无作无得，梦幻沤空。如是诸法，相应成就。菩萨藏般若部中则有《大般若波罗蜜多》《维摩》《思益》《如幻三昧》，诸如是经，其类周博。如理为始，如量为终，妙用不穷，体元不充。一切执空众生来至其处，世尊大机大用，于光明庄严神通密严诸世界中，说依他起、五法三自性、八识二无我、如幻善巧一切瑜伽。如是诸法，相应成就。菩萨藏深密部中则有《深密》《楞伽》《密严》《缘起》《菩萨藏》《无上依》，诸如是经，其类周博。三曼荼罗，皆毗卢种，体用顿彰，仗敕行事。一切执金刚众生来至其处，世尊别机别用，于加持法界阿迦尼吒宫中说圆成实，两界、五部、三密、八供、六大、十住。如是诸法，相应成就。菩萨藏秘密部中则有《神变加持》《金刚顶》《苏悉地》《苏婆呼》，诸如是经，其类周博。五浊难成，惧退信心，果海应因，增上斯神。一切厌苦众生来至其处，世尊别机别用，于灵鹫山中说乐国往生，净念相继，愿观俱行。如是诸法，相应成就。菩萨藏弥陀部中则有大小《弥陀》《观无量寿》《悲华》《般舟》《观供仪轨三摩地集》，诸如是经，其类周博。教迹攸同，神髓乃异，四十余年，机感时至。一切智具众生来至其处，世尊别机别用，说自用妙元，惟一佛乘，无二无三。如是诸法，相应成就。菩萨藏法华部中，则有《法华》《尼乾》《无尽义》《不退转轮》，诸如是经，其类周博。四十九年，应度讫度，有未度者，得度因缘。一切根熟众生来至其处，世尊别机别用，于娑罗双树间将入涅槃，说法性实相，常乐我净，四依戒轨。如是诸法，相应成就。菩萨藏涅槃部中则有《涅槃》《集福》《处胎》《中阴》，诸如是经，其类周博。无范坼心，无仪呈象，旋风曷极，相似法流。一切大根小根众生来至其处，世尊大机大用，小机小用，于摩醯首罗宫下暨菩提树说《发趣》《长养》《金刚诸地》十重四十八、四重四十三，别于舍卫拘睒苏婆罗诸国制七聚止持二十犍度作持。如是诸法，相应成就。菩萨藏毗奈耶中则有《梵网》《善戒》《缨络》《本业》，声闻藏毗奈耶中则有四分、五分、十诵僧祇、迦叶、解脱诸部戒本、一切有部毗奈耶八事，诸如是经，其类周博。

此三藏十二部经，皆是金口醍醐，圆音甘露，机感无边，法应无边。传而未结者，《华严》上品；结而未译者，真谛二万卷、玄奘五百部；译而未刻者，敦煌时出现，海东亦散存。海月河沙，虽无垠极，昙华异宝，得此已难，是皆我土众生供养无量百千万亿诸佛，不于一世二世、一人二人作诸功德之所积集，宁可任运，若存若亡！以是因缘，今刻全藏。

佛弟子说者，世尊灭后，二部诤兴，五宗殊趣，乃有声闻藏阿毗达磨，此方传译有部偏多。身子、目连、设摩、世友初出《六足》，五百罗汉汇宗造《发智》，广释为《婆沙》，众贤朋比又制《正理》，别黑白而接近《瑜伽》，究极于世亲《俱舍》。其余部说别黑白而接近《般若》，究极于诃黎《成实》。空有两轮，在小已立，此方已至。唐人著述，则有普光、法宝、神泰、遁麟、慧辉、圆辉，俱舍一宗，尚堪研极。外小淆绲，偏空疲真。马鸣、龙树，无著、世亲，乃有菩萨藏《阿毗达磨》，此方传译霈注云屯。华严部中，龙树《十住婆沙》世亲《十地经论》，空有妙义，都辟途径。唐人著述，则有法藏《探玄》、澄观《疏钞》，详诠行果法相，复有通玄《合论》，别诠般若妙圆，顺轨循途，尚堪研极。宝积部中，厥有马鸣《起信玄文》糅和群经。唐人著述，亦惟法藏，不倚一宗。是部广赅，必入诸宗，必出诸宗，乃能髣髴。诸宗有门，顺轨循途，尚堪研极。般若部中，龙部、提婆，高唱四论，清辨《掌珍》，朝宗天竺，罗什门徒，睿、融、生、肇，风靡关中。唐人著述，则有吉藏论疏，被义丰富，是乃文字观照，有径有门。若夫迦叶别传，达磨东渡，一华五叶，语录充楹，则亦实相玄机，春光漏尽，顺轨循途，尚堪研极。深密部中，慈尊降说，无著演扬，光大门庭，世亲护法，然后一本十支，衣被千界。唐人著述，玄奘门徒，窥基百本，十留其五，普光、神泰、圆测、太贤之作，间见星存，《伦记瑜伽》，实汇诸论，嚼炙浸醇，尽有屠门，顺轨循途，尚堪研极。秘密部中南天塔起萨埵宗流，灌顶阇黎龙猛、龙智，金胎理事，尽悉西来。唐人著述，则有金刚智、不空诠释金界，多由法相，善无畏、一行诠释胎界，多本空宗。空有两轮，贯通理智，仪轨咒印，口授笔述，纷纶葳蕤，顺轨循途，尚堪研极。弥陀部中，马鸣唱论于《起信》龙树得记于《楞伽》，无著《往生论》天亲《净土论》虽未传来，而愿生一偈，已彰表于昙鸾。隋唐著述，则有智者《十疑论》、窥基《净土章》，道绰、迦才、怀感、善导，无惑不解，无义不诠，顺轨循途，尚堪研极。法华涅槃部中，《优婆提舍》创于世亲，隋唐著述，则有智者、道暹成一家言，复有法云、吉藏、慧远、窥基，空有两轮，各诠大义，顺轨循途，尚堪研极。上稽经中论议，未稽律内达磨。律中之律戒本键度羯磨，凡必施行者是。经中之律，律中之经，十二部内因缘、譬喻、本事、本生序说，由来者是。律中之论，说律意者是。此十二部内弟子惟称论议，是以虽说因缘，仍对法摄。菩萨藏毗奈耶中，弥勒大论《戒本羯磨》已自来东。唐人著述，则有太贤、义寂、胜庄，大异智者、法藏，一摄群机，一尊僧制，都存深意，方便善观，顺轨循途，尚堪研极。声闻藏毗奈耶中，五宗戒本，轻重不同，五论诠微，各圆宗说，然皆传至，不独四分。唐人著述，则有法励、怀素、道宣，虽复别门，都诠法密，如是调伏，文句犹存，顺轨循途，尚堪研极。

此佛弟子说，皆是入教指南，探玄向导，穴蜍审雨，老马知途，若背所谈，汪秽曷济？入琼洋而不宝，登绥山而不桃，唐丧此生，能无懊惜？又况西叶云凝，东缃星失，宋元以来千有余祀，雾里零漾，一线曦融，春回谷暖，是皆我土众生供养无量百千万亿菩萨，不于一世二世、一人二人作诸功德之所积集，宁可任运，若存若亡？以是因缘，今刻全藏。

说被利益者，往昔有人，高位而危，国外虎耽，国内蛊溃，此缝彼弥，进退樊羝，其苦曷极！是人尝于般若部中得其方便，因缘出生，都无自性，发真归元，十方销殒，何况事机灯讴星翳，菩萨平等慈悲，一切柔和随顺众生来生其国。往昔有人，雄吞万宇，阴谋强食，一事构结，万灵土苴，惨血翳天，所计不遂，其苦曷极！是人尝于般若部中得其方便，谁当是我？我审是谁？醒恣国王，梦悆童仆，得鹿非真，失马是福。是盖知五蕴皆空而刹那转物，又况乎小势小位、蜗名蝇利？穷年累岁，争蛮夺触，到头无属。往昔有人，不为饥寒，不为利养，孽转风靡，法不能治，礼不可喻，夺攘矫虔，长沦恶趣，其苦曷极！是人尝于秘密部中得其方便，作业受果，洞观澈悉，刹那刹那，剑树铁糜，万生万死，人身难期，除放菩提光明曾无暂息，一霎皈依火坑莲池。往昔有人，求少衣食，潦倒艰辛，同事同财，猜疑乖诤，威仪技美，生人趣尽，其苦曷极！是人尝于宝积部中得其方便，施富悭贫，忍从慢违，威福仳离，不由人意，乃发大愿，生金雨宝，长河为酥，开四国门，广润群生，皆吾眷属，尽大地人，蠕动蜎蠉，飞潜动植，凡有造作，我皆随喜，或力或语，因强业移，曾不须臾。往昔有人，聋盲根缺，孤寡不禄，愚痴浑浊，龙钟衰缩，触境皆辛，地天蹐跼，其苦曷极！是人尝于弥陀部中得其方便，惟有翳王，万劫千生，相亲相忆，不相遗弃，尚念兹哉，百年须臾，一入胎莲，乐则无极。往昔有人，王贼水火，生产江河，猛兽崩岩，子息维艰，环顾危脆，其苦曷极！是人尝于法华部中得其方便，惟我观音，不自观观，以观观者，三十二应，十四无畏，但念彼名，无不如意。往昔有人，不善观孔，拨无三世，无果无因，祸善福淫，不敢怨天，不知其真，其苦曷极！是人尝于华严部中得其方便，世界自博，理界自玄，前路自宽，机事自圆。孔子不自圣圣西方，我亦箝锤向上，越东山而泰山。往昔有人，服气产婴，牛狗取戒，翘炙苦行，寄命于天，捐果唐勤，其苦曷极！是人尝于小乘部中得其方便，是中入九次第定，不为秽囊，是中受三聚毗尼，非主福祥，是中行十二杜多，不因求常，是中出三界火宅，非生天堂，因缘和合，虚妄有生，色我神我，但有虚名，一转智莹，即脱渊沦。往昔有人，醒心唯物，不于心生，乃从色起，色穷心现，满意踌躇，色穷无色，茫无津岸，其苦曷极！是人尝于深密部中得其方便，山河大地，识相顿生，分析极微，渺不可得，从大析小，以示物空，岂小积大，以成世界，诸有智者，譬喻得明，质不受质，空则能容，不受歧二，能容浑一，一则言唯，苏迷不动，见挟相生，相随见息，开眼见色，色见不离，合眼色无，色见俱伏，唯识义成，穷源澈底，若不明此，为物所转，若此必明，即能转物。往昔有人，质慧年龆，所向有声，沉湎娥眉，颠隮促龄，末日时至，欲视无光，欲语无音，才华如此，天道宁论，其苦曷极！是人尝于鼻奈耶部中得其方便，髑髅粪囊，谛观厌起，风扇难已，窦室无事，人间沉陆，大法凌夷，一饮醍醐，作主中主。

嗟乎悲哉！得人身难，生此土难，无根缺难，知文字难，不惑邪说难，得闻佛名难，自由信受难，有时光难，无遮障难，值此时会难。积劫孤露，转絮涸茵，霍意症疴，航慈餐妙。不寿梨枣，安有缥缃？不籍琅琊，安登仙箓？是等玄典，压骆汗牛，皆是我土众生供养无量百千万亿法宝，不于一世二世、一人二人作诸功德之所积集，宁可任运，若存若亡？以是因缘，今刻全藏。

且初结集功德者，世尊灭后四十五日，迦叶千人，于迦兰竹林，界内结集，阿难闻持集素呾缆，波厘明律集毗奈耶，大迦叶波集阿毗昙，为上座藏。复有千人主婆师婆，界外结集，经律论外杂集禁咒立藏号五，为大众藏。复有弥勒、文殊，同将阿难，于铁围山别集三藏，为菩萨藏。是谓世尊灭时最初四十五日结集。复次世尊灭后百年，有跋阇子檀行十事，七百罗汉于毗舍离城，集法毗尼，检校非法。是谓世尊灭后百年结集。复次世尊灭后四百年，迦腻国王深忧部执，有胁尊者于健驮逻国集五百人结集三藏作毗婆沙，经律论三各十万颂，为一切有藏。是谓世尊灭后四百年结集。然玄奘西行，将来法藏，谓于上座大众一切有外得三弥底经律论十五部，得弥沙塞经律论二十三部，得迦叶遗经律论十七部，得法密部经律论四十二部，是则各部师承必皆结集，事虽不能纪述，时必不阅千年。是谓世尊灭后数百年结集。复次世尊灭后七百年，龙树氏兴，华严下本结于龙宫，两界密典出于铁塔。是谓世尊灭后七百年结集。复次世尊灭后九百年，无著氏兴，请大慈尊于阿瑜遮国说五部大论，世亲、护法造论发明，而皆毕集于那烂陀寺千一百年之戒贤论师。是谓世尊灭后千一百年之结集。西方编结大都可谈，东土译传将俟别叙。

夫佛说我闻，梵文汉译，泰厘或爽，燕郢可追。而使时异感同，方殊境一，以谈结集，功在山河。若乃胥抄吏录，督刷部剂，下士上方，彼天此壤。然法由类聚，纰以校除，亦复抱器归周，雅颂得所，以谈结集，或亦眷属之伦。东土译经，汇集制记，肇始于晋道安《综理群经目录》，继志于梁僧佑《出三藏记集》。如是隋有《众经录》，唐有《开元贞元录》，宋有《祥符景佑录》，元有《至元录》，明有《圣教录》，清有《龙藏录》。其在海东，则有《弘教正藏录》《靖国续藏录》。自《开元录》五千四十八卷，世有藏称，译本著述，代有加增，宋藏五千七百十四卷，元藏五千三百九十七卷，明藏六千七百十一卷，弘教正藏、增广明藏为一千九百十六部八千五百三十四卷，《龙藏》虽加不及其数，《靖国续藏》别广搜罗，又得一千七百五十六部七千一百四十四卷，敦煌石室出现多经,《别鉴汇钞》可成千卷。今以海东正续藏及龙藏敦煌,删其复文,简其非当,必得万有余卷,字之曰万卷全藏,谁曰不宜?是皆我土众生供养无量百千万亿三宝,不于一世二世、一人二人作诸功德之所积集,宁可任运,若存若亡?以是因缘,今刻全藏。

译事流通者,金容梦兆,白马经来,安清朔佛之伦,二支法护之属,都翻贝籍,代有英声。然若不惑莽垠,全窥豹象,重门启键,涉玄斯航,则觉贤、觉喜功在《华严》,《宝积》谈功,斯惟觉爱,童寿则《般若》《法华》,玄奘则《深密》《小乘》,《秘密》有无畏,《弥陀》有法贤,《涅槃》有法丰,菩萨毗奈耶仍为童寿、玄奘,声闻毗奈耶在西为觉寿、觉贤,在东为法显、义净。至夫扇全海而凶涛,丽中天而激耀,大鸣法鼓,大吹法螺,疑庆喜是如来。方龙树、天亲之会而无愧,则三大译场震铄今古,宏始关中,斯为第一;贞永慈恩,斯为第二;开元大历,建福兴善,乃称第三。亲依犹法相先河,施护实诸宗余绪,而使三藏十二之筌,尽漉于支那九州之渊,唐哉皇哉!莫得赞言!

夫将展非常之业,则必饮无涯之苦。法显之游西也,以律藏故。度沙河则飞鸟不通,枯骨为帜,热风恶鬼,遇无一全。度葱岭则酷夏恒雪,毒龙吐风,临崖蹑七百之梯,悬絚渡百步之水。度雪山则喋战栗烈,坐卧皆冰,有慧景者口出白沫而死,本图不果,命也如何?显学中天竺三年、摩利帝二年、师子国二年,得《僧祇律论》《萨婆多弥沙塞律》《长杂阿含》及与《杂藏》,泊载以归。遇飓舟危,将掷诸海,显念:“南无观世音!我法显远行求法,愿威神归流,得达所止。”过此又遇,商人乃以法显不利,下之海岛,以救得免,五人去而一人回。玄奘之游西也，以《瑜伽师地论》故，烽候则毒箭及身，胡引则拔刀相向，遂乃子然沙漠，魅影迷离，堕囊失水，五日殒绝，伊吾劝住，三日不浆，危劫于银山，几僵于葱岭。生临印度，沿得师资。初到北天，遇龙猛门下学《百论》《广百》，遇有部高徒学显宗《正理》《对法》《理门》《因明》《声明》，众事分律。次达中天，学经部《毗婆沙》，有部《辩真》《发智》。虽琼瑰盈路，而荆棘塞途。灯光城五贼拔刀，砾迦国屠弃枯池，袜底境屠供祈福，归心睹史，前后几危，如是三年。然后达那烂陀寺，拜戒贤论师，受大人供米，饮法王甘露，听《瑜伽》《中百》三周，闻《因明》《声明》《集量》二遍，受《显扬》《对法》一回，钻研诸部，如是五年。然后遍历五天，于最胜子，于胜军居士，于清辨门下，学诸经论，又及五年。玄奘游西，羁留淹滞，始终前后十有七年，所闻所履百二十有八国，然后六百五十七部梵册，千三百三十八卷译文，含孕乎五天，震极于支那。以我东往，例彼西来，自永平迄至元凡百九十四人，历代译场，均非容易。是皆我土众生供养无量百千万亿三宝，不于一世二世、一人二人作诸功德之所积集，宁可任运，若存若亡？以是因缘，今刻全藏。

编刻流通者，其在官刻，南北明藏、宋、元及清，五皆梵本，校对多误，惟独丽藏，八本讐校，世号精良。其在私刻，武林嘉兴改为方册，式既方便，校亦详密。然皆毁失，惟清版存（据弘藏序丽版毁失，有谓尚在，天下至宝，亟须求访高丽）。宋、元、南北及嘉兴本，犹有印行，人间时现，所称善丽，籍亦无存。东海增上寺初有一部，以校明本凡经三次，十载竣功，宛然丽藏，后其丽本乃亦罹灾。弘教书院以增上本校宋、元、明，是故弘藏铮皎一时，惜用活字，未付枣梨，既隘流通，复闻回禄。若夫唐人著述收采无遗，靖国续藏亦称至宝，惜仍活字，闻亦祝融。是则择弘教，抉靖国，收敦煌，参五梵，考二私，集一万卷全藏，更乃付诸手民以广流通，以垂永久，岂非今时此土一大事因缘欤？先师石埭居士与东海南条上人，四十年前伦敦聚首，风雨谈衷，谓尝与妙空苾蒭同发大愿，募刻全藏。十有三年成二千卷，妙空示寂，愿速难圆。中华官宪，崇佛盖希，既无拨给巨款，惟有集腋成裘，随募随刊，渐为渐就，或在十年，或二十年。因是以观，师志所期，全藏为的，募款不易，《辑要》姑先。以渐不才，禀承嘱累，因缘时熟，踊跃施来，此《辑要》三千数百卷，不必三年可观厥效。嘉兴沈乙盦长者因此时机唱刻全藏，慈悲大愿，勗渐承先。渐惟长者垂老，乃有胜怀，悬记时期，以数则过，慨然负荷，谬为斯文。顾欲审益求精，遂拟择焉斯并，治必谛当，点必规矩，校必妥定，式必划一，技必整齐。刻局发生，今昔实夥，扬刻无治，常刻无点，浙刻异式，川湖赣刻事始萌芽，剞劂之工力资众举，幅度之制宜得大同。初便周观，姑刊未刻，后欲成帙，一切应镌。是则卷满一万余，款需三十万，有能独施此数，不殊支竺轮王。无上福田，寄兹妙典，谁非须达？念此法光，是皆我土众生供养无量百千万亿三宝，不于一世二世、一人二人作诸功德之所积集，宁可任运若存若亡？以是因缘，今刻全藏，爰作诚言，国有全藏，世尊赞美，十方菩萨，三界有愿，莫不加持，罗刹咒护，龙天呵拥，波旬随喜。兵革狱讼，疫疠灾祲，旱魃水蛟，穷苦迫窄，危脆险难，不测欺凌，以要而言，一切无有。有情无情，自性相应，四邻亲睦，人民柔顺，悲愍礼让，慈爱和平，眷属子息，金玉富贵，长寿长年，长安长健，胎卵孕育，湿化孳浸，五谷多登，树草丛生，边寒妍暖，福境滋增。又复智慧技艺，日新月异，勤修道德，渐达菩提，罗汉充界，菩萨盈宇，极而言之，大觉如来，此焉诞息。不能侈谈，约略而语，千分不及一，万分、亿分、优波尼杀昙分不及一，海水蒸珠，大地爪土，凡夫摄受，从何能数？写一经，供一偈，必生天堂，必作轮王，况乃全藏，而又刻版流通无数无量？是之谓如来藏，是之谓法藏，是之谓功德藏。佛历二千九百四十六年当民国八年季秋宜黄欧阳渐疏。

同月，刊刻《等不等观杂录》（8卷，清杨文会撰）。

同月，刊刻《大宝积经普明菩萨会》（1卷，秦失译）。

同月，刊刻《大宝积经论》（4卷，后魏菩提流支译）。

12月，刊刻《梵网经古迹记》（6卷，唐太贤撰）。

同月，刊刻《菩萨戒本羯磨记》（1卷，唐遁伦撰）。

本年，刊刻《杨仁山居士遗著》（23卷）。

自本年秋天陈樨庵去世后，散在各地的董事中很难物色出合适的继任人选。当时居士长子杨自新在北京，即与在北京的董事及陈正有、徐蔚如等商量，没有结果，因想推出的人，都不允担任。另外，梅光羲当时任山东高等检察厅长，常因公事到京，也关心继任人选，后又因事到沪，与在沪董事商议，仍然没有结果。最后，在沪的董事约齐到玉佛寺，把董事中有经济力量的人提名写成签条，放在签筒内，于佛前抽签决定，最后抽出由梅光羲当选。梅光羲当选为流通处主任职务后，因他有山东高等检察厅长公务，不可能来南京就职，乃委托刘小楼代表他在刻经处供职，刘不久辞职，又另委萧屏阁继任（萧氏个人尔后在花牌楼开一照像馆），二人的薪水均在山东高等检察厅挂名职员支付。此外，梅氏并聘请杨自新为新建监狱工程的监工，也是挂名给薪。又垫款一万数千元为刻经处的流通周转金。其他职员的薪金和应照顾者都进行了妥善安排。当时刻经的款项有陈樨庵在世时专款存储的募刻《大藏辑要》四十八愿愿款。这样，刻经和流通的业务便都顺利进行了。

按：梅光羲主持刻经处期间，外界曾流传因亏空，梅氏向政府出卖刻经处的谣言。这其实是一种误传。民国十年（1921）春，支那内学院筹备处由双塘巷原址迁设于半边街（今公园路），欧阳竟无随去该地，不能常来刻经处兼事监察，萧屏阁又兼营他的私人照像馆的业务，对刻经处的管理也就放松了。《大藏辑要》的愿款于民国十一年冬支刻用完，梅氏的山东高等检察厅长职务后来也交卸了，由于经济上的原因，即陆续将垫存刻经处的流动周转金抽回。他在刻经处的代理人萧屏阁的薪水也没有了，刻经处在经济上日益困难，以致职工的生活和印刷流通业务难以维持。这样，梅光羲不得不在民国十五年（1926）辞去刻经处职务。梅氏辞职以后，他的代表萧屏阁也随之去职。原有的职员李可园、李石庵因刻经处各董事散在各地，一时不能选出接替梅光羲的流通主任，此不仅影响业务，且职工生活也无法维持，于是想到陈正有、徐蔚如等人一向大力护持金陵刻经处，这时陈、徐二人都在天津启新洋灰公司任职，遂写信向他们呼吁，请求维持。同时梅光羲急于要抽回全部垫款，也去找他们设法。他们见此情况，不忍坐视，而各董事分散各地，一时难以聚齐，并鉴于陈樨庵去世时推选继任者的困难情况，感觉此事不能拖延，即筹款组织维持刻经处之团体，名辅仁社（以刻经处是杨仁山居士创办，故以辅仁的名义来护持）。由该社派孙公衡、甘贡三来刻经处管理处务，兼借垫巨款为流动金，同时拟具章程，叙述垫款的情况，呈请江苏省政府备案，请予核准执行章程和垫款等规定的权利和义务。但他们进行此事并没有与多数董事以及杨氏后人商量，仅梅氏一人知情，所以一经揭晓，即遭到各方面的反对，以为辅仁社与董事会有别，怀疑别有企图。因此辅仁社仅仅维持刻经处月余，即将派遣的孙公衡、甘贡三撤回，取消了辅仁社的组织。因此一段因缘，后来即误传为梅光羲亏空而向当时政府申请出卖刻经处。

1920年

2月，刊刻《大事须知》（1卷，孙传枳纂）。

3月，刊刻《百法明门论义记》（4卷，唐昙旷撰）。

4月，刊刻《法集名数论》（1卷，宋施护译）。尾页有如下文字："弟子丘檗、吕澂为亲教师欧阳竟无居士五十生日捐款，敬刻此论。"

5月，刊刻《禅宗决疑集》（1卷，元智彻撰）。

7月，刊刻《唯识二十论会译》（2卷，元魏、陈、唐三译）。

同月，刊刻《无畏禅要》（1卷，唐善无畏撰）。

同月，刊刻《大乘掌珍论》（2卷，唐玄奘译）。

同月，刊刻《成唯识论别钞》（6卷，唐窥基撰）。

8月，刊刻《集诸经法宝最上义论》（1卷，宋施护译）。尾页有如下文字："刘小楼捐二元、王少湖三元二角五分、李可园李石庵共一元、苏仁民程黼斯许余庆共一元、潘文法李贻和姜文卿潘章辰共二元、干作三元、潮作三元、郎程徐杨四女士共一元，合十六元二角五分。为欧阳竟无居士五十生辰敬刻此卷。"

9月，刊刻《大乘阿毗达磨集论》（8卷，唐玄奘译）。

10月，刊刻《撰集百缘经》（10卷，吴支谦译）。

同月，刊刻《出生菩提心经》（1卷，隋阇那崛多译）。

11月，刊刻《阿毗达磨发智论》（20卷，唐玄奘译）。

同月，刊刻《善住秘密陀罗尼经》（3卷，唐不空译）。

同月，刊刻《曼殊千臂千钵经》（10卷，唐不空译）。

12月，刊刻《转经行道愿往生净土法事赞》（2卷，唐善导撰）。

同月，刊刻《无量寿观行仪轨》（1卷，唐不空译）。

同月，刊刻《妙法莲华经玄赞》（40卷，唐窥基撰）。

同月，刊刻《十地经论义记》（24卷，隋慧远撰）。

同月，刊刻《华严经题法界观门颂注》（3卷，宋本嵩颂，元琼湛注）。

同月，刊刻《净土境观要门》（1卷，元怀则撰）。

1921年

2月，刊刻《达磨多罗禅经》（4卷，东晋佛陀跋陀罗译）。

3月，刊刻《净土捷要》（1卷，明德清撰）。

春月，刊刻《罗湖野录》（3卷，宋晓莹撰）。

春月，刊刻《禅秘要法经》（4卷，姚秦鸠摩罗什译）。

4月，刊刻《华严孔目章》（8卷，唐智俨集）。

9月，刊刻《一行居集》（9卷，清彭际清著）。

秋月，刊刻《道德经注》（2卷，宋苏辙撰）。

10月，刊刻《瑜伽真实品》（2卷，唐玄奘译）。

12月，刊刻《苏婆呼童子请问经》（4卷，唐输波迦罗译）。

同月，刊刻《杂宝藏论》（10卷，元魏吉迦夜译）。

同月，刊刻《法华普门品疏》（4卷，隋智顗说）。

同月，刊刻《维摩诘所说经义记》（16卷，隋慧远撰）。

同月，刊刻《西方发愿文注》（1 卷，清实贤注）。

同月，刊刻《华严经行愿品疏》（60 卷，唐澄观疏，清杨文会合）。

冬月，刊刻《禅法要解经》（2 卷，姚秦鸠摩罗什译）。

冬月，刊刻《集古今佛道论衡》（5 卷，唐道宣撰）。

1922年

1 月，刊刻《不空三昧大教王经》（7 卷，宋法贤译）。

同月，刊刻《现证三昧大教王经》（30 卷，宋施护译）。

同月，刊刻《金刚般若波罗蜜经》（1 卷，姚秦鸠摩罗什译）。

4 月 30 日，本处就募刻《大藏辑要》四十八愿捐款事，发布第二次报告书：

自己未冬季至辛酉冬季编刻报告：说明前第一次报告，载自甲寅讫戊午，凡五年，共刻成书 70 种，487 卷，已蒙鉴及矣。今为第二次报告，自己未讫辛酉凡三年，其已刻成而已出者，47 种，344 卷。其余一部书内，因无款歇刻，而仅刻成其半者 5 种，56 卷。共凡 52 种，400 卷。然《辑要》之成功，尚有 40 种 241 卷（5 种须补完者在内）。其余或为可缓及不得底之书，或为他处已刻之书，均从略。

一部书内仅成其半 5 种 56 卷。

《维摩经疏》36 卷，内仅刻 3、4、5、6、7、8、9 等 7 卷（湖南已有刻本）。

《三德指归》80 卷，内仅刻 1、2、3、5、7、13、33、34、35、36、37、38、39、40、41、42、43、44 等 20 卷。

《金刚科会》16 卷，内仅刻 1、2 等 2 卷。

《十不二门文心解》上下 2 卷，内仅刻上卷 1 卷。

《正法念处经》70 卷，内仅刻 1、2、3、4、5、20、21、22、25、26、30、39、40、41、42、43、44、50、61、62、63、66、67、68、69 等 26 卷。

收支报告：说明第一次报告，自甲寅讫戊午，凡五年之捐款收付，皆系陈樨庵君经手。己未秋陈君西逝，中间尚有一年之账，鄙人等代为结束。查第一次报告及收条底本，应存有戊午年存款 8991.493 元，及己未八月以前所收之各捐款 2000 元（内略），合共应存 10991.493 元。惟陈君义曾于此中用去 2350 元，另有细数，可备查考。故结至陈君西逝为止，旧管之数，实只共有 8739.522 元，兹再加以己未年八月以后之新收捐款，并己未以来支出之数，四注清结具陈如左。

收入旧管 8739.552 元，新收捐款 1300 元，共计 13009.522，支出刻《毗尼方广经》等 43 种 10039.522 元，实存收支无存。

民国十一年壬戌四月三十日金陵刻经处识

查自甲寅民国三年夏季成立起，至十一年四月三十日止，募刻《大藏辑要》四十八愿，认捐愿款姓名，数目列下：

李如南认十愿，实交 3700 元；无名氏胡笔江介绍认四愿，实交 900 元；蒯若木认二愿，实交 3000 元；梅撷芸、王鹿泉各认二愿，实交 2000 元；范古农认二愿，实交 800 元；叶玉符、陈公孟、王小宋、徐士澜、徐文璃、周叔弢、赵周惠、赵周芳、任振采、叶汪氏、杨荫孙、周庆儒、丁佩瑜、周子美、乐净居士、吴渔川、李熙明、周子厘、沈惺叔、简照南、简玉阶、欧阳石芝，以上 21 人各认一愿，共交 10500 元；东海徐响五、陈太夫人共认一愿，交 500 元；李车节成率子新熹认一愿，交 500

元；叶叔达、叶俞氏共认一愿，交 500 元；蒋抑卮认一愿，实交 400 元；胡笔江、孙雅宜、蒋孟频、李苑玉华以上 4 人各认一愿，各实交 300 元，共计 1200 元；傅写忱、孙公衡以上 2 人各认一愿，各实交 200 元，共 400 元；刘李理明（李如南令姊）、郭少艇、张伯骝、曲荔斋、伍少垣以上 5 人，各认一愿，各实交 100 元，共 500 元。总共计 24900 元。

同月，刊刻《金刚不坏假名论》（2 卷，唐地婆诃罗译）。

5 月，刊刻《集神州三宝感通录》（6 卷，唐道宣撰）。

7 月，刊刻《说无垢称经》（6 卷，唐玄奘译）。

同月 17 日，支那内学院于南京半边街（今公园路）正式成立，并呈内务部、教育部备案。欧阳竟无任院长，吕澂任教务长。支那内学院成立以后，求学者云集，呈一时之盛。10 月，欧阳竟无讲《唯识抉择谈》，梁启超适在东南大学讲先秦哲学，也来执弟子礼听讲兼旬，因病中止，后写信给欧阳竟无说："侍讲席两旬，所以弘我者无量。……自怅善缘短浅，有尊师而不克久侍，然此两旬所受之熏，自信当毕生受用不尽也。归后疗养，稍可当辍百业，以一年之功，专治唯识，或常以书请益，仍乞垂愍见诲。兹呈拙稿数篇，能批数语掷下，亦足鼓其精进也。敬上。"可见其教诲入人之深。

至本年底，金陵刻经处研究部的工作结束，欧阳竟无仍兼刻经处编校主任。1943 年 5 月出版的《欧阳竟无大师纪念刊》刊登黄忏华撰《记金陵刻经处研究部——内学院之先河》：

佛法以后汉入中国，至李唐而极中天之盛，亦至唐贞元以后而衰，祥符景祐自邻以下，元明更无论已。自贞元五年（公元 789 年）后，历年约千余，当清同光间（公元 1862—1908 年），有以居士身出而中兴佛法，上继盛唐，下开来祀，光前裕后者，石埭深柳大师仁山杨先生文会也。（先生尝自号其书斋曰深柳读书堂，学者因以深柳大师称之。）

深柳大师一代之应化事迹，其最著者凡三：一曰设金陵刻经处以刊布藏经，一曰设祇洹精舍以作育人才，一曰设佛学研究会以弘宣教义。而以末法时代全赖流通经典利济众生，故其毕生所尤致力者，刊布藏经也。北方《龙藏》久成具文，太平天国军兴后，流通之经版又毁于兵燹，佛法盖已不绝如缕矣。大师怒焉忧之，远绍紫柏之大业，创设金陵刻经处，刊印单行方册本藏经，弘布佛教于海内。又广求因五代之乱而散佚不传之古本于海外，择其最善者刊布之。于是隋唐诸宗高德之章疏复见于中国，开有志研精佛教教理者深造之途径。综大师一代，唯以弘通为业，校理刊印劳不告倦，其所印布之方册本藏经达二千卷之多，衰歇千余年之东土佛法得以重兴者，大师之力也。

大师一代，德化遐布，声盖四远，白黑数千，咸共宗事。而其克传衣法以上首称者，凡三：一为南昌黎端甫先生，治法性学；一为宜黄欧阳竟无先生，治法相学；一为德化桂伯华先生，治秘密陀罗尼学。然黎、桂二先生早逝，发扬光大大师之事业者，宜黄大师竟无欧阳先生渐也。

深柳大师以辛亥革命之前二日示寂，先期以金陵刻经处校理刊印之事付嘱竟师，盖并迦叶、阿难二尊者之事业而寄诸师一人之身也。辛癸之际，金陵扰攘，师闭户珂里宜黄治梵经者二载。民国三年春夏间，舍家至金陵，主刻经处勘印事。同时讲学于刻经处侧龚家桥程氏空屋，听讲者有盐城姚妙明、丹阳吕秋逸、顺德黄树因、泰州徐克明及昆明苏心田等。尝函召不慧，以事阻，不克与，而东渡与合浦陈真如同从德化大师伯华桂先生念祖游焉。

翌年，师以来学者渐众，进而求极深研究者亦多，乃于刻经处后双塘巷赁屋，度大藏，集息心贞信之士而讲习焉，名之曰金陵刻经处研究部，示本于深柳大师之付嘱也。是即支那内学院之先河。时列门墙者，姚妙明、吕秋逸、黄树因而外，有南昌刘抱一、宜黄黄子山、真如及不慧亦返国及门，其常相过从者又若干人。虽筚辂蓝缕乎，然学子莘莘，规模已略具，竹林祇园那烂陀寺，具体而微矣。师尝应甘肃主政张广建之请赴皋兰讲学，于兰为诗寄同人，中有句云："二一亭亭莲，二黄矫矫驹，二明皎皎月，平湖芳菲菲。"即以同人之姓字入诗，而示归欤狂简之意也。"二一"谓秋一（秋逸之逸原作一）、抱一，"二黄"谓树因及不慧，"二明"谓妙明、克明，"平"者邬爱平，时在研究部小住，湖则常相过从之王少湖也。时子山早返赣，真如亦以家难返粤，故诗未及之。

师之内学可大别为三时期，初期明瑜伽，瑜伽既明而中期遂弘般若，晚期更会归密严涅槃。研究部时代，则师盛弘瑜伽学即法相唯识学之时期也。在此时期，师率教门人先治《摄大乘论世亲释》，为入法相唯识学堂奥之门。又尝教门人先治小乘阿毗昙《六足》《发智》《婆沙》《俱舍》《顺正理》乃至《成实等》论，以衔接大乘阿毗昙《集论》等焉。然在此时期之最初，又尝教门人治《释摩诃衍论》《大宗地玄文本论》及《中观论疏》三书，尝谓"圆顿未精，遽治分析（指小乘阿毗昙学），伏害匪浅"。此虽非师之定论，未几即绝口不提，然记之亦可见师学说思想演进之一斑也。

师在此时期尝为门人讲三法印，又尝讲唯识等书，既而复成《瑜伽师地论序》。先是深柳大师校印《瑜伽》，未竟而示疾，临寂以属师，师力瘝之，期年而全书成，以克竟深柳大师未竟之志，足以上报师恩下饷学者也，因为之序。虽名为序，实一鸿篇，其文体大思精，不唯阐瑜伽之蕴奥，实窥基《瑜伽略纂》、道伦《瑜伽论记》后唯一伟大之著作，而包罗法相唯识学全体系之概论也。不宁唯是，虽称之为佛法全体系之概论亦无不可。且不唯概论也，其于释迦大法，钩深索隐，发前人所未发，致广大而尽精微，又足与《法苑义林章》匹也。

时同人在师指导下从事经论之研究，复以其余力佐师校经离经。唐人著述注疏多与经论分行，阅读至不便，则为合之。字句有脱误，则对校宋元明丽（高丽）诸藏以刊定之。合若干人之力，成绩斐然。师以刻经处拟刻之经目未备，同时由研究部补充刊印，数年间出书达数十种，多唐末五代以来久佚之古本，有资于学人之研究者滋非浅鲜。今凡卷末有研究部字样者，皆是也。师之于深柳大师，可谓善继其志喜述其事者矣。

师于同人中最推许秋逸，尝以鹙子称之。鹙子者，舍利弗之译名，于释迦门下为智慧第一者也。又以妙明相从最早，年又较他门人稍长，尝戏呼为长老，视若须菩提，遇之亦较他人为宽假。师时盛弘唯识，而妙明则治贤首家言，贤首家言固与唯识家言相龃龉者也，师亦不强之，脱为他人则必为师所诃矣。又同人中树因长于外国文学，师常勉同人努力学梵文，期他日能直接读梵文经典，树因踊跃应命。师大喜，举深柳大师所藏西人所著、关于梵文之书籍授之。并于《大唐大慈恩寺三藏法师传》之封面，隶书数语，縢以贝叶经一页付之，若衣钵然。期其他日远绍玉华，西游梵土，归而移译此土先所未译，或已译而未尽善，若《大乘庄严经论》之类，并移译此土独存之经典为梵文以反哺也。树因遂孜孜自习，渐得其门径，既而闻山东有德人雷兴者，掌教其校，擅梵文，师乃请梅撷芸先生（时任山东高等检察庭长）介树因往。树因从雷先生游，经岁梵学大进，继又闻北京大学教授俄人钢和泰于斯学尤精，并擅巴利文、藏文，复往从之。数载，尽得其传，钢先生引之为北大助教。树因复取先秦以降古文辞熟读之，将有事于移译矣，突病，赍志以殁。师恸之甚，为作传，后并于内学院中辟树因研究室以为纪念。

复次，师于同人亲若家人父子，常以豪杰相期许。谓非超群绝伦人，不能甘此淡泊生涯，销声穷巷，铲迹萧斋，治出世间学也。记不慧尝以事离研究部，他适经月。师以信片书寄"日日望人归，望人人不至"二语以速其归。既又戏取牙牌神数占之，得"麟儿好头角，光大尔门庭"语，师大喜，以硃笔书之，并附注云："忏华必来，我好喜。"揭诸不慧寝室门侧。举此一例，可见师于同人，其亲切为何如。然师神韵严肃，容止方棱，以淑世道不尊由师不严也，复常勉同人以尊师重道，同人偶有失当，亦诃斥随之，声色俱厉，不稍宽假也。

师时居刻经处，日来研究部一二次，示同人以进修方法，间及诗文书法，每极精粹。并尝以真如将返粤入世，为讲易一周，不慧亦列席傍听，觉平日视为艰深之易学，至此而茅塞顿开焉。

师偶亦率同人游鸡鸣寺、扫叶楼、莫愁湖诸名胜，同人常迤逦前后，高歌唐人七绝过市，旁若无人。有"浴乎沂，风乎舞雩，咏而归"之概，悠然不复知身在红尘扰攘中也。

师之为学，艰苦卓绝，秉烛治经，常至戌夜。在龚家桥初创研究部时，尝有诗曰"飒飒西风撼破楹，潇潇寒雨湿空庭。更深寂寞欧阳子，穷老苍茫一卷经"。盖纪实也。

迄民国七八年间，望风遥集负笈从游者日益众，师以非宏开广厦不足以盛弘大法也，遂扩研究部为内学院。今内学院几与那烂陀媲美，声名洋溢乎海内外矣，而研究部一段史实久为佛学界所遗忘，甚至入师门较晚者亦间有只知内学院而不知有所谓金陵刻经处研究部者也。

师示寂后，真如以书来，谓"纪念专刊弟已筹得款，所要者唯出格之文字耳，此乃兄与秋逸兄等之任，非弟所能办。望抽多时间，专作长篇，以彰师之学术盛业"云云。不慧师门之朽木焦芽耳，何足以彰师之盛德大业？且羁身尘海已久，学殖荒落，又安得有出格之文字？然世间眼灭，悲痛难言，且师初度弟子，零落殆尽，今唯秋逸、真如与不慧在耳，师恩友谊，两不容辞。尝拟撰《宜黄大师学说概要》（或《宜黄大师学案》）以报，顾以资料不备，专刊又出版在即，不得不期诸异日。而以曾侧身研究部，虑师一代应化事迹中之此一段史实，浸至漫灭，爰就记忆所及，拉杂记之。嗟嗟，德化早陟密严，宜黄又生兜率，象王既逝，贫子畴依？握管操觚，不知涕泣之横集。

8月，刊刻《显识论》（1卷，陈真谛译）。

同月，刊刻《转识论》（1卷，陈真谛译）。

同月，刊刻《瑜伽师地论记》（100卷，唐道伦撰）。

同月，刊刻《劝发菩提心集》（5卷，唐慧诏撰）。

10月，刊刻《华手经》（14卷，姚秦鸠摩罗什译）。

同月，刊刻《杂阿毗昙心论》（14卷，刘宋僧伽跋摩译）。

同月，刊刻《无著金刚能断般若经论》（3卷，隋达摩笈多译）。

同月，刊刻《天亲金刚般若经论》（3卷，元魏菩提流支译）。

同月，刊刻《世亲能断金刚经论释》附《金刚经论颂》《金刚经末颂赞述》（3卷，唐义净译）。

同月，刊刻《理趣六波罗蜜经》（10卷，唐般若译）。

11月，刊刻《解深密经疏》（34卷，唐圆测撰）。

12月，刊刻《明了论》（1卷，陈真谛译）。

同月，刊刻《俱舍论记》（100卷，唐普光撰）。

同月，刊刻《药师经古迹记》（2卷，唐太贤撰）。

1923年

5月，南京支那内学院印行欧阳竟无《唯识抉择谈》、吕澂《佛教年表》。

1924年

8月，刊刻《瑜伽焰口》（1卷，清一雨撰）。

本年，《内学》年刊（第1辑）刊登《支那内学院概览沿革》："本院发起于民国七年，为欧阳竟无居士所创办。居士江西宜黄人，师杨仁山居士研究内典垂二十年。辛亥秋杨居士示寂，竟无居士遂至宁继其事，兴研究部，其后六七年间，日夕校印法相唯识经论。七年戊午居士发起支那内学院设筹备处，十年春迁筹备处入半边街今址，翌年遂正式宣告成立，呈内务部教育部备案，时十一年七月十七日也，至今已二年余矣。"

1925年

8月，南京支那内学院院长欧阳竟无开设法相大学。

同月，刊刻《集诸经礼忏仪》（4卷，唐智升撰）。

10月9日，太虚大师由庐山过南京，大醒等随行。太虚大师访欧阳竟无，参观法相大学；受邀说法，讲《认识的地位论》。

秋，支那内学院改组为问学、研究及法相大学三部。另辟内学院第二院，招收法相大学特科学生一班，地点在汉府街。法相大学占地81亩。

12月，支那内学院出版《内学》年刊（第2辑）。

本年，刊刻《佛说四十二章经》（1卷，后汉迦叶摩腾、竺法兰译）。

本年，刊刻《佛遗教经》（1卷，姚秦鸠摩罗什译）。

本年，刊刻《八大人觉经》（1卷，后汉安世高译）。

1926年

12月，支那内学院出版《内学》年刊（第3辑）。

本年，蒯若木任本处流通处主任。蒯氏也因有公职在身，不能来刻经处就职，委托徐子洁为代表在宁负责。蒯氏有经济实力。徐子洁从民国十五年（1926）秋冬间任职至民国三十年（1941）秋辞职。

1927年

本年，由于军队进驻，法相大学于是停办。此年因姊淑病亡，欧阳竟无悲慨发愿，"循龙树无著旧轨，治《般若》《涅槃》诸经，穷究竟义，次第叙成"。此年秋，欧阳竟无发起编印《藏要》。

1928年

4月，欧阳竟无致函蔡元培，探讨当前佛教问题。

本年出版的支那内学院《内学》年刊（第4辑）（民国十六、七年合刊）刊登《本院事纪》:

> 本院近二年间，因受时局影响，诸事变迁。兹择其要者纪之。
>
> 一、组织之变更:
>
> 本院法相大学特科原在第二院开办，十六年三月以后，军队驻入院内，历久不去，教授管理，均感困难。院务会议议决，至十六年暑假，期满二年，暂行停办。其成绩优秀之学子，分别留院工读。同时第一院各部组织，亦因经济关系缩小办理。问学部取消，研究部亦停顿。至十七年春，学友渐集，各种讲习积极进行，研究部颇复旧观。惟大学特科以种种牵制，一时尚无续办之望。
>
> 二、刻经之结束:
>
> 本院校刻经论，历年未辍。十六年三月以后，刻匠工价陡涨，条件繁苛，无法维持，遂告停顿。至十七年夏间，与叶玉甫氏协议，将叶氏捐资所刊集成百种，补刻完全，以为木版刻经之总结束，乃复招集刻匠兴工。所有《唯识义演》《唯识钞秘蕴》等大部著述，皆分别补刊，一二年间即可齐全，亦洋洋大观也。
>
> 三、《藏要》之编刊:
>
> 本院缩小范围后，同人集力编刊《藏要》，由大藏经中选

出要籍，精校详注，分辑出版。其第一辑，选《般若》《华严》《宝积》《涅槃》《阿含》等经，《菩萨十诵》等律，《智度》《瑜伽》《中论》《中边》《唯识》《因明》等论，凡二十余种。对校梵藏各本，新旧各译，用批判方法，校注定稿。付上海仿宋印书局精印，民十八年即可陆续出版，编刊略例，附录于后。

历代大藏都有十弊：一漫无统绪，二伪书不简，三一书存多译，四译多艰涩，五译夺本意，六改篡本文，七错简脱文误字，八臆说无稽以著述，九空疏寡义以注疏，十繁文敷衍以塞责。是为一凌、二伪、三复、四涩、五夺、六篡、七误、八臆、九空、十芜。荒途若此，安可远行？欲示通途以饷学者，此《藏要》之所以经营也。略例如次。

其一，本五天规范之学，作有统绪之编次。抉藏精华，区从其类，初举其纲，续衍其目，分为六辑，辑例一如，由简文而繁文，引人入胜，信解修持，庶乎其不差欤？

其二，异刻、异译、异文，以一为主，余择用最，刊误释疑（举例另见），务使义明文畅，真面跃然。

其三，异刻文句以南北宋本为主，元明讹略，丽藏臆改，勘梵番异文而知，此刻凡无确证，不轻移易，一扫诸本卤莽灭裂之失。

其四，异译异文，参证旧释，拣精会注，同则取其较畅之文，异则存其两家之学。至其疑似讹传，概从删略，不拘定全文通汇为存古也。

略举四例，以见其凡。今世称为精刻之藏如日本大正大藏者，勘彼内容，讹谬百出（举例另见）。诚以此学义既高深，文亦渊隽，西人未皆能义，日人艰以行文，必得我国汉清治经缜密之法，宋明穷理精微之思，挹以藻文，规以章句，然后乃能枳橘不渝，至理斯畅。今不逮昔，通才奇难，勉以赴难，众擎亦举，四恩三苦，遂忘固陋，毅然为之而已。

四、藏文之研究：

本院树因研究室成立以后，藏文研学颇有成效。民国十六年，大学停办，有志者专习藏文，研读《集量论释》等各种。十七年春，西宁藏文研究社社长黎雨民、社员杨质夫二君南来，对于本室极端协助，赠以曲尼版《瑜伽》全部，并借存德格版丹珠要籍，安土版各种文法，及西夫那刊本《印度正法史》等，以资研究。杨君复来院教授藏文根本文法、书法等课，学者受益甚多。同时搜集原典，得四川刘自乾君赞助，不久可得德格版全藏一部云。

五、辞典之编纂：

本院同人研究藏文，同时计划编辑《藏汉佛教辞典》一种，以为研究藏典之利器，略例录次。

世界两大译藏，曰汉译，曰藏译。汉译以罗什、玄奘等而雄，藏则五天大德代不乏人，故尝为汉译所无而藏译时有者，文化所资，价值何如耶？一百年前，欧西学者即大注意，有藏英字典之作，资用所及，大有造于政治方面，一切啜吸由文字始，有断然也。西藏本我国版图，蹉跎到今，犹无一藏汉字典发见，宁独学问家之憾欤？民国新造，各献所长，本院因亦有《藏汉佛教辞典》之作，以饷国人，略例如右。

一、兹篇由藏汉要籍三十余部中，收集佛教术语及其习用辞句，凡一万有奇。一依藏文字母为编次，二各系汉解，三存玄奘、义净诸家译语。即便寻索，复便译家取材。

二、兹篇编次，先由梵藏对译，选取基语。次由西藏六门佛典，对勘增详。后由历史目录，更为充实。末复附录图表多种。本学术见地以提示，即可作藏学入门之正鹄也。

　　三、兹篇以单字为纲，依文典注出变化，日用常字，大体完备。盖不仅专门之用，又研究藏事者必需之物矣。

1929年

　　1月，梁启超病逝，欧阳竟无作联挽之曰："政不忍梦，学不忍梦，海鹤神龙，风雪长空飞舞；赏心亦梦，伤心亦梦，离骚孤愤，悲歌何处清凉？""天下有公，知世界、知学问、知险难，危亡赖此，晨钟清响一声惊大梦；沧海予末，何开悟、何神奇、何德业？闻望止余，悲愿绕行三匝竟虚怀。"

　　7月，支那内学院编印《藏要》第一辑开始出书。

　　同月，支那内学院由德格请得番藏全部运抵院部。

　　8月，刊刻《金刚经注解》（1卷，明宗泐、如玘同撰）。

　　同月，刊刻《心经注解》（1卷，明宗泐、如玘同撰）。

　　10月，刊刻《六祖大师法宝坛经》附《大师事略》（1卷，唐惠能说，法海录）。

1930年

　　10月，刊刻《佛教初学课本注》（1卷，清杨文会编）。

　　本年，欧阳竟无与弟子盛成一同去见章太炎。

　　按：1930年10月11日，"下午，我去同孚路同孚里看章太炎先生。

　　"当时，我的老师西尔文·雷威（Sylvain-Lewi）要在法国巴黎建立一个佛学院。他是研究梵文的专家、佛学大师。他的想法是能请到中国人就不请日本人。最初，他把太虚和尚请去，太虚到了巴黎，不讲佛学，讲起了唯物史观。第一场去了很多人，第二场便只有几个人听。没有办法，太虚只好到了英国，又从英国回国。

"雷威先生对我说：'你回去后，把你的老师章太炎、欧阳竟无无论如何请一个来，这样佛学院才能建起来。'

"见到太炎先生，我讲了雷威的请求。太炎先生说：'你要叫我死在法国啊？！'我又说：'这次回来，我要留学中国。我还要跟您学儒家的东西。'太炎先生说：'你还要跟我学啊？'这样，话不投机，没法谈下去了。

"后来，我到南京见竟无先生，同他谈了去法国的事。竟无先生说：'我现在搞《藏要》，抽不出身。'我说：'我回来要学习经学。'竟无先生说：'你还是找太炎先生。'我说：'我已经碰了钉子了。'

"之后，我和竟无先生一同去见太炎先生，太炎先生纵论古今中外，让人插不上话。出来时，竟无先生对我说：'见了太炎先生，我才知道他不能教你了。我来教你吧。'这是后话。"

11月，回家乡仪征办完祖母的丧事，"第二天，我乘小火车进城，到公园路支那内学院拜访欧阳竟无先生。"

"我见到竟无先生后，向他报告了我十年来大概的经过情形（当时，南京上海中华书局出《海外工读十年纪实》，我请欧阳竟无先生题书名，后又请徐悲鸿画了封面），并讲了雷威请他去法国之事，他当时就谢绝了。我说：'我这次回来，希望先生教我鹿门先生的汉学。'竟无先生说：'你还是跟我学佛学吧。'

"我当时对国内一般研究佛学的人，连竟无先生在内，有一种看法，认为他们都是研究翻译文字的佛学。由于梵汉两种文字存在着语法、文字上的差别，再加上当时有一种偏见，认为一切都是空的，所以虽然经过唐朝翻译名家的翻译，译出的东西仍然似是而非。后代的研究者又从译出的文字出发去研究，无异于刻舟求剑、缘木求鱼。"

"我跟他学佛学时，他让我读的第一部书是《大乘起信论》。这是一部法性宗的重要经典，……后来，欧阳竟无先生说这部书是伪书。

陈寅恪在印度山中找到了《大乘起信论》的梵文原版。他在广西大学曾对我讲：'欧阳竟无说这部书是伪书，完全是武断。'"

"我住在支那内学院时，正是欧阳竟无先生60岁生日前夕。他们家从江西宜黄来的人很多，他的夫人和七弟夫妇也来了。他特别领我去看了一个木盒子，里面装着欧阳家谱。他告诉我，他们第一代搬到宜黄去的，是欧阳修的亲弟弟欧阳佺，往上去是越王勾践，再上去是夏禹。他把木盒子放在墙壁的一个洞里，这是他在花甲之年的一个最好纪念。

"在宿舍里，我还认识了两个小和尚。一个是江苏江阴人，法名巨赞，另一个是四川成都人。他们是当年春天在九华山受戒的。同时受戒的还有一个英籍澳大利亚人，法名照空，是当时世界有名的间谍。

"巨赞从前是地下党，因组织被破获而出家。受戒后，他就住在支那内学院。我见了他后，有说不出的心心相印的感觉。立刻，我们就成了很好的朋友。"

"当时，有一个建设委员会，由张静江主持，是元老派的大本营。我回南京后，同他有了接触。这时，欧阳竟无先生写信给胡汉民，介绍我去看他。胡汉民与我的先兄盛白沙是莫逆之交。我看过他之后，他对我很热情，送我到门外。"

"这时，元老派推出张继（号溥泉，当时任国府委员）做华北政务委员会主任委员，并且推我为张继的私人秘书。"

1931年，"张继在发言中讲到：'庆父不死，鲁难未已。'竟无先生看到张继的讲话后大骂我，大有小子可群起而攻之之意。"（《盛成回忆录》，山西人民出版社2012年版）

1931年

夏月，刊刻《阿弥陀经》（1卷，姚秦鸠摩罗什译）。

秋，刊刻《圆觉了义经》（2卷，唐佛陀多罗译）。

冬月，刊刻《观念弥陀法门》（1卷，唐善导撰）。

同月，刊刻《大般涅槃经疏》（70卷，隋灌顶撰，唐湛然再治）。

同月，刊刻《护法论》（1卷，宋张商英撰）。

同月，刊刻《莲池戒杀放生文》（1卷，明袾宏著）。

本年，"九·一八"事变后，国难日亟，欧阳竟无"忠义奋发，数为文章，呼号救亡如不及。"一·二八"抗日军兴，师筮之吉，作释词，写寄将士以资激励。继刊《四书读》《心史》，编《词品甲》，写《正气歌》，撰《夏声说》，所以振作民气者又无不至"。

本年，刊刻《普贤行愿品》（1卷，唐般若译）。

本年，刊刻《法华经普门品》（1卷，姚秦鸠摩罗什译）。

1932年

1月，李证刚做盛成与郑坚的主婚人。

按："1932年1月2日订婚，1月19日举行婚礼。""当时，我请我的老师李证刚（名李翙灼）做主婚人（郑坚是他的学生）。郑坚的介绍人是寿石工。我们用郑坚家的一个厢房作礼堂办了婚事，并在《大公报》登了启示，照了相。""我们结婚时，请了齐白石做证婚人。齐白石同郑坚的父亲是最好的朋友，也是她的图画老师。我们请他做证婚人时，他说从来没做过这种事，也不懂怎么做。他写了两句诗在纸上送给了我们。写的是：一双比翼鸟，一对可怜虫。"（《盛成回忆录》）

"一·二八"事变发生后，十九路军抵抗日军。欧阳竟无介绍弟子盛成从军。

按："此时，我发了一个电报给我的老师欧阳竟无，告诉他我立志南下从军。十九路军最高将领陈铭枢是竟无先生的学生，竟无先生接到电报后，转给了陈铭枢。陈欢迎我立即南下。

"我到了南京后，见了欧、陈二位先生。陈铭枢当时是南京卫戍司令，他派了个副官同我一起到前线去。"（《盛成回忆录》）

4月18日，徐悲鸿拜访欧阳竟无于支那内学院，示以齐白石来函。函中齐白石请欧阳竟无书写联、扇各一。次日，徐悲鸿致函齐白石。"白石尊鉴：连得两书，欣喜之至。昨特走访欧阳先生，示以尊函，为先生求彼联、扇各一。借山馆题诗亦以尊意裁纸三幅告之。惟竟无先生意以未见图难以着想。此老最矜持，凡所作稍不如意，便撕成粉碎，不可强也。鸿必能得其佳书以报。先生勿念。当世善书者除竟无、右任两公外，尚有弘一和尚，即李叔同，亦师曾当日好友。竟无先生书格高调古，镕铸汉魏，愈大愈佳，于书偶悦风流，特多逸气。弘一则遒劲谨严，又雍和简雅。皆与王远、郑道昭争一日之长者也。尚有两人，一为钱振锽名山，一为方还唯一。唯一先生上星期逝去，钱先生隐居毗陵，不问世事。二人之书在李、颜之间，其人格尤孤高可敬。拙作乃蒙奖饰，曷胜感愧，谢君来书盛称。先生古道照人，而又责伯早强求大作为不当，属为道歉，还祈恕之。欧阳先生属为致意，此纸作画写字均受墨好用，先生盍一试。前承赐杰作多幅，感荷无极，每念老人辄出晤对。敬颂道安。悲鸿顿首。四月十九。"

8月12日，徐悲鸿致函齐白石。"白石赐鉴：大作两件均收得，翼如之扇已嘱，径以酬金奉寄先生矣。《借山图》最好请摄出一二页，托仲子或迪生，不必大张。即祈先生以册之大小之纸写信其上。俾鸿可以剖纸，分求诸老题诗。不然者人必艰于着想，虽允为诗而不可强与催促也。……悲鸿顿首。八月十二日。"

8月17日，徐悲鸿致函齐白石。"白石先生尊鉴：手书及赠欧阳先生蟠桃及两扇，并拜收无讹。竟无先生尚在病中，见此大喜，属先称谢。《借山图》他日当奉题。来书之纸当与《借山图》大小相同否？先生不为教授，自有理由。悲鸿又焉敢代他人强先生之所不可。惟大驾外出，必如西门豹佩弦（以自宽），毋太性急。此节真令远人担心也。敬请道安。悲鸿顿首。八月十七日。"

按：以上三封徐悲鸿致齐白石的信件，录自《中国书画》总第107期（2011年11月出版）。其中8月12日与17日的两封信没有具体年代，现据诸信的内容，暂定此年。

夏月，刊刻《弥陀经要解》（1卷，明智旭撰）。

本年，欧阳竟无亲赴上海会晤当时任京、沪卫戍司令的弟子陈铭枢，鼓励他率所部十九路军奋起抗日。十九路军的英勇抗战，曾迫使日军三易主帅。

1933年

7月，刊刻《地藏菩萨本愿经》（3卷，唐实叉难陀译）。

冬月，刊刻《金刚经》（1卷，姚秦鸠摩罗什译）。

同月，刊刻《心经》（1卷，唐玄奘译）。

本年，中国画家的画作赴德国美展的预展中，吕凤子为欧阳竟无大师的画像被推崇为最高简传神的精品。吕凤子在画好面部后，停了两三天才继续画完全身，他说："欧阳大师的容貌、神情要与全身的姿态相合。画好了面部，我曾去看他，选取他闲谈时最恰当的姿态，然后画下。"由此可见吕凤子对于其绘画作品的审慎。

本年，欧阳竟无为弟子盛成著《海外工读十年纪实》封面题签。

按："1933年，我的《海外工读十年纪实》在中华书局出版。当时封面是徐悲鸿画的，画的是希腊的大力神要用剑杀死九头蛇。封面题签是欧阳竟无先生。"（《盛成回忆录》）

1934年

春月，刊刻《梵网经》（2卷，姚秦鸠摩罗什译）。

12月19日，徐悲鸿致函齐白石。"白石先生赐鉴：天寒伏惟安善。竟无先生为先生书'白石山庄'苍劲已极。谨寄奉，望收到后覆我一书。倘有杰作，乞为留下，年终鸿必来旧都。敬请道安。并祝潭弟吉羊。悲鸿拜上。十二月十九日。"

按：以上徐悲鸿致齐白石的信件，录自《中国书法》总第314期（2017年9月版）。

1935年

1901年杨仁山居士65岁时，立下分家笔据。因时局不安及其他原因，杨氏子孙正式交出房契，则是在1935年6月29日，地点在蓝家庄二十四号居士孙女杨步伟与赵元任夫妇的住处，当时在场者有欧阳竟无、梅光羲、蒯若木、李正罡等人，并至市政府登记立案。

杨韵卿交杨深柳堂契据与董事李翊灼等所给收据，杨氏后人并摄照片保存原文。

民国二十四年六月廿九日收到杨韵卿女士交到杨深柳堂契据四张。

一、保甲局执照一张，并上业执照一纸。

二、水塘印契一张，又执照一纸。

三、夏姓杜绝白契一张。

四、管姓杜绝白契一张。

以上四张内粘附民三新契、民十七验契全。

签名：李翊灼、蒯寿枢、梅光羲、欧阳渐

民国二十四年六月二十九日由三妹交出杨深柳堂契纸四张，用金陵刻经处名义登记，家中各人均同意（注：以上执照契，均于登记请领所有权状时呈缴了）。

签名：杨咏裳、杨立生、杨钟英、杨雨生

同日，欧阳渐、梅光羲、李翊灼、蒯寿枢、陈义等人并在蓝家庄杨步伟寓所召开会议，会上补推许炳堃、叶恭绰、黄复生、林翔、吕澂等五人为董事，李安、文素松二人为候补董事。

本年，盛成在南京从欧阳竟无学习汉学，从李证刚学习"三礼"，又从柳翼谋学习《谷梁》。

按："在南京期间，我跟欧阳竟无先生学习汉学。他一边教孙子孙女，一边教我。

　　"谈到体和用，他说：'我们中国的学问重用不重体。'体和用是中国古代学术中的重要概念。对生物来说，器官是体，功能是用。生物学上，体是由用产生的。人由单细胞进化而来，单细胞只有用，没有体。人的消化、生殖等功能最初的生物都有，但没有这方面的体，即没有对应于这种功能的器官。

　　"竟无先生把儒学和印度哲学加以比较，认为中国的学识最讲究'用'。比如'中庸'，讲的是'用中之体'，是和'用'紧密相联的。'中'（zhōng）只有'中'（zhòng）才有用。'中'（zhòng）就是射箭射中了。射不中，'中'（zhōng）还是虚的。'庸'也一样，没有'用'也没有'庸'。这是中国的民族性。有'用'才有'庸'；有'中'（zhòng）才有'中'（zhōng）。

　　"墨家和儒家不同。儒家讲'中庸'，墨家讲'中（zhòng）用'。墨子代表了中国的下层社会，后来的游侠都是墨家的。

　　"'用中之体'上一层就是'庸中之体'，即'庸'。竟无先生讲，'体'有'体中之用'，有'体中之体'。我们中国的哲学顶多到了体中之用。'穆'字就是'体中之用'，到幽深玄远为止。

　　"'体中之体'有真实性。实性就是体，就是真。佛家讲如来、真如，就是实性。

　　"在马来语中，从直立猿人开始，讲到自身的体——Mana，就是真实、地道。

　　"抗战之前，即1937年7月1日—21日，欧阳竟无先生把他一生的学问（内外学及佛学）作了一个道场。我、李证刚、柳翼谋等参加了道场。欧阳先生的弟子蒙文通、梁漱溟、汤锡予等也在场。竟无先生从儒家的体用讲起，讲到相，然后讲到性。

"他的学问最初是皮鹿门的汉学，后来是阳明学，然后在金陵刻经处从杨仁山学习佛学，一步下到法相，到窥基、玄奘。

"在从竟无先生学习汉学的同时，我也从李证刚先生学习'三礼'。'三礼'是皮鹿门先生的看家学术。李证刚在中央大学还教《虞氏易》，我也从他学习。另外，我又从柳翼谋先生学《谷梁》。"（《盛成回忆录》）

1936年

本年，刊刻《十善业道经》附《善恶十界业道品》（1卷，唐实叉难陀译，明智旭订）。

本年，刊刻《佛说戒消灾经》（1卷，吴支谦译）。

本年，刊刻《佛说戒消灾经略释》（1卷，明智旭撰）。

本年，刊刻《优婆塞戒经受戒品》（1卷，北凉昙无谶译，明智旭笺要）。

本年，《佛学半月刊》（第119期）刊登《杨仁山老居士嫡孙咏裳等为金陵刻经处事宣言》：

（一）金陵刻经处，为先祖独力所创办。经板系由十方捐助。底本经书与刻经处之房地，皆系先祖以历年积蓄之私资购置。于前清光绪二十七年发大宏愿，嘱子孙将所置私产房地，施作刻经处永久流通之所，但房地契据仍由家中保管。是以民三、民十七两次验契，皆由杨氏出名。现因市府规定，凡有财产者，皆须登记所有权。咏裳等尊重先人意旨，故将深柳堂杨之名目，正式改为金陵刻经处之名目登记，以示杨氏护法之诚意。于本年六月二十九日，由管理人欧阳渐、陈义、蒯寿枢三人出名代理登记。但登记以前，咏裳等曾向代理登记人特别声明，此项产业，无论任何人及任何原因，皆不得抵押或变卖。故曾于登记时，在登记申请书附注栏内，载明以下之文字："此项产业，系特别施主杨仁山居士自置深柳堂之私产，遗命嘱将此产作为刻经处之所。为保存永久计，金陵刻经处不得抵押变卖。特此声明。"外又声明，将全部房屋，从中用墙隔开，东部划为办事之用，西部划为杨老居士塔院。其余房屋，杨氏子孙以奉祀之故，在内居住。其隔墙之界限，另图载明。以上各项提议，当经在场之蒯寿枢、欧阳渐、梅光羲、李翊灼四先生，代表全体董事会赞成，并灌有留音片为证。因此，万一将来发生抵押或变卖等事，以及违背先祖刻经流通之宗旨者，杨氏子孙以施主地位，必当依法控告。以后契纸蓝图会同交存银行，每二年在开常会时公验一次。

（二）先祖全部古本佛书，及正续全藏，亦于同时交存刻经处，由欧阳渐接收负责保存。书目共写三份，一存杨氏，一存刻经处，一存欧阳渐处。

（三）至于管理刻经处之办法，向来遵守先祖之命。将全体分为三部，由欧阳渐担任编刻校勘，陈义担任交际，蒯寿枢担任经理银钱及印刷流通。（原命陈镜清担任，但陈故后，由梅光羲接管九年，又因特故辞职。现由蒯寿枢管理，业已八年有余。）此项办法，十方久已公共承认。嗣后每处仍应划分权限，各任专责，不得兼管他处，以防个人操纵。如有因故出缺，其继任人选，必须由公共推举，不得私相授受，以后任何人，均不得违背此项办法。

（四）先祖以四十余年创办之劳，具有特别施主之地位，刻经处应于每年常会时，将其办理事务情形，报告其后裔。按董事会人选之资格，非佛学研究会可比。须平素有功于刻经处者，或捐有巨款者。或宏扬佛法不违背先祖之宗旨者，方有董事之资格。

此项宣言，本拟俟登记手续完清后，再行公布，只因目下外间颇多误会，故提先登报，俾明内中真相。合并声明。

中华民国二十四年十二月二十三日，杨咏裳、禾甫、钟英、雨生、步伟、稚卿、祥生同启。

本年，欧阳竟无和蔡元培专程到丹阳看望吕凤子（其母亲于去年去世），吕澂携长子吕应中随同前往。欧阳竟无与蔡元培并在吕凤子画作《追摹母像》上题词，赞扬吕母及凤子对教育所作的贡献。

1937年

春，刊刻《沙弥律仪要略》（1卷，明袾宏撰）。

春，刊刻《无量寿经》（2卷，曹魏康僧铠译）。

春，刊刻《药师如来本愿功德经》（1卷，唐玄奘译）。

春，刊刻《金刚经》（1卷，姚秦鸠摩罗什译）。

春，刊刻《心经》（1卷，唐玄奘译）。

7月7日，"芦沟桥事变"发生，北平沦陷。居住在北平的陈三立忧愤绝食而死。陈三立是杨仁山与欧阳竟无的好友。1908年，他施资与杨仁山共同创办"祇洹精舍"，培养了太虚、仁山等一批现代佛教人才。1919年，他又与欧阳竟无等共同发起成立支那内学院。他的死讯传来，欧阳竟无悲愤异常，挥笔作联挽之曰："大雅予怀，莫（暮）年诗句动江关，壮岁訏谟新运命；考槃独寐，何处潇湘来彼美？老成雕谢到先生。""浩气已无前，何不忍死须臾，看猃狁于襄，匈奴就灭；危邦宁可入？久矣安心解脱，便维摩示病，彭泽停杯。"

同月，盛成来南京听欧阳竟无讲学。

11月，欧阳竟无率院众将内学院所刻经版由南京运往四川，在江津建立内学院蜀院，继续讲学、刻经事业，但遗留在内学院中的数十万册书籍及房舍全部被毁，原院址后沦为平民的棚户区，致使抗战胜利后，支那内学院无法在南京恢复。欧阳竟无等路过重庆时，举办经版展览，一时参观者踊跃。

12月13日，日本侵略军占领南京，刻经处的职工，有的避难于城内难民区，有的逃往外地，刻经处无人看守。第二天，深柳堂及陈列在其中的谭嗣同赠送给居士的一套红檀木家俱被日寇焚毁。

按：武延康《吕潋先生长子吕应中访谈记》：

金陵刻经处佛学研究室武延康、刘巍、徐敏受领导委派，于2016年10月25日上午，与欧阳竟无后人辽宁常焱、朱星夫妇，同往住在北京清华园的吕应中先生家。因事先已联系，吕老早做好准备，热情地接待了我们。吕老中等身材，偏瘦，戴眼镜，一副学者模样。

吕老祖籍江苏丹阳，1926年出生于南京。他的童年在南京度过，后来因日本侵华战争，全家于1937年11月迁居到重庆江津。由于日本飞机经常轰炸重庆，先生自小就立志要学习造飞机，决心以"航空救国"。1946年考上清华大学，1948年成为中共地下党党员。被大家推选为清华大学学生会第一届主席。1950年大学毕业后，一直留校从事教学与研究工作。先生是中国核物理学学科的开拓者之一，著名核能源专家，清华大学核能与新能源技术研究院教授。

吕老虽九十高龄，但精神矍铄，思维敏捷，对往事的记忆非常清晰，侃侃而谈，讲述了不少亲身经历且少为人知的有关欧阳竟无、吕澂先生及支那内学院的往事。

　　26日上午，我们五人再次去清华园吕老家，继续进行访谈。其间，吕老用手机与目前居住在美国的已92岁高龄的欧阳竟无先生的长孙女欧阳筱苏进行了通话。两人童年时代都在南京的支那内学院度过，儿时的玩伴已有将近80年没见面了。两人在手机的视频中用英语互致问候，兴奋与喜悦之情溢于言表。

　　下面就是这两天访谈的主要内容。

　　常：您是1926年出生。请您谈一谈1937年11月支那内学院撤离南京前童年的生活情况。

　　吕：我的童年就在支那内学院度过。支那内学院在南京公园路，公园路是南北走向的一条马路。支那内学院就在通济门附近，它对面是一个公园。不像国内的公园有花坛等装饰，它是美国式的，就是一片大草地，内有四、五个网球场，还有一个足球场。家人买了网球拍，我们常去打球，球场有穿裙子的球童为我们捡球服务。不远处就是明故宫机场。内学院中，前面是一排平房，后面有一座小楼，欧阳竟无先生与夫人熊氏就住在这里。他的儿子欧阳格是国民党海军高官。当时政府有规定，外地官员不得在南京私建公馆，故欧阳格以内学院的名义在院内建小洋楼一座，前有小花园，平时其夫人张镜秋带着孩子住在里面。父亲与欧阳竟无先生关系密切，两家亲如一家，这从两家孩子的取名就可以看出来。欧阳格有二子二女，长子应一，次子应象。我兄弟三人，我名应中，大弟应山，小弟应运。我们弟兄称欧阳格为干爹，称张镜秋为干妈，称欧阳竟无为公公，而欧阳格的子女都称我父母为继爹、继妈。每逢春节，我们弟兄都要给公公磕头拜年，公公则给我们每个孩子发红包与点心。我们两家的孩子天天在一起玩耍，经常玩的游戏是爬树、用木制的刀剑打仗、捉乌龟。支那内学院内有方水塘、圆水塘各一个，方水塘水较深，圆水塘水较浅。里面常有小鱼、乌龟。欧阳格家有16寸小电影放映机一台，我们这些孩子经常去他家看电影。他家有小汽车，也常带上两家的孩子到玄武湖等风景区游玩。当时南京市内还没有公交车，外出多靠步行或黄包车。内学院在秦淮河畔。它的后面是河堤，堤外就是秦淮河，对岸是市内小火车道。1937年日本飞机轰炸南京，飞机飞得很低，机枪沿小火车道扫射，喷出的火舌我们都看得非常清楚。那时我立志学航空，做飞行员，报效祖国。当时欧阳格用军舰运来一块钢板，在靠近秦淮河的芦苇丛中搭建了一个简易防空洞。因挖地3尺就有地下水冒出，故此防空洞不是建在地下，而是搭在地上，钢板就盖在防空洞的顶上。此时南京的状况很惨，我离开南京后回去过一次，就再也没有回去了。

武：您父亲吕澂先生是佛教徒吗？

吕：父亲将佛学作为一门学问研究，不是佛教徒，没有受过戒，家中也没设佛堂。内学院是学术研究团体，不是宗教团体。解放后，中央聘请他为中国科学院哲学社会科学部学部委员，父亲来到北京，上级发参加会议的邀请函，称其为宗教界人士，父亲不满意，说我不是宗教界的，是研究哲学的，并向总理汇报要求更改一下。虽然他声明不是宗教界人士，但因为他长期吃素，故开佛教会议期间安排吃饭时，仍与宗教界人士在一起，还是脱离不开宗教界。我父亲没有传授我们佛学知识。大概在家研究佛教的人统称居士，故大家都称他为居士。

〔按：1959年吕澂先生作《自述——我的经历与内学院发展历

程》，其中有一段文字，可与吕应中先生上述言谈相印证。"1949年9月，政协第一届全体会议召开，特邀我为代表（宗教界），我因本无宗教信仰，名实不符，又顾虑代表名单公布后会影响到内学院蜀院的安全（当时四川尚未解放），未能应邀出席。"〕

朱：请您介绍1937年11月间，支那内学院所刻佛经版运往四川江津的情况。

吕：当时欧阳格任江阴要塞江防司令部司令，因军舰常从江阴出发去汉阳兵工厂拖运炮弹。从江阴出发，沿长江上行时舰船是空的，故路过南京时将支那内学院的经版顺带运往汉口。这样做不算假公营私，只是顺便而已。欧阳竟无是大学者名人，那时不少达官贵人失意或退休后拜他为师，读经学佛以求解脱。当时四川民生公司总裁卢作孚也去拜访欧阳先生，是他派船将卸下的经版从汉口运往四川江津。

〔按：卢作孚是中国现代著名的爱国实业家，以创办经营民生实业公司和主持重庆北碚乡村建设著称于世，被毛泽东称为四个不能忘记的中国实业家之一。在抗日战争初期的危急关头，卢作孚指挥了被誉为"中国实业史上的敦刻尔克"的宜昌大撤退，率领民生公司船队为抗日战争作出了卓越贡献。1950年卢作孚拒绝去台湾，毅然从香港返回内地。〕

常：请谈一谈吕澂先生抗战期间在四川江津支那内学院蜀院的生活情况。

吕：抗战期间，家族中多人皆逃难来到四川重庆。

〔按：当时吕澂的大哥吕凤子带领妻子、儿女及艺专的部分教师，历尽千辛万苦，到达重庆，在离重庆几十公里的偏僻的璧山创办"正则学校"。后来，又举家迁往江津。吕澂的大弟与妻子皆去

江津，后两人都因肺病去世。〕

大伯吕凤子有子五人（去疾、去病、去痴、去癖、去疢），因二伯（吕仲霖）因病早逝，故将二儿子去病（1915—2012，中国第一代弹药火箭专家，国家一级教授。1933年就学于民国中央大学，1939年毕业于中国军政部兵工大学部兵器系，1945年往美国兵工学校学习轻兵器）过继给二伯家。江津在重庆上游一百余公里。父亲在江津支那内学院工作时，月工资是大洋120元，每月用60元负担二伯父家的生活及侄辈的学习费用，当时的物价很高，故自家的日子也过得相当艰苦。

欧阳竟无先生唯一在世的儿子欧阳格被蒋介石以马当失守的罪名处死后，当时先生并不知情，支那内学院的同仁们皆瞒着他，怕先生知道后伤心难过，是父亲派内学院负责行政的主管去处理后事。

〔按：马当，地处长江中游，在江西省彭泽县境内。长江流经马当，由于江面狭窄，水流汹涌，此处历来是兵家必争的军事要冲。1938年在马当封锁线上，中日双方再次展开大战，欧阳格率领仅有的几艘鱼雷快艇以微弱的力量与敌拼杀，终因寡不敌众，马当全线溃败。蒋介石下令将欧阳格拘押，同时将电雷学校撤销。1940年8月欧阳格被枪决。〕

武：1943年欧阳竟无大师去世后，其墓就建在当年的支那内学院蜀院内。1952年内学院蜀院停办时，院内欧阳大师的墓并没有迁移。到1953年，当时与内院蜀院相邻的城东公园扩建成人民公园，欧阳的墓当年便迁葬于铜锣山周家花园，面临江津中学。1999年江津市在铜锣山修建江津客运中心汽车站，欧阳大师的墓迁至市郊艾坪山安葬。墓前的墓碑上有赵朴老书写、1986年重刻的红色大字"欧阳竟无大师暨德配熊氏之墓"。旁边还有略小的一墓，墓碑上的文字为"吕澂夫人周宜弟女士之墓"，亦为赵朴老书写、1986年重刻。两墓四周立面为条石彻成，两墓四周有矮墙围护。请问当年是谁请赵朴老书写墓碑？

吕：应该是父亲请赵朴老书写。1986年父亲已住在清华园小弟家，他与赵朴老常有见面机会。

母亲周宜弟是南京两江师范的优秀生，也算是高级知识分子。与父亲结婚后，在家相夫教子，就不再参加工作了。于1942年去世，可能是脑动脉瘤破裂造成的脑溢血，因为我大弟应山在1977年去世，就是因为脑动脉瘤破裂，估计是遗传吧。1953年我曾去过江津，前往母亲墓前祭扫。

武：1937年11月，支那内学院的经版全部运往四川，12月13日日寇进南京城后内学院数十万册书籍及房舍全部被毁。当时为什么其藏书没有与经版同时运走呢？

吕：当时我年龄尚小，具体情况并不清楚。记得江津内学院的藏书中有不少欧阳格的英文书籍。

〔按：研究南京文史的潘益民先生在《南京沦陷时的支那内学院》一文中记述："民国二十六年十二月十三日南京沦陷，烧杀抢掠，杜仁济先生在大方巷家中经常对家人念叨：欧阳竟无先生的支那内学院不知怎样了？杜仁济先生是扬州人，祖辈就从事古旧书籍买卖。其人私塾出身，学徒后跟随父亲学习各种版本鉴别和修补古籍，随父到南京，在南京旧书肆较为集中的状元境开了一家名为'幼海'的旧书店。由于勤奋老实，讲究信用，经常能收到善本、名人手迹，因此结交不少南京的文人。其中与陈庆年、王伯沆、柳诒徵、仇埰等往来较多，与金陵刻经处颟寿枢、支那内学院的欧阳竟无等也有往来，据说梁启超来南京也去过其店，在南京书肆坊间有些名气，也曾去过陈三立等筹办的思益学堂及后来头条巷的散园精舍，因此与散原之子陈衡恪、陈方恪等有交往。陈方恪因此很早与其子杜信孚（1919—2016，南京图书馆资深馆员）相识，成为忘年之交，陈方恪在南京是其店中常客。"

支那内学院是佛学教学研究机构，以"阐扬佛法，养成利世之才"为宗旨，座落在南京大中桥东侧，院长为欧阳竟无。该院编校刻印佛学经籍，也对外销售，因此杜仁济与支那内学院有生意往来。抗战爆发前夕欧阳竟无率学生和经版将支那内学院迁往四川江津，南京支那内学院的房屋堆满印好的佛经无法携带，堆放室内，也存有不少经版，雇人看管，临行前杜仁济前往送别，欧阳竟无拜托杜有空来此看看。杜仁济一直将此话放在心上。好不容易挨到十二月底，日军杀人停止，贴出布告，准许市民上街，杜仁济即催其子杜信孚前去察看。2005年笔者去杜府采访杜信孚先生，其告知，那天大白天的新街口、夫子庙上看不到几个人，只有日军持枪在街上巡逻盘查，路边沟中时见死尸，还有被烧毁损坏的房屋，寒风呼叫，树叶乱飞，十分瘆人，他都不敢走了，但还是硬着头皮到大中桥，看到内学院已成残垣断壁，看门人不知去向，印好的佛经等书籍已无，破烂的散页飞落，地上还有散落的经版，还有经版烧后的残渣，看到有百姓在翻找捡拾残纸片物品。那人告诉杜信孚，内学院的藏书多被游民搬运一空。杜信孚想找样东西带回给其父看看，没有一件像样的东西，一片劫后惨象。停留十几分钟杜信孚就返回家中，将情况告诉其父。抗战胜利后，欧阳竟无没有回来，已死在了四川，因此这些情况也就没有再说。

我父亲武西山曾于1941年11月在南京夫子庙内松鹤书居购得

欧阳竟无先生所藏碑帖三本，皆系大开本，白宣纸，由上海艺苑真赏社珂罗版精印。这些碑帖的封面或尾页有藏者的亲笔签名，碑帖天头上欧阳大师的墨笔批校甚多。其中《汉郙阁颂》印行于1924年，《汉朝候碑》印行于1926年，《汉西狭颂》尾页上有欧阳大师墨迹一行："民国二十四年六月购价一元九角六分。"由此可证，支那内学院内迁后，其院内被游民抢掠的藏书不少后来流入了南京的旧书店，其中包括欧阳竟无先生私人的藏书。〕

武：关于吕澂先生的经历，2007年第3期《世界哲学》刊登其本人1959年撰写的《自述》，与某些通行的说法不相吻合。如徐友春主编《民国人物大辞典》(1991年版)："(吕澂)1914年因国民大学停办而辍学，旋入金陵刻经处佛学研究部学习。一年后，赴日本，入美术学院。1916年因学潮回国，任上海美术专科学校教务长。1918年回到刻经处研究部，协助筹备支那内学院。"《吕澂自述——我的经历与内学院发展历程》："1914年冬间，欧阳先生办成金陵刻经处研究部，供给部员伙食零用，我入部专攻，兼点校刻稿。在部两年，家人觉其无前途，又促归，筹划赴日本继续求学。1917年10月，成行，到东京，入东亚高等预备学校，补习日本语文，兼自习美术。次年(1918)5月，留日学生因爱国运动决议全体离日，我随众先归，欧阳先生函约去宁筹办支那内学院以专门研究并传播佛学……是年9月，我由大兄介绍为徐州第十中学图工课教员，在此时改名为澂。1919年2月，仍返宁参加筹备内学院工作。1920年2月，由于欧阳先生挚友桂念祖的学生王九龄(当时任云南督军署军法处处长)的介绍，唐继尧(云南督军)邀请欧阳先生赴昆明讲学，兼筹内学院开办费……讲学结束，筹款无着，我又先归。其时上海美术学校校长刘海粟因见到我于徐州教书时写给《新青年》杂志一封谈文艺革命的信，内中批评上海美术界的腐败，他很有同感，通过我的同乡程虚白（当时在美校任师范科主任），一定要约我去美校共谋改革。我乃于其年9月担任了美校的教务长，创立了专校的规模，并开讲"美学概论"和"西洋美术史"两课（讲稿均已由商务印书馆印行），主编《美术》杂志。同时兼任上海美术专科师范美术史讲师。1921年8月，内学院筹备渐有头绪，欧阳先生又约我回宁。"其中，吕澂先生留学日本与任职上海美专的年代，两种说法相差很大。我们认为应以本人述说为准。

吕：我父亲是做事非常严谨的人，应以本人述说为准。

（《南京史志》2018年第二期）

1938年

1月，欧阳竟无撰《支那内学院经版图书展览缘起》:

立国在端始，灭虏以全力。晋始之东也，有闻鸡起舞之精神；南朝驯至隋唐，国威振于殊俗。宋始之南也，赵构愚痴，贪位忘雠，寡廉鲜耻，民亦浸浸无气，遂使大好河山沦于夷狄。明始之东奔西突也，诸王非其君，弘光、永历之间又无其臣，民亦骨渐泯昏，遂使夷虏入关，数百载恣睢中夏。

前车若此，今日何如？今之迁蜀也，非安之也，图抗战也，空前未有也。敌军胜人以猛烈之器，今之抗战坚决长持，胜人以不受尔汝之气。以器胜人者将骄，民怨崩溃可期；以气胜人者，尝胆卧薪，精神无敌。是则今日入蜀，已端其始也。虽然，气之于人也，必充满于一身，全其体而无或亏缺，而后可作也。民各安其位，尽量发挥。譬如人身，农若筋骨，工为体肤，商犹脉路，士其精魂。所以使一身部位尽量无亏，以作其气者，则政府之责也。有力以资无力，有能以教无能，俾皆有独到之精神，蓬勃郁蒸，夫然后可以救亡，可以图存。

予士也。予之所事，承先待后之事也。释迦以至道救世，承其后者，事乃在于流通。迦叶、阿难结集流通；龙树、无著阐发流通；罗什、玄奘翻译流通。自宋开宝雕版于益州，至予师杨仁山先生刻藏于金陵，为刊刻流通。先生之徂西也，付嘱于予曰："我会上尔至，尔会上我来，刻藏之事其继续之。"予小子顿首稽首，敬以将命，夙夜不敢康。师创金陵刻经处五十余年，予继支那内学院二十余年，合扬州砖桥一部分之版，殆将万卷。今之展览，仅支那内学院一部分，十之一二耳。

夫以近八十年之经营，垂一万卷之铅椠，灰飞烟灭，未悉存亡，所留贻于此者，仅十百之于一二，甚可哀也。然此一二，从猛火烈焰中破空而来，剥之至极，硕果不食，亦可幸也。若据此烬余尽量发挥，充硕果之精神，驯至扶苏蔽亏日月，不又可庆乎？

履端于始，以作气也。树之风声，以致远也。暴露于人，以求助也。此予今日展览之意也。予何以尽量发挥以充其独到之精神耶？予宜黄人也，宜黄有儒者曰谭纶，明嘉隆时巡抚闽浙，硾铎拔擢，得俞大猷与戚继光而大破倭酋。予不能执干戈卫社稷如谭襄敏，然友如陈铭枢，子如欧阳格。有执干戈卫社稷之责者，未尝不严夷夏之义而勖以大无畏之精神。若夫以继往开来之事共建邦家之基，往宁二十五年不出户庭，蛰居不离有吕秋一，《藏要》成，教义明，图书聚，修绠得。今则《藏要》图书亦如经版，痛什百之存一二也，然犹有存也。内院之友散而之四方，若锡予、十力、幼南、叔吉、质夫、汉章，无论矣！其在于蜀，晞明精研，化中勤说，阎士笃护，文通、文畦、衡如、东明、芸生，质宣之伦，虽致力未专，颇能直趋王路，为斯事辅。今将栖息江津，甄延英俊，讲学以刻经，以续古之人，此则精神之所在也。大力菩萨助予无力，堪能大士教我不能，予垂七十，愿敬以从事。

支那内学院蜀院位于四川省江津县东门外（占地十二亩）。由江津人邓蟾秋施资、张茂芹兄弟让地，"购得院基以兴建筑，流通刻经研究"。欧阳竟无在江津期间，经常与陈独秀、台静农、刘咏冰、龚秉仁、夏同文、杨子光、刘祥瑞、邓蟾秋、周庶棋、夏仲实等人交往。他们亦常到支那内学院与欧阳竟无讨论学术。（按：1938年7月，陈独秀流亡到重庆。8月3日，应同乡及日本留学时的同窗好友邓初［又名邓仲纯］之邀，由重庆上石板街川源公司移居江津。至1942年5月27日晚在江津鹤山坪石墙院病逝。其间，陈独秀与欧阳竟无交往甚多，陈独秀常偕高语罕到江津东门外重建的支那内学院与欧阳竟无谈论学问。）欧阳竟无与太虚法师同为杨仁山居士门下弟子。他与太虚法师经常往来。应太虚法师的邀请，他常去重庆长安寺和北碚缙云山汉藏教理院讲学；太虚法师也经常来支那内学院与他商讨研究学术。欧阳竟无还经常到江津县佛学社，指导其教务工作和佛学研究工作，并亲自在佛学社内讲经讲学。欧阳竟无说："要把学佛与迷信区别开来，要把佛陀的教义贯彻到自己的行动中去；不能只是口诵佛陀教义而言行不一，否则，必遭堕落。"在讲经中还常提到"庄严国土，利乐有情""抗敌到底，保家卫国"。并强调"有钱出钱，有力出力。供给前方抗日救国，就是功德无量"。

秋月，刊刻《大悲忏法》。

自1912年至1938年，本处并刊刻如下佛典：《维摩诘所说经折衷疏》（6卷，明大贤述）、《迦才净土论》（3卷，唐迦才撰）、

《西斋净土诗》（4 卷，明梵琦撰）《西方要诀》（1 卷，唐窥基撰）、《止观门论》（1 卷，唐义净译）、《六门教授习定论》（1 卷，唐义净译）、《相宗新旧两译不同论》（1 卷，梅光羲编）、《大乘相宗十胜论》（1 卷，梅光羲编）、《百法义录》（4 卷，梅光羲编）、《成唯识论无为法集解》（1 卷，梅光羲编）、《法华经》（7 卷，姚秦鸠摩罗什译）、《沙弥十戒威仪录要》（1 卷，明智旭撰）、《释摩诃衍论》（10 卷，姚秦筏提摩多译）、《坐禅三昧法门经》（2 卷，姚秦鸠摩罗什译）、《高僧传二集节要》（4 卷，梅光羲录）、《相宗史传略录》（1 卷，梅光羲录）、《三界义节要》（1 卷，日本惠心原撰、梅光远节录）、《慈悲水忏法》（3 卷，唐智玄撰）。

1939年

本年，商务印书馆出版吕澂先生著《佛典泛论》。书中评论金陵刻经处刊本为精本："我国旧时刻藏，每不屑取材他国，如丽本校对精审，又甚早出，而宋元各版，皆于此视若无睹。或刻藏基于信仰，而不为学术著想也。至清同治五年（西纪 1866 年），池州杨文会于金陵发起续刻方册本，以继双径之事业。后更手编《大藏辑要目录》拟以刊本。数十年来，大体就绪。其晚岁得日人南条文雄之助，购入古本，又得日本缩藏，以为参校之资。于是晚刻各籍，一以丽本为准，多有精本。较诸扬州、常州各寺院刻本直就《明藏》《龙藏》翻刊者，不啻霄壤之别矣。"

1940年

6 月 16 日，陈独秀致函台静农。信中言："欧阳先生在江津城所刻诸书，均可用，《词品》用小字刻颇精美，《毛诗》石印，稍次之，均附上一阅。馆中如同意，兄可函仲纯兄向欧阳一调查刻印处在何所及刻价纸价若干也。"

10月2日，时值江津聚奎中学六十周年校庆和邓蟾秋七十寿诞，应聚奎中学校长周光午之约，陈独秀在鹤年堂为聚奎师生作了一生中最后一次演讲。演讲约四十分钟。从匡衡凿壁偷光入题，劝勉青年学生要珍惜寸阳，为民族崛起而努力读书，疾呼一致对外争取抗日胜利。在邓蟾秋祝寿宴会上，对高语罕、周光午诸人赞叹邓蟾秋："一个人聚财不难，疏财实难。像蟾秋六十万家财，就以十五万赠聚奎，五万元办图书馆，自己留下五万元度晚年，其余分赠亲友子侄留学费用，真不易矣！"欧阳竟无与陈独秀、邓仲纯、方孝博、台静农共同具名《邓蟾秋先生七十寿序》（欧阳竟无执笔），以赞邓氏疏财办学之义举。并于黑石山鹰嘴石留刻"大德必寿"，另一团石上刻"寿考作仁"，借据陈氏手迹刻石。

1941年

7月27日，为徐子洁辞职事，蒯若木致函陈宜甫："宜甫老哥鉴：七月十九日奉上一书，内附致子洁函稿，此函系由子洁转寄，想已收到（尊处通信地址乞示，以便直接通函）。计时应有覆书，何尚未到也？函请兄赴宁挽留子洁，未知如何？务祈速将详情示知，以便酌定办法，不宜久延。子洁有覆甚坚决不肯复职，如复职绝对不可能，只得求兄代觅一人（此间无法觅人）接子洁手，并求兄兼署流通主任，可以时时监督考查，弟在远实无法也。万乞俯允！手颂道安。弟枢再行七月二十七日。"不久，为此事再次致函陈宜甫："宜甫老哥惠鉴：七月二十五日手示奉悉。各事列左：一、请彦通接子洁手甚好，附上致彦通一函，乞兄持函面约。经房事无多，且各有专人，彦通既接子洁手，应即移住经房，但能监督指导查考可矣，似不必由彦通再用一人，经房收入甚微，多一人即火食亦甚不易也。公以为如何？如必需再用一人，弟亦无异词也。（按：原函仅此一张，没有下张，故无下文。）"

8 月，本处因经常受到日伪人员侵扰，金陵刻经处董事兼流通部主任蒯寿枢委托的代表徐子洁不愿复职，提请住在镇江的陈宜甫兼流通部主任，未获应允；继而又向蒯推荐陈方恪先生担任。散原老人与金陵刻经处以及杨仁山、蒯礼卿两家有密切的关系，陈师曾、陈隆恪又是蒯家好友，故蒯寿枢亦赞成此事，有借陈在伪府任职之影响，达到保全金陵刻经处免受侵占之目的。不久，专门致函，郑重邀请陈担任刻经处的经理和董事会代表。根据蒯寿枢所拟"彦通接子洁手，应移住经房"的书面约定，陈彦通携全家以及俞光生、夏寅仁、陈小文等搬入延龄巷 49 号的金陵刻经处，住在塔院旁的平房内。陈接手后，指派俞光生负责具体事务的管理。住进金陵刻经处后，陈彦通将丁亥年（1887）九月吴平赠陈宝箴的《燕矶秋眺》图取出，挂在卧室墙上。

按：陈方恪（1891—1966），字彦通，江西义宁人，陈三立第四子。其兄弟五人，长兄衡恪，字师曾（1876—1923），曾留学日本，为书画大家；二兄隆恪，清末留学日本，诗人，解放后任上海文保会顾问；三兄寅恪（1890—1969）是著名史学家，留学日、英、德诸国，曾任清华大学、中山大学等校教授；五弟登恪，留学法国，曾任武汉大学教授。他本人学识渊博，对诗词、音韵及版本目录之学造诣很深，在民国时期的文坛上声名较著。他长期居住南京，经历颇为复杂，早年生活奢华浪漫，又染上阿芙蓉癖。1931年至1937

年任上海正凤文学院教授兼教务长。南京沦陷时担任伪职，1939年担任南京龙蟠里国学图书馆馆长，又任汪伪政府教育部编审委员。此间，又加入国民党军统，抗战期间在金陵刻经处设置军统秘密电台壹部。1950年至南京图书馆古籍部工作。其后以无党派民主人士，被任为南京第一届政协委员及文联理事。

秋，为掩饰侵华日军对南京大屠杀的罪行，日本僧界向青溪西岸的毗卢寺赠送了一尊木雕观世音像，汪伪政府的有关官员前往捧场，陈彦通也随去，因作词《琵琶仙·次韵和青萍居士毗卢寺扶桑十一面观世音丈六瑞像》，还撰文《十一面观世音考》。

岁暮，陈独秀以诗代笺向欧阳竟无借阅汉碑《武荣碑》字帖："贯休入蜀唯瓶钵，久病山居生事微；岁暮家家足豚鸭，老馋独羡武荣碑。"

1942年

春，因日军肆虐本处不能生产销售经书，工人们生活无着，各谋生路。陈彦通的家厨夏寅仁与小文结婚，陈小文改名为夏小文，两人住在金陵刻经处院内的经房里。

3月14日，欧阳渐致函张曦。"晴麓居士雅鉴：多年不晤，忽得赐书，无任怡慰。又收到所捐大藏经刻款壹佰元，敬为存储，及时支用。属绍吕君，前居士已与通信，今可随时函件往来也。濮在渝，但不知其住处。狄、陈俱在沪，不通问。蒯住天津英租界海大道378，请直接通信可也。此颂道安。欧阳渐顿。三月十四。"

按：此信封套上文字：兰州西关甘肃学院　张晴麓先生台启四川江津内学院欧阳竟无　三月十四

此信约作于1942年。

5 月 27 日晚，因患高血压、肠胃炎、心脏病等多种疾病，陈独秀病逝于江津。

6 月 1 日下午一时半，陈独秀安葬于江津大西门外鼎山山麓之康庄。当时，灵柩后面是送殡的人群，江津本城的头面人物黄鹏基、龚农瞻、曹茂池、施民瞻与客居此地的名流欧阳竟无、凌铁庵、高语罕、苏鸿怡也全都臂缠青纱，络绎而行。陈独秀逝世，欧阳竟无赠赙金法币 50 元，后来并取回《武荣碑》及文字学书数种。

年底，陈彦通开始与抗日地下组织人员有联系，未知姓名的人员多在夜晚来金陵刻经处。南京洪帮大亚山正义堂主朱亚雄、理教金陵山主尚武、洪帮前辈莫老太、失意少将顾震、记者吴养公以及芜湖、当涂一带的地头蛇、时为伪当涂县长兼警察局长的张四郎等帮会头面人物也与陈彦通来往频繁。

本年，伪中央大学文学院聘陈彦通为教授。因学校内部矛盾，陈彦通实际并未到校上课。

1943 年

年初，欧阳竟无又发起精刻大藏，乃选目五千余卷，拟以结集之精神彻底整理，永为典范，"是亦千百年来，未有之大观也"。不料 2 月 6 日，欧阳竟无因染风寒而感冒发烧，渐转为肺炎，终至体衰不能复原。至 2 月 23 日晨七时，转侧右卧，安详而逝，享寿七十三岁。德配熊夫人，子格、东，女兰，均先卒。孙与孙女各二，俱留学国外，故由门人治其丧。太虚法师挽之曰：

胜军论后有斯文，公已追踪先哲；

石埭门中空上座，我尤孤掌增哀。

梅光羲挽之曰：

见性明心，道承深柳；

著书立说，学继世亲。

陈立夫挽之曰：

潮音云寂宗风远，法相无常教泽长。

中国佛学会汉藏教理院挽之曰：

佛门顿感失先导，学界同哀凋老成。

3月5日，教育部发布《公祭文》："教育部长陈立夫及全体职员谨致祭于欧阳竟无先生之灵曰：呜呼！晦影归真，大师长往。梁木摧颓，学人安仰？呜呼！慈恩云远，绝学将之。宗风丕振，孰绍初唐？昔我西巡，西京古寺。瞻礼徘徊，三塔鼎峙。明道嗣法，笃生宜黄。仁山继起，震旦之光。呜呼！发海潮音，说诸空相。大愿宏慈，待刊佛藏。法无常住，道则常新。存神过化，长怀哲人。呜呼哀哉！尚飨。"

因1937年12月中旬深柳堂被日军焚毁，塔院也同时被损。汪伪外交部长褚民谊为了掩饰日本侵略军的罪行，于1943年由褚拨赃款二千元，假名伪中日文化协会所出，由费友记木器厂承包，偷工减料，将深柳堂和墓塔照原样修复。3月29日落成时，褚民谊、江亢虎等汉奸和日本驻汪伪大使重光葵等举行庆典，褚并亲自撰书《修建纪念塔纪念堂记》，勒石于塔院后墙右边。

此块记录日本侵略军侵华罪行的石碑，长110厘米，高55厘米。碑文如下："修建杨仁山居士纪念塔纪念堂记。石埭杨仁山居士，既舍金陵延龄巷所居为经坊，传刻佛经，弘扬法宝。灭度之后，门人诸子即坊建塔，以葬以旌。丁丑'八·一三'之变，烽燧迫都门，塔损而堂毁。癸未春月，日本驻华大使重光葵、诗人今关天彭念居士为有清一代学人，埋骨浮屠讵宜长圮?谋予为理，以事建修。予以彰隐扬幽，文教极则，因由中日文化协会任其资，课役缘存，成其事，未几而仁山堂塔，焕然皆新。遂于民国三十二年三月廿九日，即癸未二月廿四日举行落成典礼。两国贤硕，多士孔休；居士英灵，格其来享。爰书始末，用勒贞珉。吴兴褚民谊撰书。中华民国卅二年三月吉日。"

据林子青先生言，深柳堂修复后，堂内曾悬挂当时日本驻汪伪政府大使重光葵撰书对联："池水微波，我思吉士；□□□□，邻有善人。"（下联首四字，林老已记不清了。）

春，早年与陈彦通在上海相识的熟人、洪帮同门兄弟、时为重庆军统局重要骨干的徐亮，指派潜入南京的特工马杰与陈彦通联系，要其参加地下抗日工作，陈态度积极。报经重庆方面同意，陈彦通成为军统运用人员，并确定了化名和职务。其主要任务是掩护金志涛、钟祖昌、顾敦杰、孙庆沂等人组成的军统潜伏组，搜集情报，对缪斌、陈公博等汪伪高层人物进行联络和策反。不久，潜伏组将电台藏入本处，报务员钟祖昌以陈彦通远房亲戚名义长住经版房中。四名军统特工的日常开支经常短缺，常由陈彦通出去筹集；每月收入难以支撑，经常靠向朋友举债维持。由于电台经常夜间工作，被设在新街口的日军宪兵司令部测出方位，因涉及汪伪高官，日军进行了监控，放长线钓大鱼，暂未动手抓捕。

4月27日，国民政府特发褒扬令："耆学欧阳渐，早岁精研性理，倡导良知。嗣以清季政俗衰颓，乃思以佛拯世。民国以后，编刊内典，著述益宏。尔年避寇来川，感念时艰，激扬正义，忞行老而弗衰。兹闻溘逝，良深轸惜，应予明令褒扬，并特给恤金一万元，以彰宿学，而示来兹。此令。"

附教育部呈请行政院转呈国府褒恤欧阳大师原呈：

查故佛学大师欧阳竟无，早年刻苦力学，凡经传子史靡不博通。有清之末，国运陵夷，思济时艰，乃以陆王之学治心，科学技艺应世，创办正志学堂以为世倡。嗣以慈母弃养，痛感无常，厌薄世法，遂茹素学佛。旋赴宁担任金陵刻经处编刻之事，先后编刻经典千余卷，校勘精审，传播士林，佛学之能普遍于智识界，该故大师厥功甚伟。继又创办刻经处研究部、支那内学院，以讲学与刻经并进，四方负笈从游者日众。其于佛学，专志内典，穷极精微，判唯识、法相为二宗，使久绝之学得以昌明。于儒学，则发挥孔孟性天精义，本末内外赅而存之。"九·一八"事变发生，该故大师激于忠愤，发为文章，大都以奋发救亡为主旨。复编《词品甲》，刊《心史》，手写《正气歌》等，藉资激扬民气。及敌寇深入，内迁来蜀，复于江津设内学蜀院。虽届古稀之年，而研究著述仍不稍懈。近年更发精刊大藏之宏愿，心力益瘁，竟于本年二月二十三日以肺炎卒于江津。综其生平，早年精研儒学，中年由儒入佛，晚年乃贯通儒佛二家。不特著述之阐幽发微，足以继往开来，即就其志行之坚卓茹苦自甘，亦足为世道人心之准则。拟请钧院转呈国府予以明令褒扬，并一次特恤一万元，以彰宿学而励来兹。是否有当，理合检附其著述目录备文呈请鉴核示遵，谨呈行政院院长。

5月，支那内学院蜀院编印、出版《欧阳大师纪念刊》。此册由张茂芹、刘衡如、王化中等捐资印刷，江津森森印刷公司承印，并由李翊灼署签。《纪念刊》登载有吕澂《亲教师欧阳先生事略》：

> 师讳渐，字竟无，江西宜黄人，清同治十年十月初八日生。父仲孙公，官农部，历念余年，不得志。师六岁，仲孙公即世。师幼而攻苦，精制艺，年二十，入泮。薄举业不为，从叔宋卿公读，由曾、胡、程、朱诸家言，博涉经史，兼工天算，为经训书院高材生，时称得风气之先。中东之战既作，国事日

非，师慨杂学无济，专治陆、王，欲以补救时弊。友人桂伯华自宁归，劝师向佛，始知有究竟学。年三十四，以优贡赴廷试，南旋，谒杨仁山老居士于宁，得开示，信念益坚。归兴正志学堂，斟酌科目，体用兼备，自编读本课之。年三十六，生母汪太夫人病逝，师在广昌县教谕任，遄返，仅得一诀。师本庶出，复幼孤，一嫂三姊皆寡而贫，来相依，霾阴之气时充于庭，母病躯周旋，茹苦以卒。师哀恸逾恒，即以母逝日断肉食，绝色欲，杜仕进，归心佛法，以求究竟解脱焉。期年，赴宁从杨老居士游。又渡东瀛数月，访遗籍。返谋久学之资，任两广优级师范讲席，病湿罢。与友李证刚谋，住九峰山，营农业，又大病濒死。乃决舍身为法，不复家计，时年已四十矣。

岁庚戌，再赴宁，依杨老居士。越年，老居士示寂，以刻经处编校相属。值革命军攻宁急，师居危城中守经坊四十日，经版赖以保全。翌春，与李证刚等发起佛教会，撰《缘起》及《说明书》，并《警告佛子文》，勖僧徒自救，沉痛动人。以主张政教分离不果，解散。自是长住刻经处，专志圣言，不复问外事。

溯四十年来，笃学力行，皆激于身心而出，无丝毫假借。尝曰悲愤而后有学，盖切验之谈也。师既主编校，病刻经处规模未充，又乏资广刊要典，乃设研究部，只身走陇右，就同门蒯若木商刻费。比返，爱女兰已病卒刻经处，哀伤悲愤，治《瑜伽》，常达旦不休。积久乃晓然法相与唯识两宗本末各殊，未容淆乱。叙刻法相诸论，反复阐明，闻者骇怪，独沈乙庵先生深赞之。每叙成，必赴沪谒沈，畅究其义而返。至民国七年，遵老居士遗嘱，刻成《瑜伽》后五十卷，复为长叙，发一本十支之奥蕴，慈宗正义，日丽中天，自奘师以来所未有也。

会友人符九铭来苏省，掌教育，因筹设支那内学院以广弘至教，刊布缘起、章程，迁延数载未就。南游滇，应唐蓂赓请讲《维摩》《摄论》，北赴燕，为蓟若木讲《唯识》，稍稍得资助。民国十一年，内学院始成立，创讲《唯识抉择谈》，学人毕集。梁任公亦受业兼旬，病辍，报师书曰："自怅缘浅，不克久侍，然两旬所受之熏，自信当一生受用不尽。"于以见师教入人之深矣。由是广刻唐人章疏，《瑜伽》《唯识》旧义皆出。

又就内学院开研究部试学班，及法相大学特科，大畅厥宗。立院训曰：师悲教戒。揭在家众堪以住持正法之说，教证凿然，居士道场乃坚确不可动。及民国十六年，特科以兵事废，同怀姊淑又病亡，师悲慨发愿，循龙树、无著旧轨，治《般若》《涅槃》诸经，穷究竟义，次第叙成。其间更辑印《藏要》，经论二十余种，各系绪言，莫不直抉本源，得其纶贯。而尤致意拣除伪似，以真是真非所寄自信，一时浮说游谈为之屏迹。

自"九·一八"事变以来，国难日亟，师忠义奋发，数为文章，呼号救亡如不及。"一·二八"抗日军兴，师筮之吉，作释词，写寄将士以资激励。继刊《四书读》《心史》，编《词品甲》，写《正气歌》，撰《夏声说》，所以振作民气者又无不至。于是发挥孔学精微，上承思、孟，辨义利，绝乡愿，返之性天。以为寂智相应，学之源泉，孔、佛有究竟，必不能外是也。

民国二十六年夏，集门人讲晚年定论，提无余涅槃三德相应之义，融瑜伽、中观于一境，且以摄《学》《庸》格物诚明，佛学究竟洞然，而孔家真面目亦毕见矣。讲毕，日寇入侵，师率院众并运所刻经版徙蜀。息影江津，建蜀院，仍旧贯，讲学以刻经。先后著《中庸传》《方便般若读》（即《般若经序》卷三）、《五分般若读》《院训释教》。以顿境渐行之论，五科次第，立院学大纲。自谓由文字历史求节节近真，不史不实，不真不至，文字般若千余年所不通者，至是乃毕通之。

民国二十九年，遭家难，矢志观行，于《心经》默识幻真一味之旨，夙夜参研，期以彻悟。三载，始著《心经读》存其微言，盖师最后精至之作也。

师受杨老居士付嘱，三十年间，刻成内典二千卷，校勘周详，传播甚广。及国难作，文献散亡，国殇含痛，师又发愿精刻大藏以慰忠魂。选籍五千余卷，芟夷疑伪，严别部居，欲一洗宋元陋习，以昭苏藏教，筹画尽瘁。本年二月六日，感冒示疾，转肺炎，体衰不能复，然犹系念般若不已。至二月二十三日晨七时，转侧右卧，安详安逝。享寿七十有三。

德配熊夫人，子格、东，女兰，皆先卒。孙应一、应象，孙女筏苏、勃苏，俱就学国外。由门人治其丧，权厝于蜀院院园。

师平生著作多以播迁散佚，晚年手订所存者为《竟无内外学》。其目曰：《内院院训释》《大般若经叙》《瑜伽师地论叙》《大涅槃经叙》《俱舍论叙》《藏要经叙》《藏要论叙》《法相诸论叙》《五分般若读》《心经读》《唯识抉择谈》《唯识研究次第》《内学杂著》《中庸传》《孔学杂著》《诗文》《小品》《楞伽疏决》《解节经真谛义》《在家必读内典》《经论断章读》《四书读》《论孟课》《毛诗课》《词品甲》《词品乙》。凡二十六种，三十余卷，悉由蜀院刊行之。

师之佛学，由杨老居士出。《楞严》《起信》，伪说流毒千年，老居士料简未纯，至师始毅然屏绝。芟稗务去，真实乃存，诚所以竟老居士之志也。初，师受刻经累嘱，以如何守成问，老居士曰："毋然，尔法事千百倍于我，胡拘拘于是。"故师宏法数十年，唯光大是务，最后作老居士传，乃盛赞其始愿之宏，垂模之远焉。呜呼！师亦可谓善于继述者矣。弟子吕澂谨述。

　　澂侍师讲席久，侧闻绪论较多，师迁化后，辄思略叙列之以志追仰，而悲怀难已，终不能就。然不可以无述，爰据师自订年历，稍加编次，有未审处，则就教于李证刚先生及幼济世叔，并得同门陈证如、王化中二君纠正数条，仅乃成篇。触处挂漏，固未能尽吾师行事之百一也。澂附记。

按：1907年欧阳竟无东渡日本，"访遗籍"。据其自言，在日本居住了一年多（见《竟无小品》）。

盛成《欧阳竟无大师渐传》:

　　先师欧阳先生讳渐，字竟无，生于清同治十年十月初八日，卒于民国三十二年二月二十三日，佛学家兼书家，家于江西抚州府宜黄县岳前，为越王勾践八十七世孙，欧阳文忠公修弟侄后裔。父晖公（仲孙），官户部主事。师庶出，六岁失怙，三母一嫂三姊，俱寡居，师系全家望，刻苦力学。年二十，入泮，因不合时流，遂薄举业，从叔显公（宋卿）读于南昌经训书院，弃制艺而治汉学，博涉经史，兼工天算。甲午，中东战起，慨杂学无济国事，乃改治义理之学，以陆、王为宗。甲辰，年三十四，以优贡赴廷试，南旋，谒杨文会仁山居士于宁，得佛学开示，归办正志学堂，自编读本课诸生。明年，分发邻邑广昌县教谕。丙午，生母汪病逝，哀恸逾恒，遂断肉食，绝色欲，杜仕进，皈依佛法，求究竟解脱。期年，赴宁从杨居士游,已而渡日学密,识章炳麟(太炎)、刘师培(申叔)等于东京。戊申回国,任两广优级师范教员。因病归九峰,营农场。宣统二年再赴宁,从杨居士学唯识瑜伽。明年辛亥,光复前二日,居士示寂,以金陵刻经处编校相属。民国元年,以佛教会奔走南北二京,稍暇,辄与章炳麟等,辨论《瑜伽》。后返九峰,闭关治梵经者二载。三年夏,至金陵主刻经处勘校事,广刊玄奘所译经论,并讲学。复以来者日众,设研究部。因刻法相典籍,只身走甘肃,就同门蒯若木筹商刻费。归而爱女兰已病卒,年仅十七,哀伤悱愤,以治《瑜伽》,遂了解法相与唯识,本末各殊,判若二宗,其叙法相诸论中,反复阐明,不容淆乱。因教门人先治《摄大乘论世亲释》,为入法相与唯识学堂奥之门。又教先习小乘《阿毗昙》《六足》《发智》《婆沙》《俱舍》《顺正理》,乃至《成实》等论,以衔接大乘《阿毗昙集论》等。又尝讲三法印(诸行无常、诸法无我、涅槃寂静),及唯识等书。既成《瑜伽师地论序》,竟杨老居士未竟志,虽名为序,实一巨著,发出一本十支之奥蕴,成为慈恩宗正义,不仅是法相、唯识学全体系概论,且于佛法钩玄索隐,发前人所未发。审名言,辨法相,以了唯识,是舍染取净入门升堂之学。又合刻唐人注疏,与宋、元、明、丽诸藏本对校刊行,及唐末五代以来久佚孤本。七年,承杨居士遗嘱刻经须设道场,商诸沈曾植、陈三立、章炳麟先生等,创立支那内学院,广弘至教,将法相宗一本十支之学,提要讲习;因筹经费,九年春乃南游滇,讲《维摩》《摄论》,是年冬又北至京师,讲唯识;翌年又西赴兰州讲学。自"五四运动"以来,新潮激荡,有以佛法为宗教迷信,有以为哲学玄想者,师独倡"佛法非宗教非哲学"说,正理昌明,海内震异，遂不敢轻议佛法。四方问学之士毕至。师云："佛法重瑜伽，瑜伽相应义，相应者，即以其人之道，反诸其人之身"。十一年七月十七日，内学院开学于南京公园路，始讲《唯识抉择谈》，学人云集。梁启超且来受业兼旬，张君劢亦负书问学。十二年秋，次子东（震元）溺毙于吴淞，年十九；发愤读《般若》，许（一鸣）、黄（树因）二生又于是年早夭。年终，始编印《内院年刊》及《杂刊》。十四年，立院训，以"师、悲、教、戒"，揭明在家众可住持佛法之义，奠定居士道场之基。此时共有学生四十余人，比丘与居士均校刻法相唯识要籍，如《瑜伽伦记》《唯识述记义演、钞秘蕴》《俱舍光记》等，皆唐著百卷以上之大部。十六年夏，国府奠都南京，因驻兵停办特科，二院缩为一院，集中人力，编印《藏要》，前后印成三辑，五十余种，三百多卷；全藏精华撷取殆尽。是年，姊淑卒；十七年，聂生（耦庚）又卒于沪，乃发愤治《智论》，舍染取净，娴习《般若》，闭关作叙，成于四月七日。乃进治《涅槃》，作《取净论》，年六十，作叙不成，乃游庐山数月，与陈三立晤谈，始得以无余涅槃为毕竟空义之宗趣。十九年秋，成回国，请讲孔孟学，答以："《藏要》已不堪重负，入世之学，最好去问太炎。""九·一八"之后，鼓励门人抗日，陈铭枢发动"一·二八沪战"，命我南下从军。翌年立秋后，与赵曾俦（寿人）随师至上海同孚路同福里访太炎先生，出谓余曰："今而后方知太炎不能教汝治入世之学，我必教汝儒家。"随师返京，居月余，为我讲《中庸》，以狂狷为真孔之《中庸》，而诋乡愿为伪儒之《中庸》。讲《大学》，"古之欲明明德于天下者"，"于穆不已"，穆即幽深玄远。师分"体中之体，体中之用，用中之体，用中之用"四者，穆为体中之用。讲《论语》《孟子》及《公羊》。二十六年七月一日，集门人讲晚年定论，至十八日始毕。时"卢沟事变"已起，梁漱溟来，因韩复榘不抵抗而曲为之辨，抛粥碗于地，并令鸣鼓而攻，以示内院为真是真非之所在。道场提示无余涅槃三德相应，融合瑜伽中观于一境，行以密严，则可尽知唯识智学；亦可尽悉性相二宗，为瑜伽般若学。且可以此，尽摄《中庸》隐微，与《大学》格物。于是，佛学之究竟洞然，而孔子之真面目亦毕露矣。"八·一三"日寇入侵，内院徙四川江津，建蜀院，仍讲学刻经。二十九年秋，妻熊夫人及子格先后卒，中情惨戚，益发悲愿，终成《心经读》，此乃临终之论著。三十二年二月二十三日逝世于江津，厝于蜀院院园。师著作等身，晚年手订《竟无内外学》，其要目为：《内院院训释》《大般若经叙》《瑜伽师地论叙》《大涅槃经叙》《俱舍论叙》《藏要经叙》《藏要论叙》《法相绪论叙》《五分般若读》《心经读》《唯识抉择谈》《唯识研究次第》《内学杂著》《中庸传》《孔学杂著》《四书读》《论孟课》《毛诗课》《诗文》《小品》《楞伽疏决》《解节经真谛义》《在家必读内典》《经论断章读》《词品甲》《词品乙》。凡二十六种、三十余卷。谨为赞曰：世出世间，如车两轮；唯佛与儒，融实圆成；唯识唯智，圣教经纶。阿斥乡愿，以伪乱真；民以真立，国以真存，呜呼吾师，大雄永生！（《中国学人》第三期，台湾 1971 年 6 月出版）

《中华民国传记词典·欧阳竟无（欧阳渐）》：

欧阳竟无（1871.12.20—1943.2.23），著名佛学居士和唯识学学术代表人。

欧阳竟无先生出生于江西宜黄，父亲是民政事务部的助理部长。竟无六岁丧父，由母亲和外祖母家的亲戚抚养长大，1890 年考取秀才，但其已摒弃科举考试所要求的写作风格，并未对举业做更深层次的学习。之后，欧阳先生进入南昌经训书院，研究汉学——通过具体事实寻求真理。欧阳竟无对数学、天文学也有研究。1894—1895 年甲午中日战争结束后，专治陆九渊（1139—1192）和王阳明（1472—1529）之学。陆九渊和王阳明是两位反对朱熹理学的新儒家学者。欧阳先生试图从这些理论文章中寻求救国之策。

1904 年，欧阳先生赶往北京参加会试，但是没有通过。在回江西的路上，路过南京，专程到金陵刻经处拜访杨文会居士（1837—1911，号仁山）。欧阳深受杨先生教导，开始研究佛学。之后，欧阳先生即在宜黄兴办正志学堂，并授教一年。1906 年，欧阳先生到广昌县任职学校督员，但因其母病危，很快就离开了。欧阳先生对母亲的去世非常悲痛，从此发愿吃素，并立志"断肉食、绝色欲、杜仕进"。母亲逝世后，欧阳先生退居九峰山以悼念母亲，并试图证悟。一年后，他返回南京，开始追随杨文会先生学习佛法。1907 年，在杨先生建议下，欧阳竟无东渡日本研究真言宗（或日本佛教密宗）。在东京，结识了章炳麟、刘师培等佛教学者。1908 年，欧阳先生返回中国，任教于两广优级师范。数月后，因病辞职，回到宜黄。1910 年，再次赴南京依杨文会研究唯识、佛法和古典瑜伽。1911 年，杨先生去世后，欧阳先生负责金陵刻经处编校工作。国会提议将儒家思想作为国家宗教后，欧阳先生于 1912 年在南京和北京两地组织成立佛教会，佛教会严厉批评佛教僧徒的无能，振兴佛教信仰。作为金陵刻经处编辑，欧阳先生于 1914 年开始出版由玄奘大师（602—664）从印度引进并翻译成汉语的唯识学经论。

欧阳竟无很快就成为一位著名的编辑和学者，吸引了众多佛教弟子。欧阳先生按年代先后和发展顺序向弟子们讲授早期大小乘佛教著作，逐步导入法相唯识观。1918 年，欧阳先生与章炳麟、陈伯严和其他学者开始在南京筹建支那内学院，在接下来的十年里做了大量珍贵的佛学研究。1922 年 7月，南京佛学院（支那内学院）正式成立，欧阳先生任院长，梁启超等佛学居士参加其就职典礼。1925 年，欧阳竟无与学院的 40 名学生开始编辑和出版一百多卷唐代（618—907）引进并翻译成汉语的佛教著作，此工作因 1927 年的政治风波而中断。1928 年，欧阳先生往江西庐山与梁启超、陈三立探讨佛法。南京政治秩序稳定后，欧阳先生回到学院。

二十世纪三十年代，欧阳先生继续致力于编辑、学术和教学活动。1931 年，创立《内院年刊》和《内院杂志》探讨和宣传唯识论。欧阳先生也对日军对华北的侵略感到愤怒，1932年 1 月，拜访陈铭枢（欧阳先生的弟子之一，当时任民国政府交通部部长），要求对日军进行强烈的军事反击。1937 年夏天抗日战争爆发，欧阳先生将佛学院从南京迁至四川江津。他坚持指导佛学院发展，直至 1943 年 2 月 23 日逝世。

欧阳竟无早年成家，1905 年发佛学居士之誓愿后仍坚持和妻儿生活在一起。欧阳先生女儿欧阳兰于 1914 年去世，第二个儿子欧阳东于 1923 年溺亡；欧阳先生妻子于 1940 年去世。他最大的儿子欧阳格是"豫章"舰舰长，1922 年 6 月陈炯明叛变时以此舰护卫孙中山。

欧阳竟无是当时最重要的佛学居士之一，并以引领佛教唯识学复兴运动而著名。从五世纪到七世纪，对中国学者影响最大的学派就是无著菩萨（410—500）在印度创立的唯识学。欧阳竟无对佛教唯识学的主要贡献是其在支那内学院和《唯识抉择谈》（理想主义分析）出版的经典佛教文本中所做的序言。欧阳先生在序言里抨击了净土宗、天台宗和华严宗所推崇的《大乘起信论》。欧阳先生著名的言论"佛教既不是宗教也不是哲学"，说明其将佛学视为一门包含人文学科所有分支的独特系统。二十世纪二十年代，欧阳先生和太虚大师辩论多次，太虚大师认为有必要将佛教和西洋思想广泛地结合起来，欧阳先生则反对综合，提倡严格遵循佛教唯识学教义。另外，欧阳先生还反对新儒家代表熊十力重建理想主义新儒家，以包含唯识思想的观念。《欧阳竟无集》于欧阳先生去世后出版。（1970 年哥伦比亚大学出版社）

欧阳竟无《金陵师友渊源录》（手稿）（按：以下各位是在金陵刻经处研究部及支那内学院筹备处从先生受业的门生）：

吕秋一、黄子山、邱晞明、王初生、陶阁士、吴占五、刘衡如、吴立耀、黄树因、黄忏华、聂耦庚、许一鸣、修兴华、熊东明、熊中和、蒙文通、李贵良、韩文西、谢质臣、陈真如、黄居素、熊子真、陈仲如、徐克明、陈瑞芝、周钰、虞天爵、李一平、李石岑、刘抱一、王恩泽、文德阳、刘赣甫、吴梅修、唐铁风、彭芸生、曾质宜（其弟少为）、周汉章、缪凤林、汤锡予、景昌极、曾少为、冯超如、杨叔吉、杨质夫、又山、存厚、映佛、德潜、法雨。

州之宿莽。住院学友。民国十一年至三十年。姚妙明（苏）、陈真如（粤）、王化中（川）、释定慧（苏）、曼殊（川）、陈洒周（浙）、何光天（川）、许一鸣（滇）、释又山（苏）、王子樵（滇）、黄树因（粤）、蒙文通（川）、吴希真（陕）、刘衡如（川）、吴梅修（川）、聂耦庚（滇）、谬质虞（沂）、李中（川）、景幼南（苏）、周汉章（滇）、谢质成（川）、韩文西（川）、陶闶士（川）、王冠熏（豫）、冯超如（陕）、樊毅（鄂）、释普超（川）、刘知远（湘）、李艺（川）、陈仲和（粤）、曾质宣（川）、释惠庭（苏）、杨叔吉（陕）、阎毅（湘）、游公任（浙）、释慈松（苏）、刘赣甫（湘）、黄居素（粤）、黄通如（苏）、释碧纯（苏）、吕秋逸（苏）、黄金文（浙）、熊仲和（川）、姚宝贤（苏）、修奥华（湘）、黄寿恒（湘）、熊子真（鄂）、曾少为（川）、邱虚明（赣）、李石岑（湘）、熊东明（川）、张义举（苏）、吕之望（浙）、陈鸿（浙）、释苇航（苏）、蒋唯心（川）、释传西（川）、虞修广（苏）、苏健秋（湘）、陈西美（滇）、罗少愚（川）、董国成（川）、卢瑞芝（粤）、高某（赣）、张德钧（川）、苏蔼亲（川）、释德潜、徐克明（苏）、董孝达（川）、释显教（浙）、邱儒宗（川）、董建（川）、释真常（台）、程苑岑（陕）、邬爱平（赣）、邓子琴（滇）、释映佛（川）、李贵民（皖）、释圣楞（川）、释宏度（苏）、黄黄山（湘）、文德扬（川）、欧阳子衡（赣）、纪景博（冀）、郑成武（湘）、杨荣生（闽）、释如初（川）、释西莲（苏）、胡涤非（湘）、程时中（川）、钟永光（鲁）、唐倜风（川）、陈孟端（粤）、龙松生（赣）、释宗顺（黔）、赵焕椿（浙）、释苇忠（苏）、李源澄（川）、释法雨（陇）、徐迦理（川）、杨质夫（青）、袁允中（豫）、释空寂（苏）、叶玉甫（苏）、邓恕（川）、释苇乘（苏）、陈学源（川）、吴汉骥（川）、释体参（鄂）、释演藏（浙）、赵守义（豫）、虞佛心（闽）、李南溟（粤）、邓雪耕（粤）、何清璠（川）。

（以上计）川三十四、浙八、苏十七、粤八、滇五、湘七、鄂三、豫三、闽三、鲁一、赣四、黔一、青一、冀一、台一、陕三、陇一、皖一，凡一百单二。（按：以上共计有一百十五人。）

按：《楚辞》中屈原《离骚》："朝搴阰之木兰兮，夕揽洲之宿荪。"揽，采也。水中可居曰洲。草冬生不死者，楚人名曰宿荪。

6 月，支那内学院成立院友会，公推吕澂任院长。

7 月 16 日，汪精卫签发《第 513 号国民政府令》，"任命陈彦通为国民政府秘书"。此职位于汪伪中枢，系简任，对陈彦通开展地下抗日组织活动应该大有帮助。

8 月 30 日，释太虚在汉藏教理院为学生演讲《中国佛学》，赞扬杨仁山居士为"中国近代佛学重昌关系最钜之一人"。演讲内容节录如下："杨文会仁山石埭居士，刻行日本传归佛典，并拟复兴印度佛教，设祇洹精舍，吾亦预学其间。居士功名早著同、光间，而设金陵刻经处，专弘佛法，则在光、宣间。今之支那内学院等，即从此流出，故为中国近代佛学重昌关系最钜之一人。尝自言'教宗贤首，行在弥陀'，笃修净土数十年无间断。一时居士之受其化者，遐至英、法、印、日。所著《等不等观》中，与幻人法师辨法华义，与日僧辨真宗义，均甚精微。"

9 月，上海盛幼盦发起编印《普慧大藏经》，邀请觉慈、芝峰、蒋维乔、丁福保、李圆净、范古农、夏丏尊、聂云台等参与编辑。其纸型版后于 1959 年运来本处保管。

本年，陈彦通与同为伪国民政府秘书的陈叔和交往较多；还在二条巷某宅与徐楚光等中共地下情报人员有过接触。

1944年

秋，陈彦通与莫老太等应洪帮大亚山正义堂主朱亚雄之邀，参加其收徒的仪式。以前辈身份高坐上席，接受跪拜。陈彦通还常与朱亚雄、尚武、顾震、吴养公等在太平南路党公巷甄家烟馆谈南京洪帮发展之事；安徽当涂县的张四郎也常来宁活动，邀陈彦通在中华路大德钱庄楼上抽烟聊天，还为陈彦通收藏的册页封面题写"劫余拾烬，屯云馆藏"。

11 月底，汪伪政府要求在南京的有关人员去中山门外梅花山，参加陈公博主持的汪精卫葬礼。是日，陈彦通身穿长袍马褂，携石学鸿同乘国民政府文官处汽车前往。葬礼后发给"荣光"纪念章一枚，陈不屑一顾，当场送给他人。

1945年

约 3 月，军统特工金志涛在上海开往南京的火车上伏击了一名日本军官，缴获了装在皮包中的重要军事情报，电报发给重庆后，陈彦通负责对缴获的档案进行销毁，其中一份图表价值较高，未忍焚烧，藏在线装诗词集的封套里。

5 月，德国纳粹无条件投降，日本已露出败相，汪伪群奸各寻出路。陈公博、萧叔萱等因与蒋介石集团矛盾较深，秘密派人与新四军联系，有投靠中共之意。同月底，陈公博、周隆庠突然提出要找可靠人制作临时急用之印鉴，陈彦通接下任务，推荐石学鸿承担。因不擅刻木印，石悄悄请来东牌楼刻字店专治木印的周炳夫师傅，躲在金陵刻经处经房的僻静处刻了"中央对共委员会"的大方木印和"中央对共委员会宣传处""中央对共委员会组织处""中央对共委员会财务处""中央对共委员会联络处"四枚长方形印章。这五枚木印由陈彦通交给周隆庠，周再三嘱咐事关重大，必须严格保密。后因汪伪高层各怀鬼胎，内部意见分歧以及军统人员迅速控制局面等原因，此事流产。

8 月初，日本宪兵队派便衣多方面监视金陵刻经处，陈彦通发现时已无法将住进经房的许庆沂、钟祖昌等人和电台转移出去，只好将电台藏在经房工人住房内，迅速焚烧了密码和所存情报材料。5日上午，一队日本宪兵冲进金陵刻经处，直奔后院，在搜查中抓住了许庆沂、钟祖昌，电台也被查出，住在藏电台房间里的丁老二等三个经房工人随即被捕。陈彦通和熟人王震龙等恰在大门口谈话，见事不妙，乘乱溜走，立即打电话给缪斌公馆并向隐蔽在某医院的金志涛报警，随后躲进慧园里25号的吴养公家中。日军在陈彦通寓所中四处翻查，甚至撬开了地板，其妻孔紫英乘日军不备，将藏有日军图表的那本线装诗集扔进有火的灶膛，避免了一场灾难。

陈彦通本想逃往屯溪或重庆，恐遇日军盘查，难以出城；又怕连累亲友，未敢贸然离宁。请吴养公找来石学鸿和俞光生两人，分别向陈公博、陈群、梅思平、周隆庠等人求救。次日晨，先生回家探风时，被守候在本处内的日军抓获，押至新街口东南角的日军宪兵队，关在地下室里。在审讯中，陈彦通故意装糊涂，对军统电台之事推说不知情，仅是向不相识人出租了房屋而已。日伪宪兵追问缪斌等汪伪高官与此事的联系时，陈彦通东拉西扯，因此遭到日本宪兵的严刑逼供。

缪斌接到报警电话后，避往上海，不敢回宁；石学鸿和俞光生四处奔走，重点托周隆庠和梅思平帮忙。陈公博曾写信给日军驻南京的某司令官，为陈彦通说情，请求在狱中给予照顾；周隆庠利用其妻是日本人的关系开展营救活动。三天后，丁老二等三个工人被释放，陈因案情较重，又不予"配合"，仍被关押。同月9日，陈被日本宪兵押至上海。在驻沪日军的帮助下，日本宪兵突然封锁了绍兴路，围住了缪斌家所在的158号附近，欲寻找到缪斌，与陈彦通直接对证，同时搜捕同案的军统特工人员。日军还闯入隔壁的叶恭绰家中，叶妻孙敏庄遭日军粗暴搜查盘问，受到惊吓。因这天电台中广播了苏联对日宣战的消息，日本宪兵情绪不定，精神沮丧，无心深入追查。次日，又将陈押回南京继续审讯。13日夜，日军审讯未果，气急败坏，将陈彦通捆放在马厩地上，鞭赶几匹高大东洋马来回在其身上踢踩，陈彦通被折磨得奄奄一息，险些丧命。次日晚，广播电台播出日本天皇宣布投降的消息，日军内部乱成一团，无人过问陈之事。15日，在周隆庠等出面调停下，日军同意将陈保释，但须具结保证，随传随到。石学鸿与陈见面时，短短的十天，陈头发基本全白了，体重仅四十多斤，皮包骨头。陈彦通伤势颇重，请伤科医生上门医治，在本处内卧床达月余之久，才能起床。养伤期间曾对身边的石学鸿、俞光生等人诉说了被关押期间遭拷打逼供的一些情况。同月下旬，伪考试院院长陈群在南京牯岭路5号寓所服毒自杀，死前曾对丁宁等在旁的人遗言，将泽存书库的几十万册书交给还都后的国民政府接收。陈公博一家偷偷乘飞机逃往日本。汪伪政权树倒猢狲散，汉奸们各自逃命。周镐等军统地下人员纷纷冒出，到处接收，陈彦通则在金陵刻经处闭门不出，整日看书。

9月，为了防止重庆来的接受大员将金陵刻经处的深柳堂视为敌伪财产予以没收，陈彦通指使工人将镶嵌在塔院后墙上的褚民谊所书《修建杨仁山居士纪念塔纪念堂记》石刻用石灰封藏在墙内，以免误为敌产，引来不必要的麻烦。由于其妻孙紫英经常吵闹，家中不能太平，加之经济困难，无收入来源，陈彦通10月份去沪，到位于哥伦比亚路上的弟子冯晓楼家中居住。其间，与徐亮联系较多，协助过军统肃奸人员抓捕躲在沪上的汪伪汉奸。在徐亮布置下，以陈彦通请客为名，诱捕了吴凯声等人。

11月，陈彦通回南京，赁居大油坊巷。江西省政府公告，将赣西北临时中学改名为江西省立散原中学，以纪念诗人陈三立。

冬，陈彦通应军统南京办事处之邀，参加鉴别泽存书库的善本图书以及肃奸抄家所搜到的其他珍稀古籍。

冬，金陵刻经处流通部主任蒯若木去世。

年底，陈彦通将失业在家、无处落脚的郭仲豪及其家人收留，安排在毗卢寺旁的贾氏家暂居。

1946年

2月，为解决金陵刻经处工人的生活困难，陈彦通动员弟子梅华南兄弟两人投资2百万元储备币，恢复经房的木刻版经书生产，请郭仲豪协助管理，聘请翁先生管账。

5月21日，曾为军统做过地下工作、与金志涛潜伏组有工作联系的汉奸缪斌被江苏高等法院判处死刑后在苏州监狱被处决。

夏，因几年来从事抗日地下工作欠下较多债务，军统又无补偿的意思，在债主紧逼之下，陈彦通将金陵刻经处部分房地产向钱庄押借150万圆（旧币）用于还债；书面约定次年春如不归还，钱庄将接收金陵刻经处房地全部业权。杨仁山的孙辈后人杨缘生、杨立生、杨雨生等闻讯后担心所抵押的房地产易手，遂要求收回本处的全部管理权。陈彦通委托俞光生代理日常事务，自己去沪筹款还债。不久，空手而归。杨缘生（杨五）出头联络金陵刻经处的董事，以陈彦通擅自抵押了房产，又任过伪职为由，强烈要求进行人事改组，主要目的是迫使陈离开金陵刻经处。为妥善解决此事，陈彦通在郭仲豪陪同下去镇江，接陈宜甫来南京调停。双方商定陈彦通脱离金陵刻经处的具体事务。此时，陈彦通为方便他人接手经营，移居大油坊巷，其妻孔紫英和养女陈双枝还留住金陵刻经处，等待事情的解决。因无经济来源，生活十分窘迫，陈彦通变卖了藏书、衣物以及靠弟子接济度日。

秋，陈彦通因在沦陷区掩护军统电台、协助进行策反工作以及被日军逮捕、酷刑下未出卖抗日地下组织等立功表现，国防部保密局要员接见、表彰陈，并发给奖金和《军统地下工作者证明书》。

9月，寅恪一家北上之前，专门去金陵刻经处观看所藏的佛经版，参观杨仁山生前所居的深柳堂和安放遗骸的塔院；在院内品茗聊天。不久，陈彦通盟兄章士钊来南京办事，也来金陵刻经处与陈相晤，聚饮后长谈。此时，各地都在进行大规模肃奸，任过伪职的大小汉奸陆续被检控、逮捕、审判。陈彦通以国防部保密局南京特派员和原军统地下工作者的身份出现在南京朝天宫的首都高等法院特种法庭上，为日伪时期担任过安徽省皖北凤寿小地区治安委员会副委员长兼怀远县长何君侠开脱汉奸之罪，做了其在沦陷区帮助过地下抗日工作的证明。

11月初，陈彦通一家搬离金陵刻经处。经弟子梅华南兄弟相助，陈全家安顿在梅家夫子庙钞库街51号。该屋第二进为秦淮名歌女龚凤仙赁租，陈住在第三进。其间，军统局改编为国防部保密局后，编制缩小，大量裁汰人员，也解除了与陈的关系。陈彦通颇不理解，感到"为抗日立过功，未受重用，出生入死不值得"。随后去沪，向徐亮诉不快。徐亮欲介绍陈参加"中国新社会事业建设协会"的筹建工作，陈未去。因陈滞留上海未回南京，其妻孔紫英无法维持日常生活，请郭仲豪去上海讨要生活费。陈亦无收入，只得将徐亮给的烟土交请郭仲豪带回。

12月，金陵刻经处陈义撰《金陵刻经处之过去与将来》：

金陵刻经处为石埭杨仁山师积四十年之苦心孤诣而成。自洪杨战后旧有刻经之地，毁灭殆尽，学佛者每苦无书可读，师鸠资刻经，广事流通，古德佚书有我国失传而流于日本者，因南条文雄（昔年师随使欧洲与南条有旧）从事访求先后得数十种刊印流通，学者称便。规模既具，师乃宣传永归十方，俾垂久远，并舍私宅以资刻经处之用。迨辛亥夏秋之交，师小病，乃召宜甫曰，余病恐不起，刻经处须付托有人，余欲以陈樨庵、欧阳竟无及汝三人共同担任，樨庵处汝写信去（时在上海），竟无亦代征询（竟无时住刻经处）。当与竟无接洽，同谒师报命，师甚忻慰，训勉有加。且谓，余即霍然，亦归汝等三人接办，余可专心念佛不杂他事矣。先是南洋劝业会展览时，海内名流走集，因有佛学研究会之设立，推师为会长，至八月十一日师命召开佛学研究会临时会，订期十七、八日在宁开会，报告刻经处付托三人，由会追认，以示公意。时会中重要分子，散处京沪各地，时期促迫，恐难集合，当以展延时日请，师曰，日期不能迟，迟则不及矣。爰函电交驰，如期集合，至十六日垂暮时，京沪之人果至。遂于十七日午后二时，假碑亭巷蒯宅开会，是日濒午师口授会场应议事件，侍侧笔录，临至会场时，复诣师所，师曰可早点去，布置会场，其时师神态自若，初无变异。讵甫届三时许，会尚未终，有人奔告曰，老居士已西去矣。全场为之错愕，亟驰归。聆其家人言，值二时许，师自言曰："此时人当到齐矣！"有顷曰："此时当已开议矣！"又有顷曰："此时刻经处事当议定矣！"顿现异常豫悦之色，复语左右曰，余心放下，毫无挂碍，可以去矣。如是高声念佛，久久声渐低渐微，端坐而逝。顶及足至翌晨抚之，犹温，论者谓临终种种现相，皆生西之征也。是晚佛学会同人仍在蒯宅集议，组织金陵刻经处董事会，推梅撷芸、吴康伯、欧阳石芝、狄楚青、叶子贞、梅斐漪、李证刚，王雷夏、李晓暾、蒯若木、濮伯欣诸先生为董事。旋开成立会议，定刻经处办事简章，承师遗意，规定三人各负专责，陈樨庵任印刷流通，欧阳竟无任编校经典，宜甫任外来交涉事项，关于全部者，三人共同处理之。洎己未七月陈樨庵逝世，经董事会在上海玉佛寺佛前掣签，以梅撷芸先生继任。梅不克常在宁，因延刘君小楼代表，嗣刘去，代以萧君屏阁。丙寅秋，梅先生辞退。董事会在北平，推蒯君若木继任，蒯亦不能常在宁，延徐君子洁代表。徐君在事历十五年，至辛巳秋辞退。由陈君彦通继之，维持至今。此刻经处经过情形也。自辛亥光复以后，佛学大昌，流通亦因之发达。历年继续刻成之经，不下数十种，迨丁丑沦陷后，流通几完全停顿。在此期间赖徐、陈二君先后维护，均煞费苦心矣。所幸经版犹存，不难恢复旧观，惟竟无、若木二君相继恒化，依例应由董事会推选，而董事会已形零落，现健在者仅撷芸、正刚、伯欣三公。目前办法，似应由董事诸公，公同商定，加推数位董事，以充实董事会，由董事会推选继竟无、若木二公之人，以符原有三人之数，俾合力以图复兴与发展，则金陵刻经庶可永久不磨灭矣。

年底，陈彦通回到南京，住在钞库街寓所。

1947年

3月17日，太虚法师圆寂，金陵刻经处董事会董事濮一乘挽太虚联："圣教衰已一千年，赖公大声急呼，谁识渊源出深柳。神交计将四十载，恨我无缘亲近，自知臭味似伊兰。"

4月，陈彦通赴上海。

5月，陈彦通回南京，不知何人赠送了丰富路上一幢二层小楼。陈彦通略加整修后，派表弟黄德济开设了"丰富旅社"。

7月，陈彦通与孔紫茵、郭仲豪在大油坊巷寓所吸食大烟，被邻居告发，便衣警察破门而入，当场拿获，押往警察分局，做完笔录后关押在戒烟所强制戒烟。次日，郭仲豪由所在的南京通讯学校出面保释；陈彦通亲友未出面，陈又无颜通知其他亲友担保，仍在关押之中。几日后，因缺钱用，无奈之下托人带信向在夫子庙状元境开"幼海书店"的老友杜仁济求助。得信后，其子杜信孚立即送去五块大洋，以解囹圄之急。

8月初，陈彦通出戒烟所，随即去上海。在沪期间，曾与张君劢、朱亚雄等人见过面。

同月17日，陈彦通致陈宜甫书："宜（甫）师：暌违杖履，倏忽经时，正欲于日内赴镇拜候兴居，并将经坊善后所谈遵裁，顷得京讯，欣悉吾师冒暑莅临经房，折冲斡旋煞费苦心，感佩之至。彦以不识时务之书生，对于世法，绝对隔膜，曩承吾师及若木、竟无诸君函电谆属，始受命于戎马仓皇之际，迄今十载，只算叨老居士灵护，将经版房屋保全无恙，勉副师友之托，而彦之微责已尽，此时无论以何方式去职，俱所甘愿。至于办理不善愧对同人则一向承认过咎，尚祈吾师并杨府诸君子原心无他，而加以海涵者也。彦以生计关系，不能不从事他业，故以后经房职务，万难兼顾，至经理替人，彦心目中只有二人尚觉相宜，（一）谭宝人君，因在经房甚久，情形熟习；（二）俞旷生君，因近来经房一切经过皆所目睹，虽与彦有葭莩之谊，而为人笃实可靠，决非以私废公也。至于债款还清后，地契究应归何处及何方式保存，俱请吾师与杨五先生斟酌妥善至感。生彦通。八月十七日。"

同月28日，濮一乘（伯欣）、李翊灼（证刚）向董事会提议并报告：

（一）董事二人不能办理接收事件。

（二）董事会曾于二十四年依法改组，补推董事许炳堃（潜夫）、吕瀓（秋逸）等以补吴镠（康伯）、欧阳柱（石芝）等缺额，并推定李安等为候补董事，是时梅撷芸、狄楚青、蒯若木、濮伯欣、王雷夏、李证刚等均到。

（三）二十四年董事会改组后，曾由董事会将地契、房屋蓝图等据在地政局依法备案，董事全体署名。

（四）倭难前徐子洁曾因杨氏某事须款，以杨氏交出经房老地契为条件，而将老契从杨氏取出。

（五）现在整理经房，应按合法程序就……存案董事名单中现存之董事召集开会，决议办理经房查帐接收办法而执行之，并同时决定补充董事会董事人选及依法召集董事会大会之办法等。

（六）请陈宜甫先生暂时不离经房，以与董事会商洽一切。

（七）请陈彦通先生俟查帐接收交代办毕后，方卸经理之职。

（八）董事会大会应将董事会章程，刻经处办法章程，以及编校经典、印刷流通继任人决定。

（九）刻经处业务由陈宜甫先生及继任编校经典、印刷流通人继续处理执行。

丁亥八月二十八日金陵刻经处董事会董事濮一乘（伯欣）、李翊灼（证刚）提出。

10月，杨缘生、杨立生、杨雨生等为尽快收回金陵刻经处管理权，联名向社会各界散发《为金陵刻经处敬告十方书》，列举陈彦通负责金陵刻经处期间将家眷迁入居住、分借房屋给友人、账目不公开、收支公私不分以及将房屋向银行抵押贷款等问题，公开进行批评；明确要求陈彦通立即离开金陵刻经处。

《为金陵刻经处敬告十方书》：

先祖仁山公手创金陵刻经处，临终遗嘱陈樨庵、欧阳竟无、陈宜甫三位先生共同接办，并指定流通部分樨庵先生担任，编校经典竟无先生担任，对外事项宜甫先生担任。关于全部之事，三人协同处理。永归十方，任何人不得视为私有，并舍自置私宅全部为刻经处之用。当三位先生接办时，佛学研究会推选十一人为董事，成立董事会（董事诸公现存者有李正刚、濮伯欣、吕秋逸、叶誉虎、黄复生、许潜夫诸先生）。

洎民国八年秋樨庵先生逝世，经董事会在上海玉佛寺佛前掣签，由梅撷芸先生继任。梅先生因事不克常川在宁，乃委托刘君小楼、萧君屏阁先后为代表在宁办事，一切仍由梅先生完全负责。民国十五年秋，梅先生辞退，董事会推选蒯若木先生继任。蒯先生亦不能常在金陵，乃托徐子洁先生为代表。民国三十年秋徐先生辞退，改请陈彦通先生为代表。蒯先生于前年冬逝世，因董事会星散未及改选，故至今仍由彦通先生维持。此刻经处之经过大略情形也。溯自彦通先生到刻经处后不久，即将家眷迁入，并分借与友人携眷居住，实开前此未有之例，迹近视刻经处为私有，此事是否征得蒯先生同意，不得而知。且数年之中从无公开账簿，关于款项公私不分，至去年夏历年关，竟负一千数百万元之债，遂将刻经处房产所有权状向银行押借一千五百万元，以度年关。因思流通纵不发达，而徐子洁先生移交时留存之书尚不少，何至负此巨债？详加访察，始知因彦通先生用度浩繁，且有特殊支出，积久累深，致成巨数。及至今春，押款到期不能归还，银行催迫，遂悄然赴沪，托言筹款一去不返，流通事务托其亲戚俞君代办，拖延至六个月之久，利息亦积至千余万。立生等怵目惊心，诚恐久延下去，将危及产权，不得已将刻经处所有房屋全行出租，收取押租凑集成数，代偿银行押款。债务既清，而彦通先生仍逗留沪上，回宁无期，迭经询问，辄以有俞君在宁代办为词。按彦通先生本为蒯先生之代表，则俞君将为代表之代表耶？殊不知从前刘、萧、徐三位代表均经董事会并欧阳竟无、陈宜甫两先生一致认可，即蒯先生请彦通先生代表时，亦经过与陈宜甫先生数次往返函商，并非私相授受，随意指派，盖十方之公器与私人独营之业务不同之点在此。立生等为保存刻经处计，一再婉讽彦通，引退让贤，乃始终无明白之表示，似此殊有失士君子风度，且非笃信佛法深明因果者之所为，窃为彦通先生惜焉。立生等不忍坐视先人艰难缔造之事业，隳于一旦，用敢臆陈事实敬告十方，尚靳海内宏法护教诸公，有以见教，俾刻经处赖以不堕，此则馨香祷祝以求之者也。迫切陈词，伏乞公鉴。杨缘生、立生、雨生谨启。卅六年十月。

11月，杨立生、缘生、雨生等撰《致董事会书》：

证刚、伯欣先生董事，先祖手创金陵刻经处，遗命永归十方，冀垂久远，不欲子孙接办，以示大公，先祖之意如是而已。乃论者每谓先祖有不准子孙干预之遗言，干预与参预或与闻不同，且参预或与闻与管理亦不同，因先祖不欲子孙管理经房，遂谓不准与闻其事，未免有辗转传闻之误。先人对于此语亦曾有不能默认之表示，故于民国八年向内、教两部，苏省公署备案声明刻经处永归十方，不由子孙经管。但凡事皆得与闻，经政府许可，苏省署并令行江宁县，文中有由管理人陈樨庵等会同具呈人妥订章程等语。可见杨氏子孙与闻经房之事于法于情于理均不相违，否则当时官所何能作此语？窃念经房之有董事会，乃由先祖付托之三位先生为维护经房计，始有此组织，自是以后固深赖董事会护持之力。惟自民国十五年辅仁社事件解决后，即未集会。二十四年六月二十九日在蓝家庄公宴，于宴会之余商谈经房诸事，有补选董事会之拟议，亦至正式会议，嗣后数年亦未集会一次。今幸董事会复兴，行将成立正式董事会，于经房前途极有关系。因有杨氏子孙推举代表参加修订章程之请求，届时当略有意见贡献，尚祈俯纳见示为荷。上年经房败坏不可收拾，几至危及产权，杨氏子孙出而设法了结，呼吁十方赞助，亦出自维护经房微意，若此斥为干预，恐先祖在天之灵亦不乐闻斯语。

按：此稿是陈宜甫在1947年10月间杨氏后人发布《为金陵刻经处敬告十方书》后所受委托代拟发，稿上未列年月日及署名的人名，但此件应在是年11月以后杨立生等所发。

自 1947 年 11 月至 1948 年 12 月，金陵刻经处董事会召开预备会议一次、特别会议七次。第一次预备会议，日期 1947 年 11 月□日下午一时，地址中央大学，出席董事李翊灼、濮一乘、吕澂、李安、许潜夫（陶冶公代），列席陈宜甫。主席李翊灼，记录李安。报告事项：1. 本处董事林翔出缺，以候补董事李安递补。2. 许董事潜夫函，为因事未能来京，委托陶冶公先生代表出席。附函一件。3. 陈主任宜甫报告蒯君若木主任代表陈彦通函请辞职。附函一件。4. 本董事会正式会议定于十一月八日上午九时在天印庵一号。讨论事项：1. 决定正式会议仪式及议程（一）推定主席；（二）开会前在天印庵大殿礼佛，再往杨居士塔礼塔，均为三稽首礼；（三）主席致词；（四）主席报告；（五）讨论事项：甲、整理刻经处步骤。

①关于流通部分暂停工作；②刻经处内寄居家属应即迁出；③限期办理移交；④会同封存经版及材料；⑤慰留职工；⑥准备接洽继任流通处主任人选。乙、推定临时常务董事负责接收。丙、准备扩大董事会并拟订董事会章程。丁、决定第二次董事会会议日程。

同月8日上午9时召开第一次董事会特别会议。地址天印庵一号。出席董事李翊灼、濮一乘、吕澂、许潜夫（陶冶公代）、李安，列席陈宜甫、杨立生、杨缘生、杨雨生、陈彦通。主席李翊灼，记录李安。

开会前在天印庵大殿礼佛，再往杨居士塔礼塔，为已故主任欧阳竟无、陈樨庵及董事梅裴漪、吴康伯、欧阳石芝、叶子贞、李晓暾、狄楚青、王雷夏、蒯若木、梅撷芸、林璧如（翔）静默三分钟致敬。报告事项：一、董事林翔出缺，依法以候补董事李安递补；二、略；三、流通主任蒯若木代表陈彦通先生函请辞职，并列席报告受托接管流通经过及声明，在彼经过期间并无以刻经处名义向外担保及为流通募捐情事，至寄居家属等决于半月至迟二十日内迁出金陵刻经处。讨论事项：编校主任欧阳竟无先生已在川逝世，应推定继任人选。决议：推李翊灼先生继任。一、流通主任蒯若木先生已逝世，其代表陈彦通先生提出辞职，应另定继任人选，并将刻经处清理整顿。决议：（一）函复陈彦通先生允其辞职，关于列席时声明家属等决于半月至迟二十天内迁出刻经处，在彼管理期间并无以刻经处名义向外担保及为流通募捐情事三点，并请补具书面送会备查；（二）推李翊灼先生、吕澂先生、许潜夫先生（不在京时由陶冶公先生代表）为临时常务董事负责接收，并推李翊灼先生为常务董事主席；（三）洽请徐子洁先生或华复先生为流通主任，各董事若有适当人选，亦可推荐，以备决定一人，膳食由刻经处供给，每月另支交通费六十万元；（四）略。（五）慰留良好职工继续工作。

同月 10 日下午一时，在天印庵一号召开第二次董事会特别会议。出席董事同前。列席陈宜甫、杨雨生。主席、记录同前。讨论事项：一、略；二、流通主任继任人选应速决定，以便接收。决议：（一）在未洽到继任人选以前，推编校主任李翊灼及交际主任陈宜甫两先生暂行兼任，共同负责；（二）定于本月十三日上午九时正式开始接收，并于十一日下午二时先在天印庵集议准备接收工作；（三）（四）均略。

同月 11 日下午二时，召开董事会第三次特别会议。地址同上。出席董事同前。列席陈宜甫。讨论事项：一、由董事会登报启事，二点：（一）金陵刻经处流通部代理主任陈彦通业于本年十一月八日辞职，凡其任内，所有用金陵刻经处或金陵刻经处经理名义向外借贷及作中担保等情事，均由陈前主任自行负责，概与本处无涉；（二）遵照本处创办人杨仁山老居士遗嘱，金陵刻经处所有全部房地产权（连同塔院在内），一概不得用任何私人名义租典抵押，如有上项情事，概无效。决议：登《中央日报》。二、略。

同月 16 日下午三时，召开第四次董事会特别会议。地址金陵刻经处。出席董事和记录均同前。列席陈宜甫。报告事项：（一）（二）略；（三）十一月十四日聘请赵铢（鸣九）为金陵刻经处董事会常年法律顾问，并于十一月十六日在《中央日报》登载启事。余略。

同日，《中央日报》刊登金陵刻经处启事《陈彦通已经辞职，其任内作中担保、借贷等事概由陈负责》："赵铢鸣九律师受任金陵刻经处董事会常年法律顾问，代表登报启事：兹准金陵刻经处董事会负责人来所面称：（一）金陵刻经处流通部代理主任陈彦通先生业于本年十一月八日辞职，凡其任内所有用金陵刻经处或金陵刻经处经理名义向外借贷，及作中担保情事，均由陈前主任负责，概与本处无涉；（二）遵照本处创办人杨仁山老居士遗嘱，本处所有全部房产地权（连同塔院在内）一概不得用任何私人名义租典、抵押，如有上项情事发生，概作无效等语，合代启事如上。事务所升州路八号。"

1948年

4月11日下午一时，召开董事会第五次特别会议。地址刻经处。出席董事和记录同前。讨论事项：一，本董事会章程草案，应如何决定案。决议：请陶冶公再行整理后提出扩大新董事会，议决施行。二、本董事会是否可推选杨老居士后裔担任案。决议：以十方资格亦可推选。三、拟请扩大董事会董事名单请公决案。濮一乘、李翊灼、吕澂、许炳堃、叶恭绰、黄复生、李安，以上是原有之董事。周仲良、陶冶公、陈铭枢、黄忏华、游子默、盛成、王季同、傅近秋、邱瑞玉、陈宜甫、杨缘生、杨雨生、伍仲文、程潜、方叔章、屈映光、岑学吕、赵炎午，以上拟提之新董事。柳翼谋、赵伯纯、杨禾甫、赵鸣九，以上拟提之监事。蒋竹庄、万君默、汤雪筠、周叔迦、李圆净、范古农、景昌极，以上拟提之名誉董事。决议：通过，俟征得本人同意后即确定。

6月6日出版的《圆音月刊》（第9、10期合刊）刊登李圆净《为金陵刻经处致许圆照书》：

> 日前悉金陵刻经处董事会成立，公亦在内，喜慰可知。年来各省刻经处均在停顿中，无钱可赚，经费无着故也。现各流通处，已视少数存书为奇货可居。日前此间藏经会，至佛学书局请经，忍痛以重价作孤本购进，"八·一三"后至今十

年，势成孤本，未可厚非。其他各刻经处，规模狭，地较偏，人才复少，纸贵工贵，无力开印，亦可原谅，而金陵刻经处，今兼地利人和之胜，似宜持以进取精神，幸弗仅以保管为限也。近一富友请经作孤本求，亦不可得，无办法中，托人在北平旧货摊中搜寻。百年来，诸德为法忘身，镂版无算，今竟如此，不禁欷歔！昔杨仁老刻经只手成此局面，今董事外，又有监事会，当有一番振作矣。净日祷之！此间舆论，咸望会中以弘法为旨，印经虽无利可图，卖不了时，尚有货在，窃意处此十年竭市下，若在各佛刊征求附印，应者必有。此功此德，唯佛知之。木版与铅印不同，一二十部乃至数本，亦可付印也。上月北平廉达因居士来书，谓旧书遭劫，佛经尤甚，旧纸一斤值二十五万元，多论斤秤出，近费两斤代价，购得《弥陀疏钞》一部，希为文呼吁各地佛徒，集资向烂纸商，将佛经剔买来，功德不小云云。又丁福保居士，往年亦曾以此种方式，获得《大正藏》半部，以赠华严学院应慈座主。大难之后，益以年久停印，学者唯有烂纸堆中求之，亦可大哀矣。琐琐渎陈，伏惟亮察。民国三十七年四月二十五日李圆净。

同期《圆音月刊》刊登许圆照《为金陵刻经处复李圆净书》：

两示均悉，送《圆音》登载。期唤起注意，甚善。惟金陵刻经处情形，由于无人负责，无法进展。兄参加董事会已十余年，以友谊难却，挂名而已，因其中纠葛，非条陈意见所能解决。兄又无力献身，刻经处自杨仁老逝世已见衰落，虽梅、濮、蒯诸君，曾斥巨资，终于无补，因出资有人，献身无人也。在抗战前，若木请徐子洁代表时，尚能勉强支持，抗战以后，不可收拾矣。现在延揽新董，增设监事会，伯欣希望人多，得众擎易举之益，然亦未必有效。兄处尚无消息，或仅议论，尚未实现。印经虽有货在，但印费不易筹措，在各佛刊征求附印，有多少，印多少，是最好办法，当托陶冶公与伯欣商之，冶公堑（许圆照名秉堑）请其代表出席者也。大函谓北平将旧书作破纸秤卖，拟向旧纸商人求将佛经别出，不论残缺与否，一律加价收买，使得相当利润，亦一至善之办法也。祈并力提倡为幸。

编者（圆音编辑）按：金陵刻经处为近代佛化之煤粮供应枢纽，关系綦重，新董事就职后，未知如何。

10月17日下午二时，召开董事会第六次特别会议。地址刻经处。出席董事李翊灼、濮一乘、吕澂（濮一乘代）、李安，列席陈宜甫。报告事项：一、上略。房屋尚有陈彦通经手借居未迁出者四户，因陈氏入狱无法清理，待新董事会成立后再协力整理，常务董事李翊灼、吕澂、许炳堑（陶冶公代表）负责接收即告完毕。二、三、略。讨论事项：一、拟补推邵福宸为刻经处新董事会新董事，通过。

12月10日下午二时，召开董事会第七次特别会议。地址刻经处。出席董事，同第六次。列席陈宜甫。讨论事项：世变方亟，人事靡常，万一非常时期金陵刻经处如何维持案。决议：一、陈宜甫主任发愿决在任何情形尽力守持，以度过非常时期；二、必要时请杨雨生先生协助。

同月23日，杨步伟就关于金陵刻经处土地所有权状负责保管事，在美国致函陈宜甫：

宜甫先生：金陵一别，不觉三十余年矣。顷接程四表妹寄来金陵刻经处所有权状一纸，收到无误，步当妥为保存，望可放心。另收条一纸，便乞向各方有关系人传观为祷。

先生如此高年，犹不负先祖之亲委托，以维难局，真是不但杨氏子孙应感激万分，即十方向护持刻经处者亦应同极感激也。此上。敬祝新年平安。

晚赵杨步伟上，12 月 23 日

附件：

民国三十七年 12 月 19 日，收到四表妹程净华由邮局挂号寄来金陵刻经处房地所有权状一纸。

函云，系由陈宜甫先生与濮伯欣先生会商，因时局问题，情形吃紧，托彼寄美委托步伟暂在美国妥为保管，以免损失或遗失可能。兹已妥存"美国银行"柏克莱分行（英文某某）第 1277 号保险箱，杨步伟、赵元任合户名下无误。

外当声明者，此地产及房屋久已由先祖杨仁山公捐与金陵刻经处为永久基地之用，惟后面十二间及厨房两间，后由欧阳竟无、梅光羲、蒯若木、李振罡诸先生在兰家庄 24 号内议会，作为杨氏子孙供奉先祠之用，并由少数人在内居住，维持祭祀。（此事诸先生皆亲口灌有留声机片存案，兰家庄 24 号乃步伟住宅，当时并留有照片为凭。）

该地及房屋杨氏子孙及金陵刻经处两方永久均不得作为抵押转卖。待国事稍定整理之时抵押租借等事皆不承认，即将来有另添房屋及扩充之时，也须经过陈宜甫先生及刻经处正式董事会诸公妥商后才能办理。

宜甫先生系先祖在生委托三人中之一，大家当以宜甫先生之命是从，将来一切应由合理组成之董事会及杨氏子孙代表会同公议办理，现暂由步伟与元任负责代为保存在美。待时局稍定，正式董事会组成，契约即交出公管，杨氏子孙，或刻经处董事，或刻经处职员私人等，不得索取作为私产之用。在保管期内，万一步伟与元任皆为不测之事发生，则由其长女卞赵如兰负责收存，将来交出情形如上述相同，即须经过正当董事会成立后处理。

民国三十七年十二月二十三日、西历 1948 年 12 月 23 日写于美国柏克来 1059（英文某某）寓所。赵杨步伟、赵元任答。

1949年

李安先生《南京解放前夕的一支小插曲》，回忆了本年有关本处研究人员游侠先生的事迹。全文如下：

1949 年，淮海战役胜利结束，国民党蒋家军损兵折将，被俘的被俘，投降的投降，被击毙的被击毙，退守长江以南，还想依靠长江天险，划江而守，积极构筑工事，负隅顽抗。这时我在国民政府行政院工作，家住萨家湾霞公府。当时内学院老同学知友游侠，在海军总司令部任高级编纂兼秘书长，他与当时任海军总司令办公室主任金声，早和上海党的地下组织有联系。我和他们过从很密。他们弄到海军长江布防情况，秘密送由上海地下组织转送江北三野司令部，我没有参预其事，也约略知道。行政院的一位编审章斗航，江西人，也喜欢和我研讨佛学。他是搞国民党党务的，曾为海军司令桂永清在江西活动立法委员竞选，深得桂的信任。一天和我讲，桂告诉他，得到密报游侠与共产党有联系。我得讯后，迅即告知游侠，他就称病，住进他二弟游天翔任院长的铁路医院，以防意外。我于夜间去探望他。2 月间，我自请离职回浙江原籍，还去和他话别。当年 5 月，解放军百万雄师渡大江，解放了南京，我在浙江东阳欢欣鼓舞，听到游侠和金声都参加起义，旋留任华东海军研究委员会委员兼秘书，更为之额手称庆。游当时曾有诗纪事，其中一首云："北湖南埭水漫漫，迎接红旗竞揭竿。卅载独裁成陈迹，欣看虎距更龙盘。"为南京人民获得解放志喜。值此南京解放三十五周年，遂凭记忆所及，写出来以作纪念。一九八四年。

1950年

9 月 15 日，《现代佛学》（创刊号）刊登吕澂《内学院研究工作的总结和计画》：

　　本院自一九二二年成立迄今将近三十年，虽然备历艰难，却是始终工作着没有间断。现值我国新时代文化建设的高潮行将到来，我们很兴奋地感觉有应该而且必需的努力。在这里，特地先总结了过去已做好的工作基础，再拟定一些今后应该做的工作计画。

　　一：

　　本院的创设，是要由学术方面去研究和发扬佛教文化的，当时提出了这样的目标至少做到真实之学和"为人"之学。（见《内学》年刊第一辑所载《法相大学部开学讲词》）。因为我国传播的佛学乃经翻译而来，文字上，理解上，种种隔阂，一向是多少走失了原样，必需先把研究资料澈底整理得其真实，才会见到佛学的本来面目。其次，大乘佛学的实践本系积极地利益世间，但传来我国却走上超然自了的途径，要矫正它，必得重行发挥大乘为人的精神。我们的工作，就是朝着这样目标前进的。

　　我们对于佛学研究资料的整理，是从玄奘一系的译述开始。玄奘的译本最精确，又最进步，但文义艰深，不藉助于当时注疏，仍是难于理解的。这些著作久已失传，直到日本人编印《续藏经》，大量搜求，方重与世人见面。不过所用底本错误太多了，注解又和本文分别刊行，并且收在整部的藏经里不易购致。我们为了弥补这些缺憾起见，依著玄奘所译的诸大部，分别取材，详校刊版，以便应用。

一、《瑜伽》这是玄奘为着它冒万险去印度所求得的一部大论。我们把当时玄奘门下两大派的代表注解——基师的《略纂》和道伦的《论记》校刻成书，一共一百三十四卷。（后来在《金藏》里发现《论记》的覆宋本，我们又据以改定刻版一次。）

二、唯识这又是玄奘传来的绝学，经过了基师的天才组织，可算佛学在我国发展得很有异彩的一面，因此基师所著的《成唯识论述记》也成了一派正宗之说。我们为要澈底了解它的奥蕴，将基师自作的《演秘》，灵泰的《疏抄》，道邑的《义蕴》，如理的《义演》，分别编在《述记》本文下面，校订刻板。又将当时和基师对峙的另一大家圆测的《论疏》佚文，由各书的引用里搜剔出来，编成整部。还有羽翼基、测两家互相批评之作，像慧沼的《了义灯》和太贤的《学记》也一一校刻了。有这些书，便足以窥见唐人唯识学说的全貌。刻成的版本，总共二百六十卷。

三、《俱舍》这是总结小乘佛学的一部聪明著作，玄奘译本更详细订正了以前俱舍宗所传的误解。我们选择了当时认为正统的普光《论记》，会文刻板，整整有一百卷。

同时，我们又校刻了玄奘的传记《慈恩传》和他游历印度的行迹图，还有其他必需参考的典籍，共得四百余卷。这样前后七年，整理并刊刻了近一千卷的研究资料。在这中间，我们更应用梵藏文佛典的比较研究，对于学说源流方面，得了一些重要的收获。

一、在玄奘所译《瑜伽论》最后二十卷里，发现了引用全部《杂阿含经本母》——这是连玄奘本人也未尝知道的。因此明白了瑜伽一系学说的真正来源，并连带订正了翻译以后弄紊乱的《杂阿含经》四十卷的次第（详见《内学》年刊第一期所载《杂阿含经刊定记》）。

二、《瑜伽论》里又引用《小品宝积经》的旧注，我们也发现了它和经文配合的线索，刻成《宝积经瑜伽释》一书。从此看出大乘学说前后的联系，又订正了旧译《宝积经论》的错误。（俄人刚和泰费了半生岁月校印了藏文本《宝积经论》，却不明白它和《瑜伽论》的关系，以致连章句都无法分清。）

三、认清了梵藏本唯识论书的文义自成一系，跟玄奘所传的迥然不同，因而确定了唯识古今学说分歧之所在（详见《内学》第三辑所载《安慧三十唯识释抄》绪言），并推见唯识今学护法说的真相（见藏要本《宝生论》篇首《护法说标目》），从此唯识学前后变迁之迹便一目了然。

四、寻出《俱舍论》组织上与南北两方各种《毗昙论》的关系，判明了小乘毗昙学说的整个系统（见《阿毗昙心论讲记》导言）。

二：

我们根据这些整理资料的经验，进一步用于全体佛典，同时参考取材也扩大范围，得著很多的便利。在一方面，国内各地陆续发现历代大藏经的刻本，我们都参加了整理考订（所得结论见于《宋刻蜀藏异本考》《契丹大藏经考》《金藏雕印考》《宋元刻碛砂藏序》《明南藏初刻考》），因而认清藏经版本源流，确定了刻本文字上正否的标准。另一方面，我们又尽量搜罗得国外校印的梵藏文佛典和康藏各种版本的《西藏大藏经》，比较研求，而见到汉文翻译的短长，实有重加证明之必要。关于这一部分的研究，见《内学》第四辑所载《论玄奘译本之特征》《理门论证文》等作，由此我们决定用新方法来选取全藏中要籍，校印一部丛书叫做《藏要》。

《藏要》编校的方法是：

一、校勘文字一变从来重视高丽本的偏向，而以南宋思溪本为据。遇有疑误之处，尽可能地求得原典根据，方加改正。

二、译文内错落晦涩的地方，择要用原典或异译本来证文，加注。

三、常用的典籍，都依义理起讫分清段落，以便研究，一扫支离破碎的科判旧习。

四、书中重要义理，更用提要体裁作成序文，以助了解。

这样编印的《藏要》，时历十年，共成三辑七十种书，四百余卷。（此书印行后，有些被日本的佛教大学里采作课本，又有些为印度国际大学用作研究资料。）所用参考资料，数达三百种以上。

我们原想从此更进一步去澈底整理全藏，刻成比较可信的定本。但这工作太艰巨了，只做到编定目录的阶段。原来历代编纂大藏经都是依据经录机械地堆集上去，内容既杂乱无章，又真伪不辨，现在要谈整理，必须由经录里去寻个端绪。因此我们先校刻了最重要的《开元释教录》，将录中经目和附属部分详细分开，又编成便于检索的号码，并且比勘各种旧录，改正它的错误二百余处。在《开元录》以后所出的

《续开元录》《续贞元录》等，均刻成新版。还有《金藏》里新发现的宋代《祥符录》《景祐录》等残缺孤本，也都节略补正刻了出来。至于历代经录的最后一部《至元法宝勘同录》，更应用西藏的译本和西藏经目，详细校订，刻成节本，我们从这些经录订正过的记载，去对照大藏经里所收一千七百种典籍的个别内容，方才一一清楚它们的真实来源。这样删除了好些本非翻译而无意混入或有意伪托的旧籍，然后依照义理的流类，相承的次第，编成一部具有系统的经目——《精刻大藏经目录》。

我们对于佛学资料的整理工作，大概如此。

三：

其次，关于佛学实践的研究，我们则从指导的理论着手。佛学各部门的理论略有不同，先分别作了概观，成为《俱舍论序》《般若经序》《瑜伽论序》《唯识抉择谈》《涅槃经序》的专著，这些都是详细剖析每一部门的中心思想，并纵论他对于各方面的关系，以得其实践上的真意。最后再总结为一部佛学通论——《释教》。

以上是佛学横面的研究。同时我们汇萃了汉藏梵文所有的资料，并参酌时人已得的结论，对于佛学纵面的思想源流澈底地作了一番考订，著有《佛传与佛说》《诸家戒本通论》《佛学七宗源流十讲》等。这样刊定了印度各时代佛学的实际地位和它们理论的确诂，而建立起学说史的标准。再据以反观我国所传的各说，就很容易发现它们和印度原本的距离。其间更见出有相反的趋势，像流传很久的《起信论》《楞严经》一类返本归元的思想，都决定是国人错解义理而伪托为佛家之言，我们曾毫不容情地予以破斥（见《楞伽与起信》《楞严百伪》等论文）。又由此一贯错误的思想影响到禅宗方面，构成"本觉"异说，我们也都完全揭发它出来（见《禅学考原》）。还有西藏所传显密各宗学说之是非，我们也作了一番全盘的批判（如此激烈的批判之语很不多见，见《西藏佛学原论》《略论西藏佛学之传承》《藏密三书导言》等）。这都是为要做到真正佛学的实践，而来扫除一切的障碍。

最后，我们发挥佛学为人的宗旨，采取"师、悲、教、戒"四个字，作为院中问学研究两部分学人共同遵守的院训。"师、悲"的意义，著重在对于人群社会责任感的启发和保任，详细见于《释师》《释悲》两著。至于"教、戒"的实践，更具体地分做三个阶段：由"自觉"——觉性人生实践的发端，而"转依"——人生变质的改革，而"遍界"——推及于全人类。我们在理论上融会了佛学五种分科根本典籍三十种的要义，构成体系。这全仗着玄奘以后印度佛学的趋势，辨证地统一了其前各期思想，而指出他开展的方向（详见《内学五科讲习纲要》和各种讲习笔记）。近六七年来，我们继续在讲习，虽未结束，但对于进一步工作，已算是有了相当的基础。

四：

现在来拟定今后工作的计画。我们以为，人类真正的文化是一元的。随着历史的推移，旧有的学说思想契合于真理之处，在人类生活实践当中，一定会被吸收和融和，以丰富着永在开展的文化。就这一点上着眼，佛学对于我国新文化的建设应该有其重要的意义。而且佛学的主旨，本是不满于不平等而痛苦的世界现状，要求根本变质地改革它，这样积极的精神虽时被曲解，却始终未曾丧失，就又有其助长文化改进的功能。但这些，都必依据真实的佛学才谈得到。我们多少年来，曾经努力廓清佛学思想上重重障蔽，并辨析了现存于我国本土和西藏乃至印度、锡兰的各派学说的性质，以求窥见佛学的真相。有了这种准备，我们想，今后就应当去做下列的工作：

一、用科学的历史观点，重行批判全体佛学并确定其一般价值之所在。

二、注重民族性方面来阐明佛学过去对于我国文化的关系，由此寻出途径，结合当今人民大众所需求的，所了解的，以发挥佛学对新文化建设应有的作用。

三、同时，激底扫除人民大众间所有关于佛学的错误思想，以减少新文化建设的障碍。

四、与国内外进步的佛学研究相配合，以完成上述的任务。

在这里，要涉及友邦苏联的佛学研究说一说。苏联的科学院尝继承沙俄时代开始的编印《佛教文库》（*Bibliotheca Buddhica*）事业，并拟好具体计画，进行系统的研究，而有了佛教文化研究部门。大概因为取材的便利吧，研究进程是仿佛蒙藏寺院的（见文库第二十三种《梵本现观庄严论》导言）。早年出版物中间，就有史彻尔跋茨基（Th.Stcherbatsky）师弟关于因明般若等作品。史氏研究法称因明所成的巨著《佛家逻辑》（*Buddhist Logic*，文库第二十六种共两册）曾经传诵一时。可是他所用的资料不够完全，仍不免有些缺点。像解释自比量中不可得因，本应有十二种，却只举得十一种（见《佛家逻辑》第一册三七一页以下），即其一例。这或者是没有见到研究法称学说所必需的资料《正理藏论》（*Rigspahigter*）的缘故（藏论第十品明说法称所立不可得因共十二种）。此书当时在苏联是见不着的（见《佛家逻辑》第二册三二三页附注），但在我国却较易搜求，我们便收藏有很好的官版——永乐刻本，并曾参照萨迦派的权威注解——贡庆喇嘛的大疏详为分析研究。我们待有机会便整理出版，以期对此学有所裨益。像这样一类的工作，我们也都在计画从事的。（1950 年 8 月 20 日修正稿）

11 月下旬，在四川重庆的支那内学院改名为中国内学院，吕澂继续担任院长，聚众讲学，从事佛学研究。当时尚有研究人员和学员约 20 余人，吕澂领导他们边研究、边学习，定期作佛学讲演。不久，土改运动在全国范围内展开，内学院的研究人员和学员，纷纷响应号召，参加土改工作队，下农村参加土改运动，于是院内的研究工作和讲学活动，全部趋于停顿状态。随着时间的推移，内学院的研究人员和学员，绝大部分都没有回到内学院，其中大多数参加了工作，分配到其它单位，也有的回到了自己的家乡。

本年，南京市人民政府免征本处地产税 379.84 元。

1951年

本年，南京市人民政府免征本处地产税 436.82 元。

1952年

2 月 4 日，陈宜甫致杨禾甫（立生）书（摘要）："禾甫我兄：雨生兄谈及得兄讯云：平轩先生有道友发心维护经房，具斯宏愿，曷胜钦佩，极所欢迎。先师遗意经房永归十方，如此重任决非少数人所能负荷，从前之有董事会者意即在此。无如历时既久，人事变迁，董事会已无形消灭，亟宜重加组织，有固结之团体，则经房一切困难悉可排除，如此则永久保存，不负先师毕生之苦心孤诣也。至于如何联合，以及用何名称，尚祈商请平轩先生，祈合同志积极进行，经房前途实利赖焉。弟宜甫拜启。1952 年 2 月 4 日。"

同月 13 日，杨立生致函赵朴初居士，具体请示整顿金陵刻经处办法："陈宜老来信，对吾公慨允整顿经房一节深表同意，乞将此节，上告赵朴初部长，并请赵公具体指示进行办法。立生等恪遵先人遗命，一切处理归诸十方公意，仍期谛造匪易之事得以持续耳。宜老原扎附呈，专陈。虔颂道安。立生谨上。二月十三日。"

3 月 15 日，濮一乘（伯欣）致陈宜甫函：

查金陵刻经处本系社会团体所公有，其性质等于人民财产，最近面临"三反"运动，你既是多年负责管理人，所有各项问题，似应自动交待。现在董事会分散，我以五十年之历史，及施主资格，向你提出以下疑问数点，缮具书面，委托居民代表韩士林同志转交用作证明。

一、你受董事会委任，保管刻经处财物，并经理流通事务，所有历年收支帐目，是否健全？所有经版、书籍、文件、家俱有无损失？

二、刻经处之《土地权状》，据称你去年向公安局户籍员李耀先同志声称，你以私人关系交由杨雨生君代为保管，并未取有收据，不知此种行为是否正确？此项手续是否完备？

三、刻经处定例办事人不得携带家属同居（照付房租者除外），1947 年杨氏兄弟散发传单《敬告十方书》，对于陈彦通君之指斥，即首重此点。你几年以来，携眷同居，不知房租如何算给？

四、你的膳食，自应由刻经处供给（但只限于你本人），其应受待遇，董事会亦有规定。这几年你的支给数量，是否遵守这个范围？

五、刻经处这几年的实际状况，业已变了，万一不能执行任务时，所有刻经处应行交待事宜，应由何人负责办理？还是遵照 1948 年十二月十日董事会议案，暂由杨雨生君清点保管，再行呈请政府有关部门审核处理呢？还是由你的家属高南苹女士，以多年同居处内之原因负责办理呢？

以上五点，要求你作切实详细的答复。

同月 16 日，陈宜甫于刻经处住所内病逝。杨仁山居士后人杨立生、杨雨生致函上海抗美援朝分会佛教支会，请速派人来处主持业务，公推徐平轩来宁调查。

4 月 28 日下午 2 时，金琦、叶宙梅、胡锡畴、刘弘济、杨仲子等考察金陵刻经处，并撰文呈报南京市文教委员会。

南京市文教委员会：

四月二十八日下午 2 时前往延龄巷一号，了解金陵刻经处情况，当晤及现住该处之该刻经处董事濮一乘先生。据云该刻经处系于光绪年间，由杨仁山先生将自置屋宇指为专作刻经处公业，佛经版片系十方善信捐助，该刻经处原系社团组织，设有董事会，业于一九五一年七月，遵照南京市人民政府民政局"社团登记法"之规定，自动解散，旧时董事，现仅彼一人在宁等语。并带往观看所庋佛教版片，计贮满十间屋，有百数十架，据杨姓看管人云，共有十万余片，另佛像版片尚不在内。查该刻经处房屋及佛经版片，既系公产，似不应任其长此荒废及损毁，应由政府接管。

1. 房屋部分，可由房地局接管，以免倒塌，而可利用。惟现尚住内之该刻经处董事濮一乘先生及杨姓看管人应否仍任其居住，可由房地局酌情规定。

2. 佛经版片，可由南京国学图书馆接管（前南京通志馆所存书版，一统由该馆接收，此堆版片，亦应一并移归保管），以免霉烂。

所有察看金陵刻经处情形，及拟定办法，是否有当，理合签请鉴核。谨陈朱同志、李同志。

金琦、叶亩梅、胡锡畴、刘弘济、杨仲子

（文呈字第 60 号）（盖章：已办）

5 月 5 日，南京市人民政府宗教事务处史正鉴处长偕陈宗正莅临刻经处指示徐平轩任职（初为主持，后改为主任。），大力支持本处整理经版、恢复业务。从此金陵刻经处业务得以发展，并扩大了规模，成为全国佛教经典图像木刻总汇以及刻印流通佛教经典的中心。

刻经处原有的经版和图像版片在业务停顿很久的期间，杂乱散置在经版房地上，地面潮湿，灰尘厚积，蛛网满布。于 1952 年 5 月恢复业务后，经过打扫，清除泥土灰尘，修理经版架，整理经版入架，计 47421 块。又于 1959 年 4 月到 1960 年 3 月，复经整理（包括历年添补经版在内），复计保管经版 48102 块，未计页版 879 块，图像版 112 块，共计 49093 块（比前多了 1672 块）。

同月，《弘化月刊》（第 132 期）刊登徐平轩《南京金陵刻经处的调查报告》：

前言：

金陵刻经处管理人陈宜甫先生病故，业务中断。函请上海抗美援朝分会佛教支会，派人前往了解情况，藉谋善后，公推徐平轩前往调查，兹将详情，报告如下：

一、金陵刻经处之历史：

石埭杨仁山居士于同治五年（1866），发心刻书本藏经。初在南京北极阁旁建屋，嗣为人据。居士以佛法无诤，乃仍迁于其家中，而后筑室金陵城北延龄巷，为保存经版及流通经典之所，实1897年丁酉也。是夏，诏其三子曰："我自28岁，得闻佛法，欲出家，徒以老母在，未获如愿。今老母寿终，自身亦已衰迈，不复能持出家律仪。汝等壮年，生齿日繁，应各谋生计，分炊度日。所置房屋作为十方公产"。居士自此安居乐道，会释经疏，维持佛法，日无暇晷。尝言："吾在一分时，当于佛法尽一分时之力。"

居士之子杨自新、杨自超、杨福严三位先生奉父命分居，其《分家笔据》内载："父置金陵城内延龄巷屋宇一所，系父三十余年经营所成，永远作为经典流通之所，三房均不得认为己产。目前家属暂住在内，以十年为限，十年之后，照例起租，不得自添屋宇，以杜占据。俟各房自造住宅，当即迁居。经局刻版之资，系十方善信捐助，永远作为公业。经营之人，公同选举。"

居士于1911年辛亥秋示疾，自知不起，回忆往时刻经事，艰苦备尝，而《大藏辑要》，未睹成书，心颇戚戚！召弟子陈宜甫曰："病恐不起，刻经处须付托有人。余欲陈樨庵、欧阳竟无及汝三人，共同担任，樨庵处，汝写信去（时在沪）。"

八月十七日（10月8日）居士生西，遵居士遗命，陈樨庵先生任印刷流通，欧阳竟无先生任编校经典，陈宜甫先生任外事交际。1919年己未七月陈樨庵先生去世，梅撷芸先生继任。1926年秋，梅辞，蒯若木先生继任。1948年由陈主任宜甫负责，迄至本年（1952）3 月 16 日，在职病故。

二、经版：

经版有 500 多种,大小部头不等,共计有 12 万版页(按:当时据工人所说计 89900 多版页，后经整理只 47000 多块)，藏于十大开间经版房内。仅《阅藏知津》缺版 10 余页，《华严旨归》缺版 2 页，余均完全无缺。查此 12 万经像刻版，按现时人工及材料价值，非人民币 120 亿元（当时旧人民币），不能刻成。其刻工时间，集刻工 100 人，每三工刻 1 页，计需 3600 天，需十年方可刻成。若四工 1 页，计需 4800 天，需 14 年方可刻成。其版料需六万斤，亦不易采集。居士毕生经营，亲自校刻改正讹错，成此法宝聚积的法库，艰难缔造，实属匪易。现时请经，虽有排印，但排印时，非百部或数十部，不能承印，且需款甚巨。缺书时既难承印，请经者仅需一部或一本更难请印。若木版永存，一部或一本均可印刷，请者随时请印均可。居士刻经流通，饶益过、现、未来三世有情，功德实不可思议，其经版应永护永存。

三、塔院：

塔为杨仁山居士寿藏之所。居士有大愿言：经版所在，灵枢所在。是以建塔于经房，葬枢于塔内，俾经版与塔，永远相依不离。现塔尚庄严矗立于院中。

四、屋宇基地：

房屋大小六十二间，基地六亩二分有余。建于 1897 年，迄今已有五十六年。屋系居士亲自购料监修，工料坚实，虽年久失修，不过陈旧，尚无坏状。仅围墙倒塌殆尽，其经版房十大间，每间有窗户铁柱，其经版架脚垫有厚木版。现铁柱木板，均被人窃去（闻在抗日沦陷时被人窃卖），须加修补。

五、窖墨：

该处窖藏印刷经典之墨，已有几十年之久。墨已陈久，虽新印之书，手摩不染黑墨，亦无墨汁气味，尤属可贵。

六、总结：

总结了解情况，金陵刻经处为石埭杨仁山居士所创办。毕生经营，会释经疏、校刻经版 12 万之多（按：后经整理只 4 万多），苦心孤诣四十余年，成就如此法宝伟大的法库，流通十方功德不可思议！又讲学宏法，中外学士，请益于门，开示无倦，饶益有情，居士为在家二众中，复兴佛法之大德，誓愿以遗身不离经版，亦即经版不离遗身，以示遗身与经版相依共存之意。其护法宏愿，后学闻之，当生如何敬仰？我等对居士所刻经版及塔院，当如何护持？且刻经处为居士讲学宏法之旧地，社会各界对有关文化之文物与有关社会之名人遗迹，均有保护之责，使芳踪永续，遗范常存。况我佛教后学，自当责任尤重。

上海市抗美援朝分会，为维持刻经处事，于 4 月 25 日下午 1 时，召集本市缁素大德开会，商议护持办法。首由赵朴初居士报告金陵刻经处关系佛教文物历史的重要性；次由杨雨生先生（杨仁老令孙），报告来沪向支会致谢，并请派人前往接收；复由平轩报告前往南京了解金陵刻经处情况。经讨论决议护持办法，并即席公推赵朴初、游有维二位居士办理本案接洽事宜。

编者（该刊编者）按：杨仁山居士主办之金陵刻经处，为近代中兴佛法的基础，为中国佛教有历史的文物古迹，我们每个佛教徒，都应该尽护持的责任。据现任该处主持人徐平轩居士调查报告，其经版架脚及窗户铁柱均须修补，需费甚巨。希望各地佛教四众，发菩提心，随愿捐资。当知护持经版，即是护持法宝；维持刻经事业，即是维持弘法道场。功德之大，非可言喻。捐款由本社代收。

同月 10 日，朱同生就濮一乘企图将经版搬迁至龙蟠里图书馆事，致函徐平轩："昨闻龙蟠里图书馆中人云：日前文教局曾派人向该馆调查有无空屋可堆藏经版，文教局系得濮一乘之请求，而议拟收藏者。今兄既莅临，当然不成问题，惟濮君如此行径，好似又如陈彦通不谈因果者，皆为学佛之人，至为可叹。弟意陈彦通一切所行，不妨登报追其到宁清偿押租，想在清理之中。此请净安。朱同生和南。"

6 月，《弘化月刊》（第 133 期）刊登《金陵刻经处护持委员会正式成立》：

> 上海市抗美援朝分会佛教支会，为护持南京金陵刻经处，业于 6 月 7 日下午 2 时，邀请佛教界缁素大德，讨论护持事宜，并加强护持联系。在支会组织下成立"金陵刻经处护持委员会"，推定委员二十五人，比丘圆瑛、应慈、持松、妙真、大悲、清定、苇舫、亦幻、达圆、雪烦、雪悟，比丘尼闻现、心一，居士赵朴初、李赞侯、李明扬、冷御秋、蒋维乔、方子藩、游有维、李经纬、郑颂英、沈彬翰、林子青、倪正和等，并推定主任委员赵朴初，副主任委员亦幻、游有维，秘书林子青主持各项事宜。

《弘化月刊》同期刊登《南京金陵刻经处正式恢复印刷流通》：

> 南京金陵刻经处，在南京宗教事务处领导和上海佛教支会护持委员会支持下，近来已正式恢复印刷流通两项工作，各地教友需请木版经书，即希寄函购请，或印刷都可，该处所存经书木版，计有 500 余种。关于佛教徒经常需要研读的经

书，大都齐备，印刷经书，少则一部，多至数十数百部，都可随时印刷，按期交书，而取价低廉，尤为难得。此是全国佛教界唯一的木版经书的印刷流通机构，希望全国佛教界广为推广，印刷流通，使佛教文化事业，发扬光大起来。

《弘化月刊》同期刊登《金陵刻经处护持委员会募缘启》：

委员兼秘书林子青1952年浴佛节拟。

佛以因缘，出现于世，应机说法，爰有声教。如来灭后，多次结集，经律论藏，次第成立，令法永住，厥功伟矣。溯自梵典，入我震旦，创译于汉，书写流布，盛于六朝，逮及隋唐，始兴雕版，历朝刊刻，蔚为大藏。流传华夏，远及遐荒，东西文化，咸沐其泽。像季以还，胜事渐衰，降及季清，不绝于缕。时有居士杨仁山者，生于石埭，承愿再来，中年学佛，渴求经典，遍寻坊肆，常无所得。乃就金陵，设刻经处，斥资雕版，流布十方。毕生行愿，讲学刻经，遂令圣教，再兴中土，饶益有情，功在万世。晚年治命，以刻经处永归十方，并戒子孙，严遵遗嘱，慈悲喜舍，人所难能。创业至今，垂八十年，几经世变，规模犹在。所镌板木，十二万余，佛典部类，五百余种，经房墨窖，每事如初，非佛冥护，焉致于此。逮乎近顷，董其事者，遽归道山，业务中断，闻者叹惜。杨氏后人，追念乃祖，艰难缔造，所有产业，早归十方，启告海内，共为护持。缁素闻者，咸生欢喜，愿各尽力，成就斯事，乃邀四众，缜密筹谋。于是举荐徐平轩居士，前往主持，渐谋整理，继往开来。有赖净资，所冀十方，大德居士，同发胜心，随力捐助，俾佛法宝，重见流通，法界有情，同沾利益。

7月，《弘化月刊》（134期）刊登上海抗美援朝分会佛教支会本年4月29日关于整理南京金陵刻经处的两件公函：

1. 《致中共上海市委统一战线工作部转上级照会南京有关部门领导协助整理金陵刻经处函》：

佛教经典自汉入中国，迄今已一千七百余年。雕镌木板，始于唐末，盛于北宋，开宝蜀刻之大藏经，实开吾国大量刻经刻书之先河，影响世界文化之巨，学者已屡称之。自元历明至清，大藏经典之雕刻，几十余次，今日国内仅存清藏之原版，其余各代，所刻藏经，但存残缺，印本十余部而已，其版片早归于乌有，图书之厄，古今同叹！

迨至有清中叶，佛经殆已绝迹市肆，石埭杨仁山居士崛起其间，于1866年以私人之力，就南京延龄巷自宅创办金陵刻经处，开刻书本藏经，流通海内，至今已垂八十七年。有清咸同之间，佛经除入藏者外，唐宋古贤遗著，多散佚海外，居士除毕生之力，广为搜集藏外典籍若干种，始得流传于国内，其贡献于国家之学术，有足多者。

1911年杨仁山居士去世。遗命将金陵刻经处全部产业，永捐为十方公有，并诫子孙不得认为己产。公而忘私，具见古贤芳范。

查今日金陵刻经处产业，有基地六亩二分余，自建房屋六十二间，经版部类500余种，12万余片，保存近于完整。此项经版，若以时价10万1版计算，其材料价值即达120亿元；雕刻时间，集工100人，每3人日刻1版，需十年始能刻成。而其木料，枣木需六万斤，亦不易采集。杨仁山居士毕生经营，亲自校刻，艰难缔造，历四十年，为复兴我佛教一代大师，有功于吾国文化事业，自不待言，其弥留之际，以刻经处付嘱陈樨庵、欧阳竟无、陈宜甫三人继存，其后由董事会接管。几经世变，原任董事星散，最后管理人陈宜甫，亦于今春病故，业务遂告中断。

本会得杨仁山居士后人杨立生先生报告，吁请派人前往了解情况，藉谋善后。当即具函委托徐平轩老居士前往南京了解实际情况，收集有关资料，并与南京市人民政府宗教事务处讨论，请求维护。兹据调查报告，金陵刻经处现由杨仁山居士后人杨雨生暂行维持，急需另谋持续办法。4月24日，得杨立生、杨雨生两先生来函，以其祖创金陵刻经处，缔造匪易，遗命归诸十方，恳设法组织管理机构，前来接收，俾佛教文化事业，得以持续等语。本会即于4月25日，召集上海市缁素共商维护办法，或以金陵刻经处为佛教学术文化所寄托，关系国家文物至深且巨，所有业务，不容中断。惟此系全国性文化事业，非一地区少数人所能决定。讨论结果，拟先由本会设法维持，并推徐平轩居士前往全面主持，待整理稍有头绪后，再行成立专门机构，以图发展。事关国家文物之维护，本会力量微薄，殊难胜任，为特报请你部，恳予指示以凭办理，并希转请上级照会南京有关部门，领导协助进行为荷。

2.《致南京市人民政府宗教事务处请予指导协助整理金陵刻经处函》：

南京金陵刻经处，为清末石埭杨仁山居士所创办，迄今已八十余年。居士毕生致力佛教文化事业，搜罗古贤遗著，刻版流通，裨益学海，世所称道。晚年以文化学术为天下公器，遗命将金陵刻经处全部产业永捐为十方公有，并嘱门弟子成立董事会，共同管理。几经世变，规模尚在，数十年来，我国佛学之复兴，实赖于是。

查金陵刻经处现存产业，有基地六亩二分，自建房屋六十二间，经版部数 500 余种，板木 12 万余片，雕费及板料以时价计，其值达 120 亿元，墨窖所藏印墨，犹可使用数十年，先贤之用心，可谓至矣。

顷者，该处管理人陈宜甫先生病故，业务中断，仁山居士后人杨雨生先生，以金陵刻经处与上海佛教关系素较密切，函请本会护法维护、保存佛教文物。当经本会于 4 月 25 日，召集上海缁素，会同杨雨生先生，共商维护办法，决定暂由本会设法维持，并推徐平轩居士前往主持业务，从事整理，冀此艰难缔造之文化事业，得以不坠。

兹因徐平轩居士即日首途，为特函介前来你处联系，当面报告，该处虽属南京佛教文物，实为全国佛教徒之所关心，除已函请上海市委统战部，转请上级照会南京有关部门予以指导外，并希你处赐予指导协助为荷。

编者按：佛教支会为维护金陵刻经处，于6月7日下午2时，又召开第二次缁素会议，并即日成立金陵刻经处护持委员会。

吕澂鉴于当时的中国内学院已经是名存实亡，于是召开了内学院董事会议，共同商讨内学院今后的去向问题。经过院董事们的慎重研究和讨论，最后决议自动停办。于是，中国支那内学院于 8 月停办，所有房屋、家具、图书等，都移交给当地的文教部门，吕澂也回到了南京金陵刻经处。支那内学院蜀院 1943 年 5 月出版的《欧阳竟无大师纪念刊》中载有《内学院简史》一文。全文如下：

支那内学院为欧阳竟无先生所创，以育通才、宏至教为主旨。民国七年，就南京双塘巷金陵刻经处研究部设筹备处，刊布《缘起》《章程》。越四载，始在南京公园路开办，时民国十一年七月十七日也。院务分学、事两科，设学务、事务、编校流通三处以理之，自开办迄今已历二十二年。随世事之推移，院况进展自成段落，而分三期。

第一期自民国十一年迄十六年，凡六年，注重办学及刊布唐人著述。十一年秋，始公开讲学。翌年，设研究部试学班，用导师制，通习法相唯识要典，间月开研究会一次，发表研究，年终则编印年刊及杂刊。十四年秋，改组为问学、研究及法相大学三部，辟第二院，招大学特科学生一班。立院训曰师、悲、教、戒，揭明在家众可以住持佛法之义，以奠居士道场之基。同时校刻法相唯识要籍，如《瑜伽论记》《唯识述记义演》《钞秘蕴》《俱舍光记》等，皆唐人著述百卷以上之大部也。迄十六年夏，国府奠都，驻兵二院，乃停办特科，并缩小一院规模，第一期发展至此告一段落。

第二期自十七年迄二十六年，凡十年，注重整理藏教并组织道场。此十年间除续刻普通经籍外，又集中人力，蒐集图书，编印《藏要》。校文叙义，一以精粹为归。前后印成三辑，五十余种，三百余卷。全藏精华，撷取殆尽，可谓此方有藏教以来之初次整理。二十一年，更决定内院根本组织，立四信条，曰为真是真非之所寄，为法事光大，为居士道场，为精神所系。由是每年四月、十月开道场大会两次，集众讲学。至二十六年夏，欧阳先生讲晚年定论，乃立涅槃义，以明佛学究竟，兼摄儒宗焉。讲毕，倭患日深，院舍及图书三十万卷悉付兵燹，第二期发展遂结束于此。

第三期自二十七年迄今，已历六年，注重建立院学并精刻全藏。二十六年冬，欧阳先生率众徙蜀，息影江津。翌年人日，举行大会，蜀中及门者皆集，乃成立蜀院，自建院舍，恢复"讲学以刻经"之旧规，设流通处及刻经作坊。自是每年皆以人日会友论道。二十八年，建立院学，分毗昙、戒律、瑜伽、般若、涅槃五科，由言教变迁之实以求观行践证之真，其略见于院刻释教，亟待阐明。二十九年，又发起精刻大藏，选项目五千余卷，拟以结集之精神彻底整理，永为典范，是亦千百年来未有之大观也。本年二月，院长欧阳先生逝世，院内同人组织院友会，公推继任人选，一本先生遗志进行，故此一期今尚在开展中。

溯自内院成立以来，二十二年间，在院研学者前后凡二百余人。刻经总数，在宁刻成一百一十部，一千零五十五卷；入蜀又刻成三十部，五十余卷，皆藏版蜀院，广事流通。至于讲学发明，义理繁富，具见于院中各种著述，兹不具详。

12月3日，李证刚去世，终年72岁。在杨仁山居士门下的弟子中，他去世最晚。他有子三、女二。去世后，其弟子刘与存挽之曰：

印坏文成，此去当生安乐国；

火传薪尽，将来孰拨劫灰炉？

李证刚内外学兼通，他对法相唯识与密宗都有很深的研究。他著有《西藏佛教略史》一书，民国十八年（1929）由上海佛学书局出版。到民国二十二年（1933）由中华书局再版时，改名《西藏佛教史》。这是最早研究西藏佛教的一部著作，受到佛教界的重视。据不完全统计，其它已刊、未刊的著作尚有：1.《印度佛教史》已刊；2.《金刚经讲义疏辑要》已刊；3.《劝发菩提心论》已刊；4.《心经密义述》已刊；5.《维摩诘经补注》通行八卷本注不足，乃手辑补足原十卷之数，刊否不详；6.《金刚般若波罗蜜经如实义门》未刊；7.《佛家哲学讲义》东大讲义本，未完，仅通论之一部分；8.《略开唯识大义》未完稿；9.《金刚观智密要成佛法门》

未刊；10.《佛学书录要略》中大讲义本；11.《佛学伪书辩略》中大文艺丛刊第一卷二期；12.《净土五约》未刊；13.《印度六派哲学》清华讲义本，未完；14.《悉昙声字实相义释》中大文史哲季刊第一卷第二期；15.《六书举要》未刊；16.《周易虞氏义笺订》东大讲义本；17.《礼经之哲学研究》中大讲义本，未完，仅总论一部分；18.《老子通谊》中大讲义本；19.《庄子通谊》中大讲义本；20.《易义概论》中大讲义本；21.《春秋繁露注》未刊；22.《楚辞注》未刊；23. 诗文稿未刊。

同月，《现代佛学》（12 月号）刊登吕澂《中国内学院两年来研究工作总结报告（自一九五一年一月至一九五二年八月）》：

一、工作前的准备：

我院在 1950 年 3 月间，曾经遵照人民政协共同纲领文教政策拟好一种研究工作的总计划，到了九月以后，接受西南文教部的经常补助，乃准备展开工作。当时院内有关这一方面的情况是这样的：

1. 经济状况逐渐改善，院员生活较前安定，正属实施计划的良好时机。

2. 留院人员多数做过长期的研究工作，有相当的学力，在理解新哲学方面，也可用补习办法以为配合。

3. 院藏的研究资料尚属丰富。

由此，我们拟定了实施计划的方案如次：

1. 目标：站在人民的立场上，用新观点来重作佛学初步批判。

2. 主要方法：佛学方面，以共同研究为主，规定了"内学基本问题"和"隋唐佛学史纲"两个题目。此外研究员各认专题，研究补充。新哲学方面，选习马列主义各种名著，同时学习政治时事，取得理论与实际结合的经验。

3. 辅助方法：编纂史表、辞典等，充实工具，并加强研究能力。

这种准备，因整理院务很费时间，至十二月底才布置完成。

二、工作进行的实况：

从 1951 年 1 月开始，我院便按照方案进行工作，当时参加者有研究员 4 人，研究生 1 人，每周学习"内学基本问题"两次，斯大林"辩证唯物论与历史唯物论"一次，讨论时间在外。2 月中学习"隋唐佛学史纲"（每周一次），先就有关系的"《起信论》问题"作了 15 次的批判讲演，跟着依次研究隋唐两代八宗的学说，同时在新哲学方面，联系到"社会发展史"的学习（每周一次）。其后，即以基本问题和佛学史纲轮替学习，并且当基本问题涉及方法论的时候，还配合着研究了苏联斯特罗果维契的著作《逻辑》。这样继续到 10 月初，基本问题学习完毕，佛学史纲也完了六宗，乃告一段落。

11 月以后，研究人员变动，旧研究员留院者只 2 人，研究生增加 4 人，因各人学力参差，工作进行较为困难，只仍勉强结束了隋唐佛学史纲的研究。不久即感觉到今后各种学术研究都应与政治有更密切的配合，由私人机构来担任研究工作，颇难得其政鹄，因向院董会请求对于我院办理方针重作根本考虑。其后，各院董交换意见，结果乃有适时停办我院的决定。

1952 年 1 月中旬，我院展开三反运动，跟着进行思想改造的学习，用毛主席《实践论》、刘少奇《共产党员的修养绪论》和毛主席《论自我批评》三种文件为资料研读讨论，并就各人思想做了初步的检讨，历时凡两个月。其后适应新来研究生的程度，另订短期学习的方案，就"内学基本问题"重作提纲式的讲演，并补充了前讲遗漏之点，同时又对基本典籍《金刚般若论》及《摄大乘论》加以详解。此外，先后用《论毛译东思想》《矛盾论》及《新民主主义论》等著作，继续作思想改造的学习。到了 6 月中，为着进一步了解佛家思想方法，而学习法称的因明，并联系他以前的学说，讲了《因明正理门论》的主要部分，随后又做了《逻辑中论证方法和因明的比较研究》。另外，思想改造用《列宁主义基础》作马列主义的学习。这些都到了 8 月中旬告一段落。

此外，研究员个别研究方面：在 1951 年开头两个月曾经分别做了报告，但后来因为搜集资料和运用研究方法都有困难，遂停止进行，而集中力量于集体研究。又编纂方面：因研究员经常参加农业生产，空时甚少，在 1951 年内，未能按照方案实行，至 1952 年 2 月间，停止生产，才从事编纂《藏汉佛学辞汇》，历时三个多月才完成初稿。

三、工作的收获和缺点及其结论：

我院两年来在佛学和新哲学方面所做的研究工作，对照原定的目标说来，成绩是很少的，现在可举者只有以下几点：

1. 关于"内学基本问题"：就内学的本质、目的、宇宙人生观及实践方法四个题目里主要的学说都已尽可能地探求其原意，作了科学的解释。不过批判的意味极少，只供给了准备批判的资料而已。这一部分，我们先后做过两次讲习整理好了的笔记，约五万余言。2. 关于隋唐佛学史纲，按照八个宗派的次第，叙述了它们的学说渊源、要点，再从典据和思想上作简单的批判，这里运用了新观点已有一定的成就。已整理的笔记，连"《起信论》问题"在内，共十万言。3. 因明的研究，根据法称的《正理摘要》用浅显语言翻译了一遍，并随处加以解释。其中不完备之点，我们都由《理门论》取得了补充。讲习笔记约二万言。4. 编成《藏汉佛学辞汇》的初稿。这是实现了我院多年来的愿望，而从以前搜集了的材料整理出来的。全部辞数，约一万个。5. 新哲学方面：马列主义和毛泽东思想的学习都是采取马、恩、列、斯、毛的重要著作来研究、讨论，大部分学习完了，就各别做了总结。这些学习在文字理解上，较有收获；其中《实践论》的学习是结合思想改造进行的，曾得了不少的益处。

但是研究工作上的缺点是随时都在发现的，其重要者：

1. 坚持原定方案，想在短期内获得相当的成绩，未免失之勉强，而流于形式。2. 对于内学里有些重要问题还是取了回避的态度，未能彻底解决。3. 理论和实际的联系不够，主要研究只能停止在思想发展史的上面。

现在分析构成这些缺点的原因，在于：

1. 开始估计研究人员的能力失之太高，并且忽略了他们对于研究目的的认识未能完全一致，因而思想上的准备还不充分。2. 对于历史唯物论的了解多少带有机械的倾向，以为在思想上就可完全见出其与经济基础的关系，而轻视了经济基础的研究。3. 可以利用的研究资料，大半是依旧观点作解释的，内容未免贫乏。4. 我院对于外面学术界的联络太差，以致无从取得新的经验来改进工作。

以上原因大半和客观环境的限制分离不开，而私人研究学术的机构由于人力物力之不足，基本上就有种种欠缺，则为其总根源。因此我们考虑的结果，只有依着院董会的决定停止工作以为解决，不再另行设法。但是，在两年来工作中所得到的经验，对于我们今后为人民服务，为新文化建设努力，一定有很大帮助，这是毫无可疑的。（1952 年 8 月 19 日）